Am Schlusse dieses Bandes befindet sich ein

Nachweis wichtiger Gesetzesausgaben,

in dem die meisten Bände der jetzt über **240 Nummern** umfassenden

Guttentagschen Sammlung Deutscher Reichs- und Preußischer Gesetze

sowie größere und kleinere Kommentare, Lehrbücher, Sammelwerke, Entscheidungssammlungen und Zeitschriften verzeichnet sind.

Guttentagsche Sammlung
Nr. 138 b Deutscher Reichsgesetze. Nr. 138 b
Kommentare und erläuterte Textausgaben.

Betriebsrätegesetz

vom 4. Februar 1920

nebst der Wahlordnung zum Betriebsrätegesetz, dem Aufsichtsratsgesetz samt Wahlordnung und den Ausführungsverordnungen des Reichs und der Länder.

Auf der Grundlage der

Güntherschen Textausgabe mit Anmerkungen

erläutert unter besonderer Berücksichtigung der Rechtsprechung des Reichsgerichts und des Reichsarbeitsgerichts

von

Dr. Otto Warneyer,
Reichsgerichtsrat.

Zweite Auflage.

Berlin und Leipzig 1931.
Walter de Gruyter & Co.
vormals G. J. Göschen'sche Verlagshandlung — J. Guttentag, Verlagsbuchhandlung — Georg Reimer — Karl J. Trübner — Veit & Comp.

Druck von Walter de Gruyter & Co., Berlin W 10.

Einleitende Bemerkungen über die Geschichte und Gliederung des Gesetzes.

Die Vorgeschichte des Gesetzes greift bis auf die erste Zeit nach dem Umsturz zurück. Schon damals waren Betriebs- oder auch Arbeiterräte gefordert worden, an ihrer Stelle bildete die Verordnung vom 23. Dezember 1918 lediglich die Arbeiter- und Angestelltenausschüsse des Hilfsdienstgesetzes fort. Diese Arbeiter- und Angestelltenausschüsse gehen ihrerseits auf das Arbeiterschutzgesetz vom 1. Juni 1891 bzw. den damals neu geschaffenen § 134 h der GO. zurück. Während hier aber noch kein Zwang zur Schaffung von Ausschüssen ausgesprochen war und lediglich die Praxis vieler Großbetriebe, Arbeiterausschüsse als Wohlfahrtseinrichtungen zu schaffen, zur Richtschnur diente, brachten die preußischen Berggesetze vom 14. Juli 1905 und 28. Juli 1909 Zwangsschriften, denen sich die anderen landesrechtlichen Berggesetze im wesentlichen anschlossen. Das Gesetz über den vaterländischen Hilfsdienst vom 5. Dezember 1916 schrieb dann für alle im vaterländischen Hilfsdienst tätigen gewerblichen Betriebe mit mindestens 50 Arbeitern oder Angestellten die Errichtung von Arbeiter- oder Angestelltenausschüssen vor.

Die oben erwähnte Verordnung vom 23. Dezember 1918 über Tarifverträge, Arbeiter- und Angestelltenausschüsse und Schlichtung von Arbeitsstreitigkeiten ist in ihrem hierher gehörigen Teile, den §§ 7—14, durch gegenwärtiges Gesetz aufgehoben, ähnlich wie die einschlägigen Bestimmungen des Hilfsdienstgesetzes bereits durch den Aufruf des Rats der Volks-

Vorwort.

An größeren Kommentaren zum Betriebsrätegesetz ist kein Mangel, wohl aber an kürzeren Handausgaben. Deshalb erschien es geboten, die neue Auflage der längst vergriffenen Güntherschen Textausgabe mit Anmerkungen zu einer erläuterten Handausgabe auszugestalten. Um eine solche zu schaffen, die den Benutzer schnell und zuverlässig über alles Wesentliche unterrichtet, war nicht bloß eine Fortführung und Erweiterung der bisherigen Erläuterungen nötig, sondern vor allem eine eingehende Berücksichtigung der Rechtsprechung, namentlich des Reichsarbeitsgerichts. Dieses hat schon in den ersten drei Jahren seines Bestehens eine große Zahl grundlegender Entscheidungen erlassen, die viele bisherige Zweifelsfragen beantwortet und den Boden für eine einheitliche Auslegung des Gesetzes geschaffen haben. Deshalb legt die vorliegende Bearbeitung das Hauptgewicht auf eine eingehende Wiedergabe der höchstrichterlichen Rechtsprechung, wobei eine große Zahl bisher noch nicht veröffentlichter Entscheidungen berücksichtigt ist; sie schenkt aber auch anderen noch nicht vom Reichsarbeitsgericht gelösten Problemen unter Heranziehung der übrigen Kommentare Beachtung.

Leipzig, im September 1930. **Otto Warneyer.**

Inhaltsverzeichnis

Abkürzungen.

Abw. = Abweichend.

A. M. = Anderer Meinung.

ArbG. = Arbeitsgericht.

AusfVO. = Ausführungsverordnung.

BenshSamml. = Entscheidungen des Reichsarbeitsgerichts und der Landesarbeitsgerichte, Verlag von Bensheimer, Mannheim.

BGB. = Bürgerliches Gesetzbuch.

BRG. = Betriebsrätegesetz.

G. = Gesetz.

GewG. = Gewerbegericht.

GS. = Gesetzsammlung.

GVG. = Gerichtsverfassungsgesetz.

JAR. = Jahrbuch des Arbeitsrechts, herausgegeben von Hoeniger, Schultz und Wehrle.

JW. = Juristische Wochenschrift.

KG. = Kammergericht.

LArbG. = Landesarbeitsgericht.

LG. = Landgericht.

OLG. = Oberlandesgericht.

RAG. = Reichsarbeitsgericht; auch Entscheidungen des Reichsarbeitsgerichts (amtliche Sammlung).

RArbMin. = Reichsarbeitsministerium.

RGBl. = Reichsgesetzblatt.

RG. = Reichsgericht.

RGStr. = Entscheidungen des Reichsgerichts in Strafsachen.

RGZ. = Entscheidungen des Reichsgerichts in Zivilsachen.
RMinBl. = Reichsministerialblatt.
ReichsVersA. = Reichsversicherungsamt.
RWirtschR. = Reichswirtschaftsrat.
SchlA. = Schlichtungsausschuß.
StGB. = Strafgesetzbuch.
VO. = Verordnung.
VorlRWirtschR. = Vorläufiger Reichswirtschaftsrat.
WahlO., WO. = Wahlordnung zum Betriebsrätegesetz.
WarnRspr. = Warneyers Rechtsprechung des Reichsgerichts.
Ziff. = Ziffer.
ZPO. = Zivilprozeßordnung.

Die Kommentare zum BRG. sind mit den Namen ihrer Verfasser zitiert; die Entscheidungen des Reichsarbeitsgerichts nach der amtlichen Sammlung, soweit sie dort veröffentlicht sind, im übrigen nach der Bensheimer-Sammlung. An der Hand der „Fundstellen arbeitsgerichtlicher Entscheidungen" von Mansfeld ist das Auffinden der abgedruckten Entscheidungen in anderen Zeitschriften und Sammlungen sofort möglich.

Einleitende Bemerkungen über die Geschichte und Gliederung des Gesetzes.

Die Vorgeschichte des Gesetzes greift bis auf die erste Zeit nach dem Umsturz zurück. Schon damals waren Betriebs- oder auch Arbeiterräte gefordert worden, an ihrer Stelle bildete die Verordnung vom 23. Dezember 1918 lediglich die Arbeiter- und Angestelltenausschüsse des Hilfsdienstgesetzes fort. Diese Arbeiter- und Angestelltenausschüsse gehen ihrerseits auf das Arbeiterschutzgesetz vom 1. Juni 1891 bzw. den damals neu geschaffenen § 134 h der GO. zurück. Während hier aber noch kein Zwang zur Schaffung von Ausschüssen ausgesprochen war und lediglich die Praxis vieler Großbetriebe, Arbeiterausschüsse als Wohlfahrtseinrichtungen zu schaffen, zur Richtschnur diente, brachten die preußischen Berggesetze vom 14. Juli 1905 und 28. Juli 1909 Zwangsschriften, denen sich die anderen landesrechtlichen Berggesetze im wesentlichen anschlossen. Das Gesetz über den vaterländischen Hilfsdienst vom 5. Dezember 1916 schrieb dann für alle im vaterländischen Hilfsdienst tätigen gewerblichen Betriebe mit mindestens 50 Arbeitern oder Angestellten die Errichtung von Arbeiter- oder Angestelltenausschüssen vor.

Die oben erwähnte Verordnung vom 23. Dezember 1918 über Tarifverträge, Arbeiter- und Angestelltenausschüsse und Schlichtung von Arbeitsstreitigkeiten ist in ihrem hierher gehörigen Teile, den §§ 7—14, durch gegenwärtiges Gesetz aufgehoben, ähnlich wie die einschlägigen Bestimmungen des Hilfsdienstgesetzes bereits durch den Aufruf des Rats der Volksbeauftragten vom 12. Dezember 1918 beseitigt worden waren. Ursprünglich war im Betriebsrätegesetz in höherem Grade eine Fortbildung des bis dahin geltenden Rechts der Ausschüsse geplant gewesen. Der erste Referentenentwurf (der in der Presse veröffentlicht worden war) bewegte sich in diesem Sinne; auch der zweite gab diesen Gedanken nicht auf und auch die Begründung des Gesetzentwurfs (Drucksachen der Nationalversammlung Nr. 928, S. 18) gibt ihm Ausdruck, indem sie sagt: „Die bisherigen Aufgaben der Arbeiter- und Angestelltenausschüsse werden nunmehr den Betriebsräten obliegen, jedoch sollen sie noch wesentlich erweitert werden." Demgegenüber hatten sich einzelne gesetzgeberische Maßnahmen des Reichs und der Länder bereits auf eine neue Grundlage begeben.

Zunächst bedeuteten die Verordnungen vom 4. und 24. Januar 1919, später zusammengefaßt und abgeändert durch Verordnungen vom 13. September 1919 und 12. Februar 1920 eine Fortbildung der den Ausschüssen verliehenen Befugnisse. Ähnliches traf für die Verordnung vom 9. Januar 1919, die auch durch spätere Verordnungen abgeändert wurde, zu. Besonders wichtig für Ausgestaltung des vielumstrittenen „Mitbestimmungsrechtes" der Arbeitnehmer wurde die Verordnung vom 30. Mai 1919. Die Angestelltenausschüsse erhielten schon hiernach das Recht der Mitwirkung bei Entlassungen. Ferner sah sich die Reichsregierung veranlaßt, größeren Arbeitnehmergruppen, besonders den Bergleuten Mittel- und Westdeutschlands, den Groß-Berliner Metallarbeitern und Bankbeamten die Rechte, die sie sich durch Tarifvertrag gesichert hatten, durch bestimmte Maßnahmen (Veröffentlichung im Reichsanzeiger) zu sichern, ohne daß allerdings der Weg der unmittelbaren Gesetzgebung beschritten worden wäre. Diesen gingen, unter ausdrücklichem Hinweis auf das damit geschaffene Provisorium, einzelne Länder: Bayern (22. April und 4. Juni 1919), Braunschweig (4. August 1919), Anhalt (17. April 1919) voraus. Die einschlägigen landesrechtlichen Bestimmungen waren bereits durch sich selbst zeitlich begrenzt und gelten seit Inkrafttreten des Reichsgesetzes nicht mehr. Es war Sache der den Ausführungs- und Übergangsbestimmungen (§§ 101—106) des Gesetzes angegliederten, S. 202 ff. zusammengestellten landesrechtlichen Ausführungsbestimmungen, die Überleitung vom Landes- zum Reichsrecht zu bewerkstelligen. Einer besonderen Bestimmung im reichsrechtlichen Betriebsrätegesetz, wonach die landesrechtlichen Vorschriften als beseitigt zu gelten haben, bedurfte es nicht mehr. Bereits die Reichsverfassung enthält in dieser Richtung alles Notwendige.

Am 16. August 1919 legte der Reichsarbeitsminister der Nationalversammlung den Entwurf eines Gesetzes über Betriebsräte vor (Drucksachen Nr. 928). Am 21. August wurde der Entwurf in der 85. Sitzung der Nationalversammlung dem Ausschuß für soziale Angelegenheiten überwiesen. In diesem Ausschuß fanden zwei Lesungen statt. Auf die zahlreichen und oft einschneidenden Änderungen des Entwurfs in der Ausschußberatung wird in den Erläuterungen, soweit es erforderlich ist, hingewiesen. Zum Schluß der zweiten Lesung erfolgte eine völlig neue Redaktion des Entwurfs. Als Nr. 1838 der Duckſachen der Nationalversammlung wurde der Bericht des Ausschusses der Versammlung vorgelegt; Berichterstatter war Abg. Schneider (Sachsen), der sozialpolitisch vielfach hervorgetretene Sachwalter der Angestellteninteressen. Die beiden Lesungen im Plenum erfolgten am 13. bis 16. und 18. Januar 1920. Da eine feste und entschlossene Mehrheit vorhanden war, erfuhr der Entwurf nicht mehr allzuviele Abänderungen, doch immerhin einige bedeutsame Zusätze. Das Gesetz wurde am 4. Februar 1920 vom Reichspräsidenten vollzogen, in der am 9. Februar 1920 ausgegebenen Nr. 26 des Reichsgesetzblatts (S. 147 ff.) veröffentlicht und ist am gleichen Tage in Kraft getreten. Die gemäß § 25 des Gesetzes dem Reichsarbeitsminister zur Ausarbeitung übertragene Wahlordnung wurde am 5. Februar 1920 erlassen. Im Anschluß an die §§ 70, 72 sind ergangen das Gesetz über die Betriebsbilanz und die Betriebsgewinn- und Verlustrechnung vom 5. Februar 1921 und das Gesetz über die Entsendung von Betriebsratsmitgliedern in den Aufsichtsrat vom 15. Februar 1922 (s. unten Nachtrag Nr. 5 und 6). Abänderungen brachte das Gesetz vom 29. März 1923, betr. die Anpassung des § 87 BRG. an die Geldentwertung (RGBl. I S. 258), das Arbeitsgerichtsgesetz vom 23. Dezember 1926 (RGBl. I S. 507) und das Gesetz zur Abänderung des Betriebsrätegesetzes vom 28. Februar 1928 (RGBl. I S. 46). Diese Abänderungen sind sämtlich im Gesetzestext der vorliegenden Handausgabe berücksichtigt.

Das Betriebsrätegesetz gliedert sich in sechs Abschnitte:

I. Allgemeine Bestimmungen (§§ 1—14).
II. Aufbau der Betriebsvertretungen (§§ 15—65).
III. Aufgaben und Befugnisse der Betriebsvertretungen (§§ 66—92).
IV. Entscheidung von Streitigkeiten (§§ 93—94).
V. Schutz- und Strafbestimmungen (§§ 95—100).
VI. Ausführungs- und Übergangsbestimmungen (§§ 101 bis 106).

Der erste Abschnitt ist nicht weiter gegliedert; er bringt wichtige, über das Gesetz hinaus wirkende Begriffsabgrenzungen („Betrieb"; „Arbeitnehmer"; „Arbeiter"; „Angestellter"); die allgemeinen Zwecke, denen die Betriebsräte und sonstigen Vertretungen dienen sollen, ferner ihr Geltungsbereich werden bezeichnet. Besonderheiten für land- und forstwirtschaftliche Betriebe, für solche der See- und Binnenschiffahrt, für Betriebe mit Hausgewerbetreibenden, für öffentliche Unternehmungen, werden dabei berücksichtigt.

Der zweite Abschnitt zerfällt in die Unterabschnitte

A. Betriebsrat (Arbeiterrat und Angestelltenrat) (§§ 15 bis 49)
   1. Zusammensetzung und Wahl (§§ 15—25),
   2. Geschäftsführung (§§ 26—38),
   3. Erlöschen der Mitgliedschaft (§§ 39—44),
   4. Betriebsversammlung (§§ 45—49);

B. Gesamtbetriebsrat (§§ 50—57);

C. Betriebsobmann (§§ 58—60);

D. Sondervertretungen (§§ 61—65).

Zunächst (A) werden die Vorschriften für die Zusammensetzung des Betriebsrats sowie des Arbeiter- und Angestelltenrats gegeben. Die Aufgaben, die das Gesetz in Abschnitt III der Betriebsvertretung zuweist, werden nach bestimmten Gesichtspunkten zwischen Betriebsrat und zwischen Arbeiter- und Angestelltenrat (in den Erläuterungen zumeist „Gruppenrat“ genannt) verteilt. Die wichtigen Bestimmungen über Wahlberechtigung und Wählbarkeit sind in § 20 enthalten. Für die Geschäftsführung werden nur wenig Vorschriften gegeben, da den Betriebsvertretungen eine möglichste Bewegungsfreiheit und Selbständigkeit in der Feststellung ihrer Geschäftsführung bleiben soll. Ganz allgemein ist wichtig, daß (unter gewissen Einschränkungen) durch Tarifvertrag und Vereinbarung zwischen Arbeitgeber und Betriebsvertretung bindendes Recht, auch hinsichtlich des Aufgabenkreises, geschaffen werden kann. In den Bestimmungen über Erlöschen der Mitgliedschaft ist hervorzuheben, daß nach § 14 auf Antrag des Arbeitgebers oder eines Viertels der wahlberechtigten Arbeitnehmer des Arbeitsgerichts die Auflösung der Betriebsvertretung wegen gröblicher Verletzung ihrer gesetzlichen Pflichten beschließen kann. Die Betriebsversammlung besteht aus allen Arbeitnehmern des Betriebs; ihre Aufgaben sind nicht soweit erstreckt, wie von verschiedenen Arbeitnehmergruppen beantragt worden war. Der in

B behandelte Gesamtbetriebsrat oder der unter Umständen an seine Stelle tretende Gemeinsame Betriebsrat (§ 51) sollen bestimmten örtlichen und betriebsmäßigen Besonderheiten Rechnung tragen. Der Betriebsobmann (§§ 2, 58 ff.) ist die Arbeitnehmervertretung in kleineren Betrieben. Sondervertretungen sind auf Grund Tarifvertrags (s. o.) oder in öffentlichen Betrieben zugelassen; bei letzteren kann auch eine Zusammenfassung von Arbeitern, Angestellten und Beamten (§ 13) eintreten.

Der besonders wichtige Abschnitt III ist wie folgt gegliedert:

A. Betriebsrat (§§ 66—77);
B. Arbeiter- und Angestelltenrat (§§ 78—90);
C. Gesamtbetriebsrat (§ 91);
D. Betriebsobmann (§ 92).

In den Beratungen der Nationalversammlung sind die Aufgabenkreise der Betriebs- und Gruppenräte (s. o.) scharf geschieden worden. Der Schwerpunkt liegt nunmehr auf den letzteren, denn hier finden sich die Vorschriften über das vielbekämpfte „Mitbestimmungsrecht". In 9 Punkten werden zunächst die Aufgaben des Betriebsrats vorgetragen (§ 66). Zwischen Betrieben mit wirtschaftlichen und anderen (§ 67) Zwecken wird unterschieden. Nur in der ersten Gruppe (§ 71) besteht die Verpflichtung der regelmäßigen Auskunfterteilung über bestimmte Betriebsvorgänge uneingeschränkt; wo ein Aufsichtsrat vorhanden ist (§ 70), sind Abgeordnete der Betriebsvertretung zuzuziehen. Vgl. hierzu das Gesetz vom 15. Februar 1922 im Anhang Nr. 6. Nach § 72 ist die Vorlage der Betriebsbilanz und der Betriebs-Gewinn- und Verlustrechnung (neu vom Gesetz eingeführte Begriffe) auf größere Betriebe beschränkt. Das in diesem Paragraphen in Aussicht genommene Gesetz ist am 5. Februar 1921 als Gesetz über die Betriebsbilanz und Betriebsgewinn- und Verlustrechnung erlassen worden (s. Anhang Nr. 5). — Die Aufgaben der Gruppenräte regelt § 78 wiederum in 9 Punkten. Sie reichen bei Entlassungen wesentlich weiter als bei Neueinstellungen. — Für Gesamtbetriebsrat (C) und Betriebsobmann (D) gelten die allgemeinen Vorschriften dieses Abschnitts nur teilweise.

Die nicht weiter gegliederten Abschnitte IV—VI regeln die Entscheidung von Streitigkeiten durch das Arbeitsgericht; sie schützen ferner die in früheren Bestimmungen enthaltenen Befugnisse der Betriebsvertretung, deren Mitgliedern aber auch in § 100 bestimmte Pflichten auferlegt sind; sie enthalten endlich die nötigen Ausführungs- und Übergangsvorschriften und bezeichnen diejenigen Stellen früherer Gesetze oder Verordnungen, die durch das Gesetz beseitigt oder abgeändert sind.

Betriebsrätegesetz.

Vom 4. Februar 1920 (RGBl. S. 147),

unter Berücksichtigung der Änderungen durch die Gesetze v. 12. Mai 1920 (RGBl. S. 961), v. 31. Dezember 1920 (RGBl. 1921 S. 81), v. 29. April 1923 (RGBl. I S. 258), v. 23. Dezember 1926 (RGBl. I S. 507), v. 28. Februar 1928 (RGBl. I S. 46) und durch die VO. v. 30. Oktober 1923 (RGBl. I S. 1043).

I. Allgemeine Bestimmungen.

§ 1.

Zur Wahrnehmung der gemeinsamen[1] wirtschaftlichen Interessen der Arbeitnehmer (Arbeiter und Angestellten)[2] dem Arbeitgeber gegenüber und zur Unterstützung des Arbeitgebers in der Erfüllung der Betriebszwecke[3] sind in allen Betrieben[4], die in der Regel mindestens zwanzig Arbeitnehmer[5] beschäftigen, Betriebsräte[6] zu errichten[7].

1 „Gemeinsame" Interessen steht im Gegensatz zu „besondere" Interessen in § 6. Dieser Arbeitsteilung hinsichtlich der Aufgaben steht die in §§ 66 ff. und §§ 78 ff. ausgesprochene Abgrenzung der Befugnisse des Betriebsrats und der Gruppenräte zur Seite. In § 1 werden beide Aufgaben, die Wahrnehmung der wirtschaftlichen Interessen der Arbeitnehmer und der Arbeitgeber, gleichwertig nebeneinandergestellt. Der Vorsitzende des Betriebsrates ist also verpflichtet, die *Interessen des ganzen Betriebes* wahrzunehmen, nicht denen der Arbeitnehmer einseitig den Vorzug zu geben (RAG. 29. 5. 29, RAG. 4, 88).

2 Diese Begriffsbestimmung wird in § 3 erweitert, indem auch die Hausgewerbetreibenden, die nicht Arbeitnehmer im technischen

Sinne sind, in die Organisation eingeschlossen werden. Vgl. ferner die Begriffsbestimmungen in §§ 10—12.

3 Vgl. § 66, wo in Nr. 1 und 2 Betriebe mit wirtschaftlichen Zwecken besonders genannt werden, während § 67 Betriebe, die „politischen, gewerkschaftlichen, militärischen, konfessionellen, wissenschaftlichen, künstlerischen und ähnlichen Bestrebungen" dienen, namhaft macht. Grundsätzlich sind auch in Betrieben der letztgenannten Art Betriebsräte einzuführen.

4 Der Begriff „Betrieb" ist, wie es auch der Begründung und dem Ergebnis aller Beratungen entspricht, im weitesten Sinne aufzufassen (RAG. 16. 11. 29, RAG. 4, 305). Es ist insbesondere auch nicht erforderlich, daß der Betrieb das ganze Jahr über besteht. § 8 der V. v. 23. 12. 18 sprach von „Betrieben, Verwaltungen und Bureaus". „Betriebe" im Sinne des gegenwärtigen Gesetzes deckt auch die beiden letztgenannten Unternehmungsarten, wie auch aus § 9 zu folgern ist.

5 Entsprechend §§ 8 und 9 der V. v. 23. 12. 18; während aber früher je 20 Arbeiter und je 20 Angestellte für einen Arbeiter- bzw. Angestelltenausschuß erforderlich waren, also z. B. eine Gesamtzahl von 18 Arbeitern und 2 Angestellten hierzu nicht genügten, gibt diese jetzt Veranlassung zur Schaffung eines Betriebsrats. Bereits die Gewerbeordnung hat den Begriff „in der Regel" gewählt, der zum Ausdruck bringt, daß die betreffende Mindestzahl während des größten Teils des Jahres als solche vorhanden sein muß. Es kommt darauf an, eine wie große Arbeitnehmerzahl in dem regelmäßigen Betrieb des Unternehmens ständig beschäftigt wird (RAG. 13. 6. 28, RAG. 2, 56). Eine Einschränkung enthält § 4 und § 5 hinsichtlich der nichtständigen Arbeiter der Land- und Forstwirtschaft; See- und Binnenschiffahrt werden einer besonderen Regelung vorbehalten. Die von den Unternehmungen der See- und Binnenschiffahrt unterhaltenen, der Förderung des Schiffahrtsbetriebes dienenden Landbetriebe unterliegen der allgemeinen durch das Betriebsrätegesetz erfolgten Regelung der Vertretung der Arbeitnehmer (RAG. 11. 7. 28, RAG. 2, 125). Die Notstandsarbeiter bilden weder eine besondere Berufs- noch eine besondere Fachgruppe. Aus ihnen lediglich deshalb, weil sie dasselbe Schicksal erlitten haben und

zur Verringerung der Arbeitslosigkeit bestimmten Arbeiten zugeführt werden, eine besondere Berufs- oder Fachgruppe machen zu wollen, entspricht nicht dem Gedanken des BRG. Es geht — unbeschadet der Ausnahme des § 6 — nicht an, daß sich die verschiedenen Arten von Arbeitnehmern eines Arbeitgebers, insbesondere wenn es sich um eine nur auf äußere Umstände, nicht auf Berufszugehörigkeit zurückzuführende Schicksalsgemeinschaft handelt, oder gar jede Schicht dieser Arbeitnehmer für sich eine eigene Betriebsvertretung schaffen und diese dann unter den Schutz der §§ 95, 96 BRG. stellen. Die dort geschützte Betriebsvertretung ist die der gesamten Arbeitnehmerschaft eines Betriebs (RAG. 10. 7. 29, RAG. 4, 135). Der Betriebsrat hört nicht ohne weiteres auf zu bestehen, wenn die Zahl der Arbeitnehmer dauernd unter zwanzig sinkt (RAG. 25. 9. 29, BenshSamml. 7, 162); es macht sich alsdann zwar eine Neubildung der Betriebsvertretung nötig; aber die alte bleibt so lange im Amt, bis die neue gebildet ist (KG. 15. 3. 25, JAR. 1925, 213. — A. M. VorlRWirtschR. 18. 10. 21; 18. 11. 24, JAR. 1922, 92; 1925; vgl. — für und wider — JAR. 1924, 107; 1925, 213; 1926, 176; 1927, 141; 1928, 157). Über den Einfluß der Fusion zweier Werke auf den Bestand ihrer Betriebsvertretungen s. § 9. — Streitigkeiten über die Notwendigkeit der Errichtung einer Betriebsvertretung entscheidet nach § 93 Nr. 1 das Arbeitsgericht.

6 Die Betriebsvertretungen sind Organe der zu juristischer Einheit zusammengeschlossenen Arbeitnehmerschaft (Kaskel, Das neue Arbeitsrecht S. 174). Ihre Rechte und Pflichten sind nur öffentlich-rechtlicher Natur; zu irgendwelcher privatrechtlichen Vertretung sind sie nicht befugt (LG. Dresden JAR. 1924, 106). Die vom Gesetz neueingeführten Organe sind:

- Betriebsräte,
- Betriebsobmann (§§ 2, 58 ff., 92),
- Arbeiter- und Angestelltenräte (§§ 6, 78 ff.; künftig meist Gruppenräte genannt),
- Gesamtbetriebsräte (§§ 50 ff.),
- Gemeinsame Betriebsräte (§ 51),
- Betriebsversammlung (§§ 45 ff.),
- Sondervertretungen (§§ 61 ff.).

7 Näheres über die Errichtung in II A 1 §§ 15 ff. und in der Wahlordnung (unten Anhang Nr. 1).

§ 2.

In Betrieben, die in der Regel weniger[1] als zwanzig, aber mindestens fünf wahlberechtigte[2] Arbeitnehmer beschäftigen, von denen mindestens drei nach den §§ 20 und 21 wählbar sind, ist ein Betriebsobmann[3] zu wählen.

Beschäftigen solche Betriebe mindestens fünf wahlberechtigte[2] Arbeiter und fünf wahlberechtigte[2] Angestellte, so kann[4] ein gemeinsamer Betriebsobmann gewählt werden. Ist eine Einigung der Mehrheit beider Gruppen nicht zu erzielen, so wählen Arbeiter und Angestellte je einen Betriebsobmann[5].

1 S. Anm. 5 zu § 1.

2 Entscheidender Gesichtspunkt für den Begriff des wahlberechtigten Arbeitnehmers ist die soziale Stellung des Arbeitnehmers und der ihm von dem Gesetz zugedachte Schutz. Daneben tritt die auch mit zu berücksichtigende enge Verbundenheit mit dem Betrieb zurück (RAG. 1. 3. 30, RAG. 5, 173). Zu den wahlberechtigten Arbeitnehmern gehören auch Reinemachefrauen, die nach der Feststellung des Arbeitsgerichts regelmäßig täglich $3^1/_4$ Stunde in dem Betrieb arbeiten und deren Berufsarbeit ausschließlich dem Betriebe dient (RAG. 1. 3. 30, RAG. 5, 173). — Vgl. § 20 Abs. 1 unten S. 45.

3 Betriebsobmann kann auch eine Frau sein. Wird statt des erforderlichen Betriebsrates ein Betriebsobmann gewählt, so liegt keine rechtlich beachtliche Wahl vor (LAG. Kiel BenshSamml. 3, 94). Näheres über den Betriebsobmann in §§ 58—60, 92.

4 Es können also auch, wenn mindestens fünf wahlberechtigte Arbeiter und fünf wahlberechtigte Angestellte vorhanden sind, zwei Betriebsobleute gewählt werden; dies jedenfalls dann, wenn eine Einigung beider Gruppen nicht stattfand. Gemäß Begründung bilden die beiden Obleute nicht eine Körperschaft, sondern jeder arbeitet nach § 92 für sich.

5 Die beiden Betriebsobleute bilden keine gemeinsame Vertretung, sondern sind selbständig; jeder kann seine Rechte allein

ausüben (Feig-Sitzler § 2 N. 4, Wölbling-Schultz-Sell § 2 N. 7. — A. M. Flatow § 59 N. 4; Kieschke-Syrup-Krause § 2 N. 7). Fällt die Zahl der Beschäftigten dauernd unter fünf, so fällt der Betriebsobmann fort (VorlRWirtschR. 5. 2. 24, JAR. 1925, 213).

§ 3[1].

In Betrieben, die mindestens zwanzig Hausgewerbetreibende (§ 119 b Gewerbeordnung[2]) beschäftigen, welche in der Hauptsache für denselben Betrieb arbeiten und selbst keine Arbeitnehmer beschäftigen[3], muß ein besonderer Betriebsrat für die Hausgewerbetreibenden errichtet werden[4]. Die näheren Bestimmungen trifft der Reichsarbeitsminister mit Zustimmung eines aus achtundzwanzig Mitgliedern bestehenden Ausschusses des Reichstags[4].

1 Im Ausschuß in zweiter Lesung neu eingefügt. Der Begriff des Arbeitnehmers nach § 1 erfährt dadurch eine Erweiterung von großer grundsätzlicher Bedeutung; die V. vom 23. 12. 18 hatte die Heimarbeiter (und noch mehr die Hausindustriellen) von den Ausschüssen ferngehalten.

2 § 119 b GO. bezeichnet die selbständigen Hausgewerbetreibenden (vgl. Reger-Stöhsel, 2. Bd.) als Personen, welche für bestimmte Gewerbetreibende außerhalb der Arbeitsstätten der letzteren mit der Anfertigung gewerblicher Erzeugnisse beschäftigt sind, und zwar auch dann, wenn sie die Roh- und Hilfsstoffe „selbst beschaffen". Auf den Schlußworten liegt der Nachdruck, weil hierin die Selbständigkeit des Hausgewerbetreibenden zum Ausdruck kommt. An sich fällt dieser unter § 14 GO., während der Heimarbeiter sich lediglich dadurch vom Arbeiter schlechthin unterscheidet, daß er aus besonderen Gründen die Arbeit außerhalb der Betriebsstätte des Arbeitgebers verrichtet. Daß der Hausgewerbetreibende nur für einen Auftraggeber arbeitet, ist nach Reichsgericht (RGStr. 16, 333) nicht nötig, um dem § 119 b zu genügen, kann also auch für § 3 vorliegenden Gesetzes nicht entscheidend sein; als verpflichtet ist derjenige Auftraggeber anzusehen, der die Arbeit des Hausgewerbetreibenden vorwiegend in Anspruch nimmt. Einschlägig ist auch § 11 Abs. 2 (unten S. 31 f.). Von den Hausgewerbetreibenden, auch Heimarbeiter genannt, sind die Hausarbeiter zu unterscheiden (vgl. § 1 des Hausarbeitsgesetzes vom 30. 6. 1923). Nach § 11 Abs. 2 gelten die in § 3 bezeichneten Hausgewerbetreibenden als Arbeiter.

3 Die Bestimmung im Nebensatz ist in 3. Lesung neu eingeführt und stimmt mit der Fassung in § 11 Abs. 2 überein. Etwaige Arbeitnehmer der Hausgewerbetreibenden gehören nicht zu dem Hauptbetrieb, für den der Hausgewerbetreibende (der sog. Zwischenmeister) arbeitet (Wölbling-Schultz-Sell § 3 N. 5).

4 Streitigkeiten über die Errichtung des Betriebsrats für Hausgewerbetreibende werden gemäß § 93 N. 1 durch das Arbeitsgericht entschieden. Angestellten- und Arbeiterräte gibt es bei diesen besonderen Betriebsarten naturgemäß nicht. Deren Funktionen sind sinngemäß vom Betriebsrat auszuüben. Nach der VO. vom 21. 4. 1920 (RGBl. S. 563; s. unten Anhang Nr. 3), sind das BRG. und die WahlO. entsprechend anwendbar.

§ 4.

Auf die Betriebe der Land- und Forstwirtschaft sowie ihre Nebenbetriebe[1] finden die §§ 1 und 2 mit der Maßgabe Anwendung[2], daß bei der Zahl der Arbeitnehmer nur die ständigen[3] Arbeitnehmer berücksichtigt werden. In diesen Betrieben ist erst dann ein Betriebsobmann zu wählen, wenn mindestens zehn ständige Arbeitnehmer[4] vorhanden sind, von denen mindestens drei nach den §§ 20 und 21 wählbar[5] sind.

1 Landwirtschaft ist diejenige wirtschaftliche Tätigkeit, welche die Erzeugung von pflanzlichen oder tierischen Rohstoffen durch Bearbeitung und Ausnutzung des Grund und Bodens bzw. die Verwertung der gewonnenen Produkte zum Gegenstand hat, also Ackerbau, Wiesenbau, Weidenbau, Weinbau, feldmäßig betriebener Gartenbau (aber nicht Gärtnereien), Viehzucht (Düringer-Hachenburg-Geiler, Komm. zum HGB. § 3 Anm. 4). Forstwirtschaft ist die auf Erzeugung von Waldproduktion durch planmäßige Auf- und Abforstung gerichtete Tätigkeit (ebenda Anm. 5). Landwirtschaftliche Nebenbetriebe sind nach § 918 RVO. Unternehmen, die ein landwirtschaftlicher Unternehmer neben seiner

Landwirtschaft, aber in wirtschaftlicher Abhängigkeit von ihr betreibt, z. B. Molkereien, Spiritusbrennereien, Gärtnereien (Wölbling-Schultz-Sell § 4 N. 1 Abs. 5). Eine Zuckerfabrik ist, auch wenn selbstgebaute Rüben verwendet werden, selbständiger Gewerbebetrieb, kein Nebenbetrieb (Kieschke-Syrup-Krause § 4 N. 3).

2 Es sind also Betriebsräte bzw. -obleute zu wählen. Hinsichtlich der Abgrenzung des häuslichen Gesindes von den landwirtschaftlichen Arbeitern gab ein Regierungsvertreter folgende Erklärung ab:

„Unter dem Gesinde ist zu unterscheiden zwischen Dienstboten, die ausschließlich in der Landwirtschaft beschäftigt sind — sie sind im Sinne des Entwurfs Arbeiter des landwirtschaftlichen Betriebs — und zwischen Dienstboten, die ausschließlich im Haushalt des Arbeitgebers tätig sind. Sie sind nicht Arbeiter des landwirtschaftlichen Betriebs. Endlich gibt es, und diese Fälle sind sehr zahlreich, Dienstboten, die sowohl im Haushalt wie im landwirtschaftlichen Betriebe beschäftigt sind. Hier kommt es darauf an, wo die Dienstboten überwiegend beschäftigt sind. Sind sie überwiegend im Betriebe tätig, so gelten sie als landwirtschaftliche Arbeiter, sind sie überwiegend im Haushalt tätig, so gelten sie nicht als Arbeiter des Betriebs."

3 Damit scheiden also die landwirtschaftlichen Saisonarbeiter (Sachsengänger, Wanderarbeiter) aus der Berechnung aus. Nach den Ausführungsvorschriften zum Reichssiedlungsgesetz vom 26. 9. 1919 (Zentralbl. S. 1143) sind ständige landwirtschaftliche Arbeitnehmer solche, die mindestens ein Jahr ohne wesentliche Unterbrechung in einem landwirtschaftlichen Betrieb beschäftigt sind; ständige forstwirtschaftliche Arbeitnehmer solche, die regelmäßig je 100 Tage mindestens 2 Jahre lang in einem forstwirtschaftlichen Betrieb beschäftigt sind. Diese Begriffsbestimmung gilt auch hier (Feig-Sitzler § 4 Anm. 5).

4 Angestellte und Arbeiter. Kommt bei landwirtschaftlichen Arbeitern und Angestellten keine Einigung über einen gemeinsamen Betriebsobmann zustande, so sind nach § 2 zwei Betriebsobleute zu wählen (Wölbling-Schultz-Sell § 4 N. 4).

5 Unten S. 45 ff.

§ 5.

Die Einrichtung von Arbeitnehmervertretungen für die Betriebe der Seeschiffahrt und der Binnenschiffahrt wird durch besonderes Gesetz geregelt[1].

1 Das Sondergesetz ist noch nicht ergangen. Die von den Unternehmungen der See- und Binnenschiffahrt unterhaltenen, der Förderung des Schiffahrtsbetriebes dienenden Landbetriebe unterliegen der allgemeinen durch das Betriebsrätegesetz erfolgten Regelung der Vertretung der Arbeitnehmer (RAG. 11. 7. 28, RAG. 2, 125; RAG. 9. 8. 29, BenshSamml. 6, 391). Das noch zu erwartende Gesetz über See- und Binnenschiffahrt wird vielleicht gewisse Landbestandteile der Seeschiffahrt und verwandte Berufe, wie die Hafenarbeit, der Sonderregelung mitunterwerfen. Vorläufig fallen diese Anlagen indessen unter das gegenwärtige Gesetz. Doch liegt es nicht im Rahmen arbeitsgerichtlicher Zuständigkeit, für Binnenschiffahrtsbetriebe das BRG. in angepaßter Form gelten zu lassen (RAG. 5. 12. 28, BenshSamml. 4, 246).

§ 6.

Zur Wahrnehmung der besonderen[1] wirtschaftlichen Interessen der Arbeiter und Angestellten[2] des Betriebs dem Arbeitgeber gegenüber sind in allen Betrieben, in deren Betriebsräten Arbeiter und Angestellte vertreten sind, Arbeiterräte und Angestelltenräte[3] zu errichten[4].

1 Die Frage, ob „besondere" wirtschaftliche Interessen sowohl der Arbeiter wie der Angestellten vorliegen, ist lebhaft erörtert worden. Diesen „besonderen" Interessen hatte die bisherige Gesetzgebung insofern Rechnung getragen, als die V. vom 23. 12. 18 Angestelltenausschüsse und Arbeiterausschüsse vorgesehen hatte. Die neue Regelung stellt einen Kompromiß zwischen der von der Regierung vertretenen Anschauung, die nur Betriebsräte, und jener, die nur gesonderte Arbeiter- und Angestelltenräte wünschte, dar. Unter den „besonderen wirtschaftlichen Interessen der Arbeiter und Angestellten" sind die aus dem Arbeitsverhältnis entspringenden Interessen der beiden Arbeitnehmergruppen zu verstehen (Flatow § 6 Anm. 3).

2 Gemäß § 1. Vgl. Begriffsbestimmung in §§ 11, 12.

3 Ursprünglich war bereits in § 6 die Grundlage für die Errichtung von Gruppenräten bestimmt worden. Jetzt findet sich die Vorschrift hierfür in § 15 Abs. 3. Die Arbeiter- und Angestelltenräte sind jedenfalls nicht etwa nur Untergruppen des Betriebsrats; sie haben vielmehr nach §§ 78 ff. GO. ihre eigenen, völlig selbständigen Befugnisse. Weitergehende Befugnisse als die in § 78 vorgesehenen können aus § 6 nicht abgeleitet werden (Wölbling-Schultz-Sell § 6 Anm. 2).

Vgl. auch § 15 Abs. 2, wo bestimmt ist, daß die Zahl der Mitglieder des Arbeiterrats und des Angestelltenrats sich nach den Grundsätzen für die Zahl der Betriebsratsmitglieder (§ 15 Abs. 1) bemißt.

4 Umfaßt der Betriebsrat nur Arbeiter oder nur Angestellte, so ist er zugleich Gruppenrat; aus dem Betriebsrat für Hausgewerbetreibende werden Gruppenräte nicht gebildet (Flatow § 6 Anm. 4). Beteiligt sich die eine Arbeitnehmergruppe nicht an der Wahl, so bleibt sie im Betriebsrat unvertreten; die von der andern Gruppe gewählte Betriebsvertretung ist vollgültiger Betriebsrat (LG. I Berlin JAR. 1925, 215; LAG. Dortmund, BenshSamml. 1, 328, JAR. 1923, 90; 1924, 1087; 1925, 214; 1927, 142).

Über Notstandsarbeiter s. § 1 N. 5.

§ 7[1].

In Betrieben, in denen zwei Betriebsobleute[2] gewählt sind, vertritt jeder von diesen die besonderen Interessen seiner Gruppe.

In Betrieben, in denen nur ein Betriebsobmann gewählt ist, vertritt dieser neben den gemeinsamen auch die besonderen Interessen jeder einzelnen Gruppe[3].

1 Der § 7 überträgt den Grundgedanken des § 6 auf jene Betriebe, in denen nur Obleute gewählt sind.

2 Es handelt sich um den Fall des § 2 Abs. 2 Satz 2. Einigen sich die Mehrheiten der Arbeiter und Angestellten in Betrieben mit mindestens 5 wahlberechtigten Arbeitern und 5 wahlberechtigten Angestellten nicht, so wählt jede Gruppe ihren Obmann.

3 Ist nur ein Betriebsobmann vorhanden, so vereinigt er in seiner Person die Aufgaben und Befugnisse des Betriebsrats, Arbeiterrats und Angestelltenrats (Feig-Sitzler § 7).

§ 8[1].

Die Befugnis der wirtschaftlichen Vereinigungen von Arbeitern und Angestellten[2], die Interessen ihrer Mitglieder zu vertreten, wird durch die Vorschriften dieses Gesetzes nicht berührt.

1 Diese Bestimmung, die dem Hilfsdienstgesetz den Begriff „wirtschaftliche Vereinigungen" (für „Berufsvereine") entnimmt, wahrt in Übereinstimmung mit der V. v. 23. 12. 18 (§ 13 Abs. 4) die Rechte der Gewerkschaften und sonstigen Berufsvereine. Das in § 152 Abs. 2 GO. den Teilnehmern einer Vereinigung eingeräumte beliebige Rücktrittsrecht und die dort bestimmte Unklagbarkeit von Koalitionsabreden ist durch Art. 159 RVerf. außer Kraft gesetzt (RGZ. 111, 199).

2 Es muß sich um reine Arbeitnehmervereine handeln, die nur Arbeiter und Angestellte zu Mitgliedern haben und nur wirtschaftliche, nicht politische Ziele verfolgen. Die Mittel der Vereinigungen dürfen nur durch Arbeitnehmerbeiträge aufgebracht werden. Die Verfolgung kultureller oder religiöser Ziele als Nebenaufgabe ist nicht ausgeschlossen (Wölbling-Schultz-Sell § 8 Anm. 1). Die obigen Erfordernisse decken sich mit den vom Verfassungsausschuß des Vorläufigen Reichswirtschaftsrats am 17. 2. 1927 aufgestellten (Feig-Sitzler § 8 Anm. 1). Bei der Vertretung handelt es sich lediglich um die Wahrnehmung von Berufsinteressen, nicht um privatrechtliche Vertretung (Feig-Sitzler a. a. O.; Flatow § 8 Anm. 3).

§ 9.

Als Betriebe im Sinne des Gesetzes gelten alle Betriebe, Geschäfte und Verwaltungen des öffentlichen und privaten Rechtes[1].

Nicht als besondere Betriebe gelten Nebenbetriebe[2] und Bestandteile eines Unternehmens, die durch die Betriebsleitung

oder das Arbeitsverfahren miteinander verbunden sind, sofern sie sich innerhalb der gleichen Gemeinde oder wirtschaftlich zusammenhängender, nahe beieinanderliegender[3] Gemeinden befinden.

1 Ein Betrieb im Sinne des § 9 BRG. ist eine Einheit, die sich aus gewissen Einrichtungen zusammensetzt. Solange die Einrichtungen nicht vollständig aufgelöst sind, kann man immer noch von einem — allerdings nur bis zu dieser Auflösung möglichen und daher zeitlich beschränkten — Fortbestehen des Betriebes sprechen (RAG. 15. 2. 28, RAG. 1, 195). Zum Begriff des Betriebs gehört zwar nicht das Vorhandensein eines Arbeitnehmers, doch kommen selbstverständlich für das BRG. nur Betriebe in Betracht, in denen Arbeitnehmer beschäftigt werden (Wölbling-Schultz-Sell § 9 Anm. 1). Die Betriebe des BRG. können auf jeden Zweck, nicht bloß auf wirtschaftlichen, gerichtet sein, wie sich aus § 67 BRG. ergibt. Keine Betriebe im Sinne des BRG. sind die Verbände der Reichswehr und der Flotte, soweit sie nicht Personen auf Privatdienstvertrag beschäftigen (Feig-Sitzler § 9 Anm. 1). Die von den Unternehmungen der See- und Binnenschiffahrt unterhaltenen, der Förderung des Schiffahrtsbetriebes dienenden Landbetriebe unterliegen der allgemeinen durch das Betriebsrätegesetz erfolgten Regelung der Vertretung der Arbeitnehmer (RAG. 11. 7. 28, RAG. 2, 125).

Der Betrieb ist unabhängig von der Person des Arbeitgebers; Besitzwechsel ist auf die Betriebsvertretung ohne Einfluß (Feig-Sitzler § 9 Anm. 2). Über Fusion s. § 43. Eine örtliche Betriebseinrichtung ist als „Betrieb" anzusehen, wenn sie auf einige Dauer zu einem bestimmten Zweck eingerichtet ist und der Führung eine gewisse Selbständigkeit eingeräumt ist (RAG. 25. 9. 29, BenshSamml. 7, 90).

Der Vorsitzende des Betriebsrates hat nicht in erster Linie die Interessen der Arbeiter wahrzunehmen. Laut § 1 BRG. wird der Betriebsrat „zur Wahrnehmung der gemeinsamen wirtschaftlichen Interessen der Arbeitnehmer dem Arbeitgeber gegenüber und zur Unterstützung des Arbeitgebers in der Erfüllung der Betriebszwecke" errichtet. Es sind hier beide Aufgaben gleichwertig nebeneinandergestellt. Der Vorsitzende des BR. ist also verpflichtet, die Interessen des ganzen Betriebs wahrzunehmen, nicht denen der Arbeitnehmer den Vorzug zu geben (RAG. 29. 5. 29, RAG. 4, 88).

2 Nebenbetriebe und Bestandteile eines Unternehmens unterscheiden sich im wesentlichen dadurch, daß mit Nebenbetrieben ein selbständiger wirtschaftlicher Zweck verfolgt wird, während Bestandteile keinem solchen besonderen Zweck dienen (RAG. 27. 2. 29, BenshSamml. 5, 318), und daß Bestandteile nicht ohne das Ganze bestehen können, während Nebenbetriebe einen selbständigen Charakter haben (Entsch. des RWirtschR. 14. 8. 20, JAR. 1920, 111). Als Nebenbetriebe gelten insbesondere auch Anlagen, welche zur Erzeugung der Hilfsmaterialien oder zur Weiterverarbeitung von Resten und Abfällen dienen. Der Begriff ist besonders in der Landwirtschaft wichtig. Im Einzelfall kann fraglich sein, ob der landwirtschaftliche oder gewerbliche Betrieb den Hauptbetrieb darstellt, was für § 4 wichtig ist. Hiernach fällt der als landwirtschaftlicher Nebenbetrieb anzusehende industrielle Betrieb unter die für den landwirtschaftlichen Hauptbetrieb gültigen Bestimmungen.

3 d. h. durch die Verkehrsverhältnisse eng miteinander verbunden (Flatow § 9 Anm. 7). Vgl. § 11 Abs. 2. Bestandteile eines Unternehmens sind Einrichtungen, die sich als Hilfsbetrieb des Hauptbetriebs darstellen, wie z. B. Zeitungsfilialen einer Zeitung, Annahmestellen einer Färberei (Wölbling-Schultz-Sell § 9 Anm. 4); Betriebskrankenkassen sind Bestandteil der betreffenden Betriebe. Sind die Verkaufsstellen einer besonderen, von der Fabrik getrennten Zentralleitung unterstellt, die ihrerseits mit der Fabrik abrechnet, so handelt es sich um zwei völlig selbständige Betriebe eines Unternehmens (RAG. 9. 7. 30, RAG. 24, 30).

§ 10.

Arbeitnehmer im Sinne dieses Gesetzes sind Arbeiter und Angestellte[1] mit Ausnahme der Familienangehörigen des Arbeitgebers[2].

Nicht als Arbeitnehmer gelten

1. die öffentlichen Beamten und Beamtenanwärter[3],

2. Personen, deren Beschäftigung nicht in erster Linie ihrem Erwerbe dient, sondern mehr durch Rücksichten der körperlichen Heilung, der Wiedereingewöhnung, der sittlichen Besserung oder Erziehung oder durch Beweggründe charitativer, religiöser, wissenschaftlicher oder künstlerischer Art bestimmt wird[4].

1 S. §§ 1, 11, 12.

2 Im Ausschuß wurde betont, es solle der Praxis überlassen werden, in jedem Falle die „Familienangehörigkeit" zu prüfen. Abgelehnt wurde, für diesen Begriff den § 383 ZPO. zugrunde zu legen, ebenso, den Verwandtschaftsgrad selbst im Gesetz festzulegen. Als maßgebend für den Ausschluß der Familienangehörigen bezeichnet die Begründung die fehlende Arbeitnehmereigenschaft. Familienangehörige von Vorstandsmitgliedern und anderen gesetzlichen Vertretern fallen nicht unter die Ausnahmevorschrift (Wölbling-Schultz-Sell § 10 Anm. 1; Feig-Sitzler § 10 Anm. 2. — A. M. Mansfeld § 10 Anm. 3a, Flatow § 10 Anm. 4).

3 Der Ausschluß der Beamten aus den Angestelltenvertretungen war mittelbar schon in der V. v. 23. 12. 18 ausgesprochen, deren § 9 die in §§ 9, 10 und 14 Nr. 1 des Angestelltenversicherungsgesetzes genannten Personen (s. S. 33) von den Angestelltenausschüssen ausschloß. Geistliche, Lehrer, Erzieher usw. können gemäß § 10 Abs. 2 Z. 2 gegenwärtigen Gesetzes auch dann, wenn sie nicht Beamte sind, die Arbeitnehmereigenschaft einbüßen, doch ist hierfür die Art ihrer Beschäftigung entscheidend. Zu beachten ist ferner § 13.

4 Im Ausschuß neu eingefügt. Vgl. auch Anm. 3. Zugunsten des Antrags (Nr. 138), dem der jetzige § 10 Abs. 2 Z. 2 entspricht, war die Forderung aufgegeben worden, wonach nicht als Arbeitnehmer zu gelten habe, wer sich vorübergehend oder dauernd in Krankenhäusern, Pflege-, Erziehungs- und ähnlichen Anstalten aufhalte, gleichgültig, ob mit oder ohne Entgelt beschäftigt, wenn nur die Beschäftigung nicht lediglich aus Erwerbsgründen erfolgt. Der Inhalt dieses Antrags dürfte für die Auslegung der jetzigen Gesetzesvorschrift heranzuziehen sein. Ausführungen des preußischen Kultusministers betonten gleichmäßig, daß für wissenschaftliche und

künstlerische Anstalten der Wunsch der Leiter hinsichtlich der Tätigkeit, der Arbeitsmethoden, der Anstellung, Dienstführung, Entlassung der Mitarbeiter maßgebend bleiben müsse. Der aus Antrag 138 entnommene Gesetzestext trägt auch diesen Ansichten Rechnung, so daß die fraglichen Personen nicht als Arbeitnehmer im Sinne des Gesetzes gelten.

§ 11.

Arbeiter[1] im Sinne dieses Gesetzes sind die im Dienste anderer gegen Entgelt[2] oder als Lehrlinge[3] beschäftigten Personen mit Ausschluß der Angestellten.

[4]Arbeiter im Sinne dieses Gesetzes sind ferner die in der Gemeinde des Betriebs oder in wirtschaftlich mit ihr zusammenhängenden, nahe bei ihr liegenden Gemeinden wohnenden Hausgewerbetreibenden (§ 3), welche in der Hauptsache für denselben Betrieb arbeiten und selbst keine Arbeitnehmer beschäftigen[5].

Ist für diese ein besonderer Betriebsrat gemäß § 3 zu errichten[6], so scheiden sie als Arbeitnehmer aus der Zahl der im Betriebe Beschäftigten aus.

1 Arbeiter sind Arbeitnehmer einschließlich der Lehrlinge, welche nicht Angestellte im Sinne des § 1 des Versicherungsgesetzes für Angestellte sind. In der Hauptsache gehören hierher Handarbeiter, also Personen, die unwesentliche körperliche, mechanische Dienste leisten (mit Ausnahme der zu solchen Dienstleistungen angestellten Büroangestellten, vgl. § 12 Abs. 1 a—f); den Gegensatz bilden die mit geistigen oder höheren Arbeiten betrauten Arbeitnehmer, Kopfarbeiter, Angestellte (Wölbling-Schultz-Sell § 11 Anm. 1). Zu den Arbeitern gehören auch Reinemachefrauen, die regelmäßig täglich mehrere Stunden im Betrieb arbeiten (RAG. 1. 3. 30 RAG. 5, 173).

2 Unter den Begriff des Entgelts fallen auch Naturalleistungen, Wohnung, Verpflegung, sowie Trinkgelder, mögen sie auch von dritter Seite gewährt werden. Gewinnbeteiligung schließt die Arbeitnehmereigenschaft nicht aus (Kieschke-Syrup-Krause § 11 Anm. 3).

3 Ein Lehrlingsverhältnis wird regelmäßig gegeben sein, wenn die Beschäftigung nach Absicht des Arbeitgebers und des Arbeitnehmers hauptsächlich Unterweisung und Ausbildung des letzteren bezweckt. Die Bezeichnung des Arbeitsverhältnisses ist gleichgültig, auch darauf kommt es nicht an, ob Lehrgeld oder umgekehrt Lohn bezahlt wird. (Reger-Stöhsel zu § 126 GO., nach deren Motiven.)

4 Zum Teil im Ausschuß neu aufgenommen, um Übereinstimmung mit § 3 herbeizuführen. Auf die dortige Anm. 2 wird verwiesen. In 3. Lesung wurde bestimmt, daß die Gemeinden im Sinn dieses Absatzes nahe bei der Betriebsgemeinde liegen müssen. Ob diese Nähe gegeben ist, ist Tatfrage.

5 Vgl. § 10. Mithelfende Familienangehörige des Hausgewerbetreibenden sind keine Arbeitnehmer, ihre Beschäftigung schließt die Anwendung des Begriffs „Arbeitnehmer" auf den Hausgewerbetreibenden nicht aus.

6 Für den Hausgewerbetreibenden des § 11 kommt der regelmäßig für den Betrieb zu bildende Betriebsrat in Frage. Wird dagegen ein besonderer Betriebsrat gebildet (§ 3), so gelten die Hausgewerbetreibenden nicht mehr als Arbeitnehmer im Sinne der §§ 1 ff. Das kann zur Folge haben, daß in einem Betrieb, der weniger als 20 Arbeiter im engeren Sinne, zugleich aber mindestens 20 Hausgewerbetreibende beschäftigt, ein besonderer Betriebsrat nach § 3 errichtet wird, die Vertretung der Arbeiter aber bei einem Betriebsobmann liegt.

§ 12.

[1]Angestellte im Sinne dieses Gesetzes sind Personen, welche eine der im § 1 Abs. 1 des Versicherungsgesetzes für Angestellte angeführten Beschäftigungen gegen Entgelt[2] ausüben, auch wenn sie nicht versicherungspflichtig sind[3]. Außerdem gelten als Angestellte die in einer geregelten Ausbildung zu einer dieser Beschäftigungen befindlichen Lehrlinge[4] und die mit niederen oder lediglich mechanischen Dienstleistungen beschäftigten Bureauangestellten[5].

[2]Nicht als Angestellte im Sinne dieses Gesetzes gelten die

Vorstandsmitglieder und gesetzlichen Vertreter von juristischen Personen und von Personengesamtheiten des öffentlichen und privaten Rechtes, ferner die Geschäftsführer und Betriebsleiter, soweit sie zur selbständigen Einstellung oder Entlassung der übrigen im Betrieb oder in der Betriebsabteilung beschäftigten Arbeitnehmer berechtigt sind oder soweit ihnen Prokura oder Generalvollmacht erteilt ist.[7]

1 Inhaltlich mit § 9 Abs. 2 der V. v. 23. 12. 18 übereinstimmend. § 1 Abs. 1 des Versicherungsgesetzes für Angestellte in der Fassung der Bekanntm. vom 28. 5. 1924 (RGBl. I S. 563) macht folgende Beschäftigungen namhaft:

1. Angestellte in leitender Stellung,
2. Betriebsbeamte, Werkmeister und andere Angestellte in einer ähnlich gehobenen oder höheren Stellung,
3. Büroangestellte, soweit sie nicht ausschließlich mit Botengängen, Reinigung, Aufräumung und ähnlichen Arbeiten beschäftigt werden, einschließlich der Bürolehrlinge und Werkstattschreiber,
4. Handlungsgehilfen und Handlungslehrlinge, andere Angestellte für kaufmännische Dienste, auch wenn der Gegenstand des Unternehmens kein Handelsgewerbe ist, Gehilfen und Lehrlinge in Apotheken,
5. Bühnenmitglieder und Musiker ohne Rücksicht auf den Kunstwert ihrer Leistungen,
6. Angestellte in Berufen der Erziehung, des Unterrichts, der Fürsorge, der Kranken- und Wohlfahrtspflege,
7. aus der Schiffsbesatzung deutscher Seefahrzeuge und aus der Besatzung von Fahrzeugen der Binnenschiffahrt Schiffsführer, Offiziere des Decks- und Maschinendienstes, Verwalter und Verwaltungsassistenten sowie die in einer ähnlich gehobenen oder höheren Stellung befindlichen Angestellten ohne Rücksicht auf ihre Vorbildung. Als deutsches Seefahrzeug gilt jedes Fahrzeug, das unter deutscher Flagge fährt und ausschließlich oder vorzugsweise zur Seefahrt benutzt wird.

Ziff. 7 kommt im Hinblick auf § 5 BRG. nicht in Betracht.

2 Über den Begriff des Entgelts s. § 11 Anm. 2.

3 Die Nichtversicherungspflicht kann beliebigen Gründen entspringen (z. B. Überschreiten der Jahresverdienstgrenze).

4 Vgl. § 11 Anm. 3.

5 Diese Büroangestellten sind vom Versicherungsgesetz (s. oben Anm. 1, Z. 3) ausgeschlossen, müssen deshalb, um unter gegenwärtiges Gesetz zu fallen, ausdrücklich genannt werden. Für den Begriff der mit niederen oder lediglich mechanischen Dienstleistungen beschäftigten Büroangestellten kommt es darauf an, ob das Hauptgewicht ihrer Tätigkeit im Büro oder außerhalb liegt (KfmG. Hamburg JAR. 1925, 217). Die Botenzimmer gehören nicht zu den Büros (ReichsVersA. 6. 6. 25, JAR. 1926, 177).

6 Die Einbeziehung der in Abs. 2 genannten leitenden Beamten in die Betriebsräte stieß auf vielen Widerspruch. Die Begründung betont, es gäbe unter den Angestellten eine oberste Schicht, die in eine Interessenvertretung der Arbeitnehmer nicht mehr hineingehört, weil sie selbst in erster Linie Obliegenheiten des Unternehmers erfüllt; hierher gehörten vor allem die Vorstandsmitglieder der juristischen Personen (Direktoren), dann aber auch sonstige selbständige Geschäftsführer oder Betriebsleiter, insbesondere, soweit sie Vorgesetzte aller übrigen Angestellten oder Prokuristen oder Generalbevollmächtigte sind. Der Entwurf sprach demgemäß von „selbständigen" Geschäftsführern und Betriebsleitern und gab dafür auch den Hinweis auf das Vorgesetztenverhältnis, auf die Ausstattung mit Prokura oder Generalvollmacht lediglich Beispiele bzw. Erläuterungen (Regierungserklärung in erster Ausschußlesung). Die Gesetzesfassung bringt demgegenüber zum Ausdruck, daß Geschäftsführung und Betriebsleitung mit Prokura oder Generalvollmacht zusammenfallen muß, damit der Angestelltenbegriff unanwendbar wird. Die Berechtigung zur selbständigen Einstellung oder Entlassung der übrigen Arbeitnehmer steht in diesem Sinn der Prokura oder Generalvollmacht gleich; diese letzte Bestimmung ist in zweiter Ausschlußlesung hereingekommen.

7 § 12 Abs. 2 BRG. unterscheidet zwei Gruppen von Personen, die nicht als Angestellte im Sinne dieses Gesetzes gelten; einmal die „Vorstandsmitglieder" und „gesetzlichen Vertreter" juristischer Personen und Personengesamtheiten d. h. mit anderen

Worten die Betriebsunternehmer und deren gesetzliche Vertreter, sodann die „Geschäftsführer" und „Betriebsleiter". Aber nicht jeder Geschäftsführer oder Betriebsleiter gehört zu der zweiten Gruppe. Vielmehr muß noch eine gewisse Selbständigkeit hinzutreten; denn das Gesetz macht die Einschränkung, daß diese Personen entweder zur selbständigen Einstellung oder Entlassung der, also aller übrigen im Betrieb oder in der Betriebsabteilung beschäftigten Arbeitnehmer berechtigt sein oder Prokura oder Generalvollmacht besitzen müssen. Unter „Generalvollmacht" ist hier dasselbe zu verstehen wie unter dem entsprechenden Begriff des § 173 ZPO. oder unter „Handlungsvollmacht" des § 54 HGB., d. h. die Vollmacht muß sich auf alle oder doch auf einen bestimmten, durch objektive Merkmale begrenzten größeren Kreis von Vermögensangelegenheiten beziehen und innerhalb dieses Kreises die Besorgung aller Geschäfte des Vollmachtgebers umfassen — vgl. RGZ. Bd. 67 S. 24, Bd. 69 S. 301 und WarnRspr. 1912 Nr. 183 — (RAG. 13. 7. 29, RAG. 4, 155).

Technische Aufsichtsbeamte von Berufsgenossenschaften sind auch unter Berücksichtigung der §§ 874 ff. RVO. nicht als Generalbevollmächtigte im Sinne des § 12 Abs. 2, sondern als Angestellte im Sinne des § 12 Abs. 1 BRG. anzusehen und daher für die Betriebsratwahl wahlberechtigt. Dabei ist auf die tatsächlichen Verhältnisse des Einzelfalls, nicht auf den Ausdruck „Generalvollmacht" entscheidendes Gewicht zu legen. Nach der herrschenden und zutreffenden Meinung muß der Kreis der Wahlberechtigten dem Willen des Gesetzgebers entsprechend möglichst weit erstreckt werden (RAG. 13. 7. 29, RAG. 4, 155).

§ 13[1].

Durch Verordnung der Reichsregierung[2] kann für die öffentlichen Behörden und die Betriebe des Reichs sowie für die öffentlich-rechtlichen Körperschaften, die hinsichtlich der Dienstverhältnisse ihrer Beamten der Reichsaufsicht unterstehen, bestimmt werden, daß gewisse Gruppen von Beamten und Beamtenanwärtern als Arbeiter oder Angestellte im Sinne dieses Gesetzes zu betrachten sind.

Für die öffentlichen Behörden und die Betriebe der Länder, Gemeinden und Gemeindeverbände sowie für die öffentlich-rechtlichen Körperschaften, die hinsichtlich der Dienstverhältnisse ihrer Beamten der Landesaufsicht unterstehen, können die Landesregierungen entsprechende Verordnungen erlassen[3].

Geschieht dies, so kommen für das Dienstverhältnis der Beamten die § 78 Ziffer 8, 9, §§ 81 bis 90, §§ 96 bis 98 nicht in Anwendung[4].

In gleicher Weise kann bestimmt werden, daß bestimmte Gruppen von Arbeitnehmern, die Aussicht auf Übernahme in das Beamtenverhältnis haben oder die in den Behörden mit gleichen oder ähnlichen Arbeiten wie die Beamten oder Beamtenanwärter beschäftigt werden, nicht als Arbeitnehmer im Sinne dieses Gesetzes zu betrachten sind, wenn ihnen bei der Bildung von Beamtenvertretungen (Beamtenräten, Beamtenausschüssen) die gleichen Rechte gewährt sind wie den Beamten.

1 Im Entwurfe war vorgesehen worden, daß gewisse Gruppen von Arbeitnehmern, die Aussicht auf Übernahme in das Beamtenverhältnis haben oder die in den Behörden wie Beamte beschäftigt werden, nicht als Arbeitnehmer im Sinne des Betriebsrätegesetzes zu gelten haben. Umgekehrt sollten Beamtengruppen in öffentlichen, wirtschaftlichen Zwecken dienenden Verwaltungen unter das Betriebsrätegesetz fallen. Besonders seitens der preußischen Eisenbahn- und Bergverwaltung wurden solche Wünsche geäußert. — Die Gesetzesfassung entspricht z. T. einem im Ausschuß eingereichten Antrage und greift im übrigen auf den Entwurf zurück, indem sie den Beamten die Beamtenanwärter anreiht. Voraussetzung ist, daß die Arbeiterrechte auf Vertretung gewahrt bleiben.

2 Eine solche VO. ist am 14. 4. 1920 (RGBl. S. 522) erlassen worden. Siehe unten Anhang Nr. 2. Ferner hat das Reichspostministerium entsprechende Verordnungen am 27. 4. 1920 (RGBl. S. 682) und am 8. 1. 1921 (RGBl. S. 82) erlassen.

3 Entsprechende Vorschriften sind in Preußen durch die Ausführungs-V. vom 8. 3. 1920 getroffen worden (Art. 1, unten

Anhang Nr. 10). Vgl. ferner die im Anhang abgedruckten Verordnungen Bayerns und Sachsens.

4 Es handelt sich hierbei um die Mitwirkung bei Einstellungen und Entlassungen.

Zu beachten auch § 11 und die Ausführungsverordnung des Reichs (unten Anhang Nr. 2).

§ 14.

Ist der Arbeitgeber keine Einzelperson[1], so üben die Rechte und Pflichten des Arbeitgebers nach diesem Gesetz aus:

1. **bei den juristischen Personen und Personengesamtheiten des privaten Rechtes die gesetzlichen Vertreter[2],**
2. **bei dem Reiche, den Ländern, den Gemeindeverbänden, den Gemeinden und den anderen Körperschaften des öffentlichen Rechtes die Vorstände der einzelnen Dienststellen nach Maßgabe der für das Reich und die hinsichtlich der Dienstverhältnisse der Arbeitnehmer seiner Aufsicht unterstehenden Körperschaften von der obersten Reichsbehörde, für die übrigen Körperschaften von der Landeszentralbehörde zu erlassenden Vorschriften[3].**

Vertretung des Arbeitgebers durch Bevollmächtigte ist zulässig[4].

1 Ist der Arbeitgeber eine geschäftsunfähige oder in der Geschäftsfähigkeit beschränkte Einzelperson, so werden seine Rechte und Pflichten durch den gesetzlichen Vertreter ausgeübt (Feig-Sitzler § 14 Anm. 2).

2 Gemäß den in Frage kommenden Gesetzen BGB., HGB. usw. Regelmäßig ist der Vorstand (so bei der Gesellschaft nach BGB., der AG., der G. m. b. H., der Genossenschaft, der Kommanditgesellschaft auf Aktien, dem Versicherungsverein) gesetzlicher Vertreter.

3 Vgl. die im Anhang unter Nr. 10 ff. abgedruckten Ausführungsbestimmungen usw. für Preußen, Bayern, Sachsen.

4 In der Kommission eingefügt. Wenn die Bestimmung im Grunde genommen auch nichts Neues besagt, so bringt sie doch

zum Ausdruck, daß der Arbeitgeber nicht etwa stets persönlich die umfangreichen, ihm in diesem Gesetz auferlegten Pflichten zu erfüllen hat.

II. Aufbau der Betriebsvertretungen.

A. Betriebsrat (Arbeiterrat und Angestelltenrat).

1. Zusammensetzung und Wahl[1].

1 Zu §§ 15—25 zu vergleichen: Abschn. I der Wahlordnung unten Nachtrag Nr. 1.

§ 15.

[1]Der Betriebsrat besteht:

in Betrieben von 20 bis 49 Arbeitnehmern[2] aus 3 Mitgliedern,

in Betrieben mit 50 bis 99 Arbeitnehmern aus 5 Mitgliedern,

in Betrieben mit 100 bis 199 Arbeitnehmern aus 6 Mitgliedern.

Die Zahl der Mitglieder erhöht sich um je eines in Betrieben von[3]

200 bis 999 Arbeitnehmern für je weitere 200,

1000 bis 5999 Arbeitnehmern für je weitere 500,

6000 und mehr Arbeitnehmern für je weitere 1000.

Die Höchstzahl der Mitglieder beträgt 30.

[4]Der Arbeiterrat und der Angestelltenrat werden gebildet durch die Arbeitermitglieder und die Angestelltenmitglieder des Betriebsrats. Sind dies nur ein oder zwei Mitglieder, so haben auch sie die Rechte und Pflichten eines Arbeiterrats oder eines Angestelltenrats. Ist die Zahl der Arbeiter oder die der Angestellten so groß, daß die Arbeiter oder Angestellten bei Zugrundelegung der Berechnung nach Abs. 1 bis 3[5] mehr Vertreter für den Gruppenrat beanspruchen können, als sie im Be-

triebsrat haben, so tritt eine entsprechende Zahl von Ergänzungsmitgliedern hinzu[6].

Hat ein Betrieb, für den ein Betriebsrat zu errichten ist, weniger wählbare[7] Arbeitnehmer als die nach Abs. 1 bis 3 erforderte Zahl der Betriebsratsmitglieder, so besteht der Betriebsrat aus drei Mitgliedern, hat er weniger als drei wählbare[7] Arbeitnehmer, so sind Betriebsobleute[8] zu wählen[9].

1 In § 15 wird zunächst Zusammensetzung und Recht des Betriebsrats, dann des Arbeiter- und Angestelltenrats bestimmt. Die Begründung sah im Grundsatz allgemeiner Verhältniswahlen die Gewähr dafür, daß die Betriebsräte vom Vertrauen der Arbeitnehmerschaft und aller ihrer Gruppen getragen sind.

2 Vgl. § 1 Anm. 2, § 10.

3 Die Höchstzahl war im Entwurf auf 20 festgelegt und damit begründet, daß die Geschäftsführung nicht schwerfällig sein dürfe. Das Gesetz geht über die im Entwurf vorgesehenen Zahlen etwas hinaus. Im übrigen ergibt sich für die einzelnen Betriebsgrößen die folgende Zahl von Mitgliedern des Betriebsrats:

20— 50	3	4 000— 4 499	17
50— 99	5	4 500— 4 999	18
100— 199	6	5 000— 5 499	19
200— 399	7	5 500— 5 999	20
400— 599	8	6 000— 6 999	21
600— 799	9	7 000— 7 999	22
800— 999	10	8 000— 8 999	23
1 000—1 499	11	9 000— 9 999	24
1 500—1 999	12	10 000—10 999	25
2 000—2 499	13	11 000—11 999	26
2 500—2 999	14	12 000—12 999	27
3 000—3 499	15	13 000—13 999	28
3 500—3 999	16	14 000—14 999	29

Die nicht mehr überschreitbare Höchstzahl von 30 wird also in Betrieben mit 15 000 Arbeitnehmern erreicht.

4 Der Abs. 4 ist in 3. Lesung neu eingefügt und ersetzt z. T. den gestrichenen Abs. 2 vom § 6 (vgl. oben § 6 Anm. 3). — „Ergänzungsmitglieder" ist von den „Ersatzmitgliedern" (§ 40) aus-

einanderzuhalten; erstere gehören zum regelmäßigen Bestand eines Gruppenrats im Sinne von § 15 Abs. 4 S. 3, letztere treten bei Ausscheiden von Mitgliedern des Betriebsrats und (§ 44) der Gruppenräte für die Ausgeschiedenen ein.

5 S. Anm. 3. Der Arbeiterrat und der Angestelltenrat werden durch die Mitglieder der betreffenden Gruppe des Betriebsrats und durch von den Gruppenangehörigen zu wählenden Ergänzungsmitglieder gebildet. Insgesamt ist also für jede Betriebsgröße die doppelte Anzahl der Betriebsratsmitglieder als Mitglieder des Arbeiter- und Angestelltenrats zu wählen. Die höchste in Frage kommende Zahl der zu Wählenden ist demnach in Betrieben von 15 000 und mehr Arbeitnehmern 60. S. a. § 1 der Wahlordnung unten Anhang Nr. 1.

6 Macht eine Gruppe von ihrem Wahlrecht keinen Gebrauch, so bleibt sie unberücksichtigt. Wird überhaupt keine Stimme abgegeben, so bleibt der Betrieb für die nächste Wahlperiode ohne Betriebsrat (Wölbling-Schultz-Sell § 15 Anm. 6).

7 Vgl. § 20 Abs. 2.

8 Vgl. §§ 58—60.

9 Enthält ein Betriebsrat nicht so viel Mitglieder der einen oder andern Gruppe, daß aus ihm die Gruppenräte mit der nach § 15 vorgeschriebenen Mitgliederzahl gebildet werden können, so sind Ergänzungsmitglieder zu wählen (Feig-Sitzler § 6 Anm. 3; Wölbling-Schultz-Sell § 6 Anm. 8).

§ 16[1].

Befinden sich unter den Arbeitnehmern sowohl Arbeiter wie Angestellte, so muß jede Gruppe, entsprechend ihrem Zahlenverhältnis bei Anberaumung der Wahl, im Betriebsrat vertreten sein[2].

Keine Gruppe darf weniger als einen Vertreter haben[2].

Die Minderheitsgruppe erhält wenigstens[3]:

bei	**50**	**bis**	**299**	**Gruppenangehörigen**	**2**	**Mitglieder,**
„	**300**	**„**	**599**	**„**	**3**	**„**
„	**600**	**„**	**999**	**„**	**4**	**„**

bei 1000 bis 2999 Gruppenangehörigen 5 Mitglieder,
„ 3000 „ 5999 „ 6 „
„ 6000 und mehr „ 8 „

Die Feststellung des Zahlenverhältnisses erfolgt durch den Wahlvorstand[4] nach den für die Verhältniswahl geltenden Grundsätzen des Wahlverfahrens (§ 25)[5].

Eine Minderheitsgruppe erhält keine Vertretung, wenn ihr nicht mehr als fünf Personen angehören und diese nicht mehr als ein Zwanzigstel der Arbeitnehmer des Betriebs darstellen[6].

1 § 16 schützt die Minderheiten der Arbeitnehmer, die im allgemeinen, aber nicht immer, aus den Angestellten bestehen werden.

2 Eine Ausnahme von diesen Grundsätzen ist in Abs. 5 und in § 17 Abs. 1 vorgesehen. Bei der Feststellung des Zahlenverhältnisses der Gruppen sind alle Angehörigen jeder Gruppe, einschließlich der Nichtwahlberechtigten, mitzuzählen (SchlA. Stuttgart JAR. 20, 114).

3 Die Mehrheitsgruppen (zumeist die Arbeiter umfassend) zählt demgemäß beispielsweise: bei weniger als 50 Arbeitnehmern 2 Vertreter, bei 800—999 Arbeitnehmern, von denen 50—299 Angestellte sind, 8 Vertreter; bei 1500—1999 Arbeitnehmern, von denen 300—599 Angestellte sind, 9 Vertreter; bei 2500—2999 Arbeitnehmern, von denen 600—999 Angestellte sind, 10 Vertreter; bei 15 000 und mehr Arbeitnehmern, von den 6000 und mehr (aber weniger als die Hälfte) Angestellte sind, 22 Vertreter im Höchstfalle.

4 S. §§ 23, 102 und die Wahlordnung (§§ 1 Abs. 3 ff.).

5 Die näheren Bestimmungen sind unten Anhang Nr. 1 enthalten.

6 Wenn also z. B. 4 Angestellte 80 Arbeitern gegenüberstehen. Auch der umgekehrte Fall ist (z. B. in kaufmännischen Betrieben) denkbar.

§ 17[1].

Die Verteilung der Mitglieder auf die Gruppen kann abweichend von den Bestimmungen des § 16 geordnet werden,

wenn die Mehrheit beider Gruppen es in getrennter geheimer Abstimmung beschließt[2].

Zählt eine Gruppe weniger wählbare[3] Personen als die nach § 16 erforderte Zahl, so kann sie auch Angehörige der anderen Gruppe zu ihren Vertretern wählen[4].

1 Abänderung des § 16.

2 Erforderlich ist die Mehrheit der vorhandenen Arbeitnehmer (ausschließlich der vorübergehend beschäftigten), nicht bloß die Mehrheit der Abstimmenden (Flatow § 17 Anm. 4; Wölbling-Schultz-Sell § 17 Anm. 1).

3 S. § 20 Abs. 2.

4 Abs. 2 setzt das Fehlen einer genügenden Zahl wählbarer Arbeitnehmer voraus; eine Beschlußfassung ist nicht erforderlich (Flatow § 17 Anm. 6).

§ 18.

Die Mitglieder des Betriebsrats und die Ergänzungsmitglieder (§ 15 Abs. 4)[1], welche Arbeiter sind, werden von den Arbeitern, die Mitglieder und Ergänzungsmitglieder (§ 15 Abs. 4), welche Angestellte sind, von den Angestellten des Betriebs, sämtlich in einer Wahl aus ihrer Mitte in unmittelbarer und geheimer Wahl nach den Grundsätzen der Verhältniswahl auf die Dauer von einem Jahre gewählt[2]. Wiederwahl ist zulässig.

Steigt die Zahl der Arbeitnehmer vorübergehend auf mehr als das Doppelte[3], aber mindestens um fünfzehn, darunter drei Wahlberechtigte, so wählt der nur vorübergehend beschäftigte Teil der Arbeitnehmer in geheimer Wahl einen Vertreter, welcher der etwa bestehenden Betriebsvertretung[4] beitritt. Ist keine Betriebsvertretung vorhanden[5], so hat er die Stellung eines Betriebsobmanns.

Übersteigt die Zahl der vorübergehend Beschäftigten hundert, so kann auf Mehrheitsbeschluß sämtlicher wahlberechtigten Arbeitnehmer ein Betriebsrat neu errichtet werden[6]. In land-

und forstwirtschaftlichen Betrieben und deren Nebenbetrieben wählen unter der gleichen Voraussetzung die vorübergehend Beschäftigten in geheimer Wahl zwei Vertreter, welche der bestehenden Betriebsvertretung beitreten[7].

1 In 3. Lesung sind die Ergänzungsmitglieder des § 15 Abs. 4 eingefügt worden. Diese vervollständigen die Gruppenräte.

2 Im Entwurfe war eine Dauer von zwei Jahren vorgesehen. Die Grundsätze der Wahl sind bereits in § 11 der V. v. 23. 12. 18 enthalten, die auf § 11 Abs. 2 S. 3 des Gesetzes über den vaterländischen Hilfsdienst zurückgriff. — Das Gesetz sieht von einer Bestimmung des Wahltermins, die von verschiedenen Seiten besonders für die Land- und Forstwirtschaft gewünscht worden war, ab und überläßt sie der Praxis.

Die einjährige Wahlzeit des § 18 Abs. 1 Satz 1 kann nicht durch eine Verordnung des Reichsverkehrsministers (für den Bereich der Deutschen Reichsbahn) gekürzt werden (RAG. 21. 3. 28, RAG. 1, 236). Hat eine Betriebsratswahl unter Nichtbeachtung der vom Gesetze aufgestellten Wahlvorschriften in einem Umfange stattgefunden, daß das vorgeschriebene Wahlverfahren nicht eingehalten worden ist, so hat eine Wahl im Sinne des Betriebsrätegesetzes überhaupt nicht stattgefunden und es bedarf der Geltendmachung der einzelnen Anfechtungsgründe im Wege der Anfechtung nicht, um die Ungültigkeitserklärung der Wahlhandlung herbeizuführen (RAG. 5. 12. 1928, RAG. 3, 100). Mängel der Wahl, die an sich in das Anfechtungsverfahren gehören würden, können in besonderen Fällen auch die Ungültigkeit der Wahl ohne Anfechtung verursachen. Besteht der Mangel aber darin, daß die Minderheitsgruppe im Betriebe trotz Teilnahme an der Wahl nicht vertreten ist, so hat er nur Anfechtbarkeit, nicht offene Ungültigkeit der Wahl zur Folge, da von den §§ 15, 16 abweichende Regelungen nach § 17 zugelassen sind (RAG. 27. 12. 27; 13. 6. 28, RAG. 1, 99; 2, 58; RAG. 25. 6. 30, RAG. 3, 1930).

3 Hierbei handelt es sich um die Saisonbetriebe besonders in der Landwirtschaft. Nach der Begründung (die allerdings infolge der erfolgten Änderungen nicht mehr völlig zutrifft) fallen auch Arbeitnehmergruppen, die regelmäßig in kürzeren Zeit-

abschnitten ihren Arbeitgeber wechseln, z. B. Artisten, unter § 18. Die Fassung des Gesetzes, die einem im Ausschuß eingebrachten Antrag entspricht, will den gelegentlichen Arbeitnehmern ein Recht auf Vertretung sichern, ohne ihnen die Möglichkeit zu geben, die eingesessenen Arbeitnehmer zu terrorisieren.

Die Bestimmung der vom Dienst freizustellenden Mitglieder eines Betriebsausschusses erfolgt nicht durch eine (nach den Grundsätzen der Verhältniswahl vorzunehmende) Wahl, sondern durch Mehrheitsbeschluß des Betriebsausschusses. Es handelt sich dabei um eine nach Zweckmäßigkeitsgründen zu regelnde Frage der Geschäftsführung, bei welcher Sachkunde und persönliche Eignung des freizustellenden Mitgliedes von ausschlaggebender Bedeutung sein müssen (RAG. 21. 12. 27, RAG. 1, 85).

4 Ein Betriebsrat als solcher bestand, wenn gemäß § 1 mindestens 20 Arbeitnehmer in der Regel beschäftigt waren. Waren es nur 15 und verdoppelte sich ihre Zahl während der Saison, so ist zwar kein Betriebsrat nach § 1, wohl aber ein Vertreter nach § 18 Abs. 2 zu wählen, der dann dem vorhandenen Betriebsobmann zur Seite tritt. Waren regelmäßig 20 Arbeitnehmer beschäftigt, zu denen nunmehr in der Saison 15 neue hinzutreten, so tritt deren Vertreter dem aus 3 Mitgliedern (§ 15) bestehenden alten Betriebsrat zur Seite. Die Zahl der neuen Vertreter kann nach § 18 Abs. 3 S. 2 in land- und forstwirtschaftlichen Betrieben auf zwei steigen.

5 In Betrieben (§ 2), die in der Regel weniger als 5 wahlberechtigte (§ 20 Abs. 1) Arbeitnehmer beschäftigen.

6 Aber nur in Betrieben, die nicht der Land- und Forstwirtschaft angehören; s. S. 2 dieses Absatzes.

7 Hier kann es also zur Neuerrichtung eines Betriebsrats nicht kommen.

§ 19.

Wenn die wahlberechtigten[1] Arbeiter und die wahlberechtigten[1] Angestellten vor jeder Neuwahl in geheimen, getrennten Abstimmungen mit Zweidrittelmehrheit[2] dafür stimmen, sind die Vertreter der Arbeiter und die der Angestellten in gemeinsamer Wahl aller Arbeitnehmer zu wählen[3]).

Die Bildung von Arbeiterräten und Angestelltenräten gemäß § 6[4], sowie die Bestimmung der §§ 15 und 16 werden von dieser Bestimmung nicht berührt[5].

1 S. § 20 Abs. 1.

2 Im Ausschuß neu eingefügt, um die Majorisierung starker Minderheiten hintanzuhalten. Es genügt nicht Zweidrittelmehrheit der Abstimmenden, sondern es ist Zweidrittelmehrheit aller Wahlberechtigten beider Arbeitnehmergruppen erforderlich (Wölbling-Schultz-Sell § 19 Anm. 1; Flatow § 19 Anm. 4; Feig-Sitzler § 19 Anm. 1 RArbMin. 5. 5. 20, JAR. 1920, 115; GewG. Mannheim JAR. 1925, 218. — A. M. Mansfeld § 19 Anm. 3).

3 Bei der gemeinsamen Wahl beginnt die der Zuteilung der Arbeitersitze folgende Verteilung der Angestelltensitze nicht mit den ursprünglichen Höchstzahlen, sondern sie übernimmt die Restzahlen der vorangehenden Verteilung. Das ist auch dann durchzuführen, wenn einzelne Vorschlagslisten nur Arbeiter oder Angestellte enthalten (RAG. 18. 12. 29, RAG. 4, 346; ebenso RAG. 3, 58 und RAG. 27. 7. 29).

4 Hier bewendet es also unter allen Umständen bei der getrennten Wahl.

5 Die in den genannten Bestimmungen enthaltenen Vorschriften über die Zahl der zu Wählenden, besonders jene der Minderheitsgruppe, bleiben demnach auch bei gemeinsamer Wahl aufrechterhalten. Einschlägig sind §§ 23 ff. der Wahlordnung (unten Anhang Nr. 1).

§ 20.

Wahlberechtigt sind alle[1] mindestens achtzehn Jahre[2] alten männlichen und weiblichen Arbeitnehmer, die sich im Besitze der bürgerlichen Ehrenrechte befinden.

Wählbar[3] sind die mindestens vierundzwanzig Jahre alten reichsangehörigen Wahlberechtigten[4], die nicht mehr in Berufsausbildung sind[5] und am Wahltag mindestens sechs Monate dem Betrieb oder dem Unternehmen sowie mindestens drei Jahre dem Gewerbezweig[6] oder dem Berufszweig[7] angehören, in dem sie tätig sind[8].

Kein Arbeitnehmer ist in mehr als einem Betriebe wählbar[8], [9].

1 Alle, auch Ausländer. Geschäftsfähigkeit selbstverständliche Voraussetzung. Der Kreis der Wahlberechtigten ist dem Willen des Gesetzgebers entsprechend möglichst weit zu ziehen (RAG. 13. 7. 29, RAG. 4, 155). Entscheidend ist die soziale Stellung (RAG. 5, 173). Wahlberechtigung der technischen Aufsichtsbeamten s. § 12 Anm. 7; der Reinemachefrauen s. § 2 Anm. 2.

2 Maßgebend ist das Alter am Wahltage.

3 Zur Annahme der Wahl ist niemand verpflichtet; findet sich niemand zur Übernahme des Amtes als Betriebsrat bereit, so bleibt es unbesetzt und die betreffende Arbeitnehmergruppe ohne Vertretung.

4 S. Abs. 1; damit ist der Besitz der bürgerlichen Ehrenrechte Bedingung.

5 d. h. Lehrlinge, die zu gelernten Arbeitnehmern (Handwerk, Kaufmannsberuf usw.) ausgebildet werden; nicht hierunter fallen ungelernte Arbeiter (z. B. Kutscher, Speditionsarbeiter), die noch angelernt werden (Wölbling-Schultz-Sell § 20 Anm. 5).

6 Unter Gewerbezweigen sind die großen Gebiete der Arbeitstätigkeit, also Maschinenindustrie, Textilindustrie usw. anzusehen (vgl. JAR. 1923, 93 f.). Nach einer Regierungserklärung im Ausschuß bemißt sich die Berufszugehörigkeit in den Saisonbetrieben nicht nach den Jahren, sondern nach der Saison.

7 Nach gleicher Quelle soll durch die Nebeneinanderstellung von Gewerbezweig und Beruf eine engherzige Ausschließung von Ungelernten, die keinen eigentlichen Beruf haben, vermieden werden. Die Entscheidung in Zweifelfällen liegt beim Arbeitsgericht. Siehe § 93 Z. 2. Zugehörigkeit zu einem Berufszweig bedeutet Zugehörigkeit zu einer Berufsgruppe. Ein Arbeiter derselben Berufsgruppe kann in verschiedenen Gewerbszweigen tätig sein.

Die Teilnahme am Kriege unterbricht die Berufs- oder Gewerbezugehörigkeit nicht. Im Ausschuß bestand ferner Übereinstimmung, daß bei Schwerbeschädigten, die infolge ihrer Beschädigung einen Berufswechsel haben vornehmen müssen, von dem Erfordernis der Gewerbs- und Berufsangehörigkeit abzusehen ist. Dieser Grundsatz ist im § 21 Abs. 4 verwirklicht.

8 Der Mangel der im § 20 Abs. 2 bestimmten sechsmonatigen Betriebszugehörigkeit eines Arbeitnehmers als Voraussetzung für seine Wählbarkeit zum BR. kann dadurch geheilt werden, daß die Gültigkeit der Wahl während des in §§ 18, 19 Wahlordnung zum BRG. vorgeschriebenen zweiwöchigen Aushangs der Namen der Gewählten nicht angefochten wird (RAG. 21. 12. 27, RAG. 1, 199).

9 Abs. 3 ist in 3. Lesung eingefügt; die Bestimmung gilt nicht für das Verhältnis von Einzel- und Gesamtbetriebsräten, da ja auch die Mitglieder des letzteren aus der Mitte der Mitglieder der Einzelbetriebsräte gewählt werden (§ 54).

§ 21.

Besteht der Betrieb oder das Unternehmen weniger als sechs Monate, so ist dem Erfordernisse der Betriebsangehörigkeit[1] genügt, wenn der Arbeitnehmer seit der Begründung darin beschäftigt ist.

Von dem Erfordernisse der sechsmonatigen Betriebsangehörigkeit[1] ist bei den vorübergehend beschäftigten Arbeitnehmern abzusehen in solchen Betrieben, die ihre Arbeitnehmer oder einen Teil ihrer Arbeitnehmer regelmäßig nur einen Teil des Jahres beschäftigen[2].

Sind im Betriebe nicht genügend Arbeitnehmer vorhanden, die nach § 20 Abs. 2[3] wählbar sind, so kann allgemein von dem Erfordernisse der sechsmonatigen Betriebsangehörigkeit, nötigenfalls auch von dem der dreijährigen Gewerbe- oder Berufsangehörigkeit[1] abgesehen werden.

Bei Schwerbeschädigten im Sinne der Verordnung vom 9. Januar 1919 (Reichs-Gesetzbl. S. 28)[4], die infolge ihrer Beschädigung einen neuen Beruf haben ergreifen müssen, ist von dem Erfordernisse der dreijährigen Gewerbe- und Berufsangehörigkeit abzusehen[5].

1 S. § 20 Abs. 2. Erforderlich ist ununterbrochene Zugehörigkeit seit Begründung.

2 S. auch § 20 Anm. 6. § 21 Abs. 2 bezieht sich auf ausgesprochene **Saisonbetriebe**, z. B. solche in Badeorten, Wintersportplätzen. Auch das Baugewerbe gehört hierher.

3 Abs. 2 verzichtet auf diese Erfordernisse nur bei den vorübergehend beschäftigten Arbeitern; hier wird der Verzicht im Bedarfsfall auf alle Arbeiter erweitert.

4 Jetzt Gesetz v. 22. 10. 1920 i. d. Fassung der Bek. v. 12. 1. 1923 (RGBl. I S. 57), d. VO. v. 13. 2. 1924 (RGBl. I S. 105), der Gesetze v. 8. 7. 1926 (RGBl. I S. 398) und v. 16. 7. 1927 (RGBl. I S. 187) sowie des Arbeitsgerichtsgesetzes v. 23. 12. 1926 (RGBl. I S. 507).

5 S. oben § 20 Anm. 7.

§ 22.

Bei der Zusammensetzung des Betriebsrats sollen die verschiedenen Berufsgruppen der im Betriebe beschäftigten männlichen und weiblichen Arbeitnehmer nach Möglichkeit berücksichtigt werden[1].

1 Nichtbeachtung der Vorschriften macht die Wahl nicht ungültig.

§ 23[1].

Der Betriebsrat hat spätestens vier Wochen vor Ablauf seiner Wahlzeit mit einfacher Stimmenmehrheit[2] einen aus drei Wahlberechtigten[3] bestehenden Wahlvorstand[4] und einen der Gewählten zum Vorsitzenden zu wählen. Dabei sollen Minderheiten nach Möglichkeit berücksichtigt werden.

Kommt der Betriebsrat seiner Verpflichtung nicht nach, so hat der Arbeitgeber innerhalb vier Wochen einen aus den drei ältesten[5] wahlberechtigten Arbeitnehmern bestehenden Wahlvorstand[4] zu bestellen, in dem in Betrieben mit Arbeitern und Angestellten beide Gruppen vertreten sein müssen[6]. Der Wahlvorstand bestimmt seinen Vorsitzenden selbst[7].

Kommt der Arbeitgeber seiner Verpflichtung aus Abs. 2 nicht nach, so bestellt auf Antrag eines oder mehrerer wahl-

berechtigter Arbeitnehmer oder auf Antrag einer wirtschaftlichen Vereinigung der Arbeitnehmer der Vorsitzende des Arbeitsgerichts einen Wahlvorstand[4] aus den wahlberechtigten Arbeitnehmern. Antragsberechtigt ist auch der Gewerbeaufsichtsbeamte oder, sofern der Betrieb nicht der Gewerbeaufsicht unterliegt, die von der obersten Landesbehörde bestimmte Behörde[8].

Die Vorschriften der Abs. 2 und 3 gelten entsprechend, wenn ein Betrieb neu errichtet wird oder wenn die für die Errichtung eines Betriebsrats vorgeschriebene Mindestzahl von Arbeitnehmern erreicht wird[9].

Die Wahl ist durch den Wahlvorstand[4] unverzüglich nach seiner Bestellung einzuleiten und soll spätestens nach sechs Wochen stattfinden[10]. Kommt der Wahlvorstand seiner Verpflichtung nicht nach, so ersetzt ihn der Vorsitzende des Arbeitsgerichts auf Antrag eines der nach Abs. 3 Antragsberechtigten durch einen neuen Wahlvorstand.

1 In der Fassung nach Art. 1 d. Ges. v. 28. 2. 1928 (RGBl. I S. 46). Die die Art der Bestellung des Wahlvorstandes regelnde Bestimmung des § 23 BRG. enthält eine das Wahlverfahren betreffende Vorschrift. Ein Verstoß gegen die Vorschrift hat nicht unbedingt absolute Nichtigkeit der Betriebswahl zur Folge. Es wird vielmehr von den Besonderheiten des Einzelfalls abhängen, ob Nichtigkeit anzunehmen ist. Solche wird beispielsweise dann anzunehmen sein, wenn die Bestellung des Wahlvorstandes nicht aus dem Betriebe selbst hervorgegangen ist (RAG. 20. 6. 28, RAG. 2, 162).

Infolge der Neuregelung der Vorschrift in § 23 ist das Antragsrecht einer wirtschaftlichen Arbeitnehmervereinigung mit dem Ziel der Feststellung anzuerkennen, daß ein Betrieb betriebsratspflichtig sei (RAG. 5. 12. 28, RAG. 31/28).

2 „Mit einfacher Stimmenmehrheit" ist in der Kommission neu eingefügt. Die Zusammensetzung des Betriebsrats aus Angestellten und Arbeitern ist also für diese Wahl belanglos.

3 § 20 Abs. 1.

4 Der Wahlvorstand war bereits der V. v. 23. 12. 18 geläufig. Die dort in § 11 Abs. 1 Z. 2 festgelegte Einberufung durch den Arbeitgeber wird in § 23 Abs. 2 und 4 des gegenwärtigen Gesetzes für den Fall beibehalten, daß der Betriebsrat seiner in Anm. 1 enthaltenen Verpflichtung nicht nachkommt, daß ein Betrieb neu errichtet oder die für den Betriebsrat vorgeschriebene Mindestzahl von Arbeitnehmern erreicht wird.

5 Im Ausschuß wurde festgestellt, daß es auf das Dienstalter ankommt. — Entspricht dem Recht der V. v. 23. 12. 18.

6 S. Anm. **3**.

7 Die Wahl erfolgt mit einfacher Mehrheit; kommt keine Einigung zustande, so übernimmt der Dienstälteste den Vorsitz.

8 Wenn der Vorsitzende des Arbeitsgerichts auf Grund des § 23 Abs. 3 BRG. einen Wahlvorstand bestellt, so findet gegen diese Entscheidung die Rechtsbeschwerde nach § 85 ArbGG. nicht statt. Es handelt sich in solchem Falle nicht um eine Streitigkeit i. S. des § 2 Nr. 5 ArbGG. (RAG. 20. 6. und 11. 12. 28, RAG. 2, 87; 3, 37). § 23 Abs. 2 und 4 BRG. sind keine Schutzgesetze im Sinne des § 823 Abs. 2 BGB. Ein gekündigter und entlassener Arbeitnehmer kann daher den Arbeitgeber nicht deshalb auf Schadensersatz in Anspruch nehmen, weil dieser nicht rechtzeitig einen Wahlvorstand bestellt hat und der Arbeiter so, mangels des Bestehens eines Betriebs- oder Gruppenrats, um die Möglichkeit gekommen ist, gegen die Kündigung Einspruch zu erheben und eine Entschädigung gemäß § 87 BRG. zu erstreiten (RAG. 4. 1. 28, RAG. 1, 71). Über die Strafbarkeit der Arbeitgeber, die ihrer Pflicht nicht nachkommen, s. § 99 Abs. 2. Die Belegschaft selbst kann einen Wahlvorstand nicht ernennen (Wölbling-Schulz-Sell § 23 Anm. 6; LG. Hagen JAR. 1927, 145).

Ein Verstoß gegen die Vorschriften des § 23 hat nicht unbedingt die Nichtigkeit der Betriebswahl zur Folge (RAG. 20. 6. 28, RAG. 2, 162).

9 Der Arbeitgeber hat auch dann den Wahlvorstand zu bestellen, wenn bisher ein Betriebsobmann vorhanden war (Wölbling-Schulz-Sell § 23 Anm. 10).

10 Wegen der Zeitbestimmung hier und im ersten Absatz vgl. BGB. §§ 187 ff.

§ 24.

Versäumnis von Arbeitszeit infolge Ausübung des Wahlrechts[1] oder Betätigung im Wahlvorstande[2] darf eine Minderung der Entlohnung oder der Gehaltszahlung nicht zur Folge haben. Vertragsbestimmungen, die dieser Vorschrift zuwiderlaufen, sind nichtig[3].

1 Unter die Ausübung des Wahlrechts fällt die Teilnahme an der Wahlhandlung und den im Gesetz bestimmten Tätigkeiten, nicht aber die Werbetätigkeit, die Teilnahme an Wahlversammlungen usw. (Feig-Sitzler § 24 Anm. 1).

2 Zur Betätigung im Wahlvorstand gehört die Aufstellung der Wählerlisten (Kieschke-Syrup-Krause § 24 Anm. 1). Der erstmalige vom Wahlvorstand anzuberaumende Zusammentritt des Betriebsrats gehört nicht mehr zur Durchführung der Wahl (JAR. 1921, 113).

3 Beeinträchtigung des Wahlrechts ist nach §§ 95, 99 strafbar. Widerrechtliche Abzüge vom Lohn sind als Lohnforderung einklagbar (Kieschke-Syrup-Krause § 24 Anm. 3).

§ 25.

Die näheren Bestimmungen über das Wahlverfahren trifft mit Zustimmung eines aus achtundzwanzig Mitgliedern bestehenden Ausschusses des Reichstags der Reichsarbeitsminister[1].

1 Die Wahlordnung vom 5. 2. 1920 (RGBl. S. 175) ist unten Anhang Nr. 1 abgedruckt. Der Abschnitt E der Wahlordnung zum BRG. über „Anfechtung und Ungültigkeit der Wahl" bewegt sich durchaus im Rahmen der nach § 25 BRG. durch den Reichsarbeitsminister mit Zustimmung eines Reichstagsausschusses zu erlassenden Ausführungsbestimmungen über das Wahlverfahren (RAG. 21. 12. 27, RAG. 1, 199).

2. Geschäftsführung.

§ 26.

Hat der Betriebsrat weniger als neun Mitglieder[1], so wählt[2] er aus seiner Mitte mit einfacher Stimmenmehrheit[3] einen

ersten und zweiten Vorsitzenden. Hat der Betriebsrat sowohl Arbeiter wie Angestellte als Mitglieder, so dürfen die beiden Vorsitzenden nicht der gleichen Gruppe angehören[4].

1 Also in Betrieben von weniger als 600 Arbeitnehmern. S. Anm. 3 zu § 15. Bei diesen kleinen Betriebsräten ist die Anwendung der Verhältniswahl bei der Vorstandsbildung nicht angängig, dagegen tritt in größeren Betrieben die Verhältniswahl des Betriebsausschusses ein (§ 27).

2 Auf die Wahl findet § 32 BRG. keine Anwendung. Dagegen ist § 33 Abs. 3 der WahlO. entsprechend anwendbar; die Wahl ist nicht geheim und kann durch mündliche Stimmabgabe erfolgen (Feig-Sitzler § 26 Anm. 2).

3 Bei Stimmengleichheit entscheidet das Los.

4 Auf dieses Recht kann nicht verzichtet werden. Die Amtszeit des Vorsitzenden endet mit der des Betriebsrats; er kann nicht durch Mehrheitsbeschluß abgesetzt werden, doch kann durch die Geschäftsordnung die jederzeitige Abberufbarkeit festgesetzt werden (Feig-Sitzler § 26 Anm. 5).

§ 27.

Hat der Betriebsrat neun oder mehr Mitglieder[1], so wählt er aus seiner Mitte nach den Grundsätzen der Verhältniswahl einen Betriebsausschuß[2] von fünf Mitgliedern. Hat der Betriebsrat sowohl Arbeiter wie Angestellte als Mitglieder, so dürfen die Mitglieder des Betriebsausschusses nicht sämtlich der gleichen Gruppe angehören[3]. Der Betriebsausschuß wählt aus seiner Mitte den ersten und zweiten Vorsitzenden unter entsprechender Anwendung des § 26[4].

1 Dies trifft für Betriebe von 600 und mehr Arbeitnehmern zu. § 15 Anm. 3.

2 Vgl. wegen Wahl des Betriebsausschusses Abschn. III der Wahlordnung (unten Anhang Nr. 1).

3 Dadurch soll den Angestellten, die regelmäßig die Minderheit bilden werden, die Vertretung im Betriebsausschuß gesichert werden. Die Verteilung der Sitze auf die Listen darf nicht zu

einer Verletzung des Grundsatzes der Berücksichtigung der höchsten Zahlen führen (RAG. 23. 7. 28, BenshSamml. 3, 137).

4 D. h. mit einfacher Stimmenmehrheit. Vgl. § 26 Anm. 2 und 3. Über die Beendigung gilt das in § 26 Anm. 4 Gesagte. Die in § 27 bezeichneten Vorsitzenden sind die des Betriebsrates; die Vorsitzenden des Betriebsausschusses brauchen mit ihnen nicht identisch zu sein (Kieschke-Syrup-Krause § 27 Anm. 4).

Die Bestimmung der vom Dienst freizustellenden Mitglieder eines Betriebsausschusses erfolgt nicht durch eine (nach den Grundsätzen der Verhältniswahl vorzunehmende) Wahl, sondern durch Mehrheitsbeschluß des Betriebsausschusses. Es handelt sich dabei um eine nach Zweckmäßigkeitsgründen zu regelnde Frage der Geschäftsführung, bei welcher Sachkunde und persönliche Eignung des freizustellenden Mitgliedes von ausschlaggebender Bedeutung sein müssen (RAG. 21. 12. 27, RAG. 1, 85).

§ 28.

Der Vorsitzende oder sein Stellvertreter sind zur Vertretung des Betriebsrats gegenüber dem Arbeitgeber, den Schlichtungseinrichtungen und den Arbeitsgerichtsbehörden befugt[1].

1 Der Betriebsrat ist aber nicht gehindert, selbst vollzählig zu erscheinen und gemeinsam zu verhandeln. Die Arbeitnehmer verkehren mit dem Betriebsrat durch die Betriebsversammlung (Wölbling-Schultz-Sell § 28 Anm. 2; JAR. 1920, 117).

§ 29.

Der Wahlvorstand[1] hat die Mitglieder des Betriebsrats spätestens eine Woche nach ihrer Wahl zur Vornahme der nach den §§ 26, 27 erforderlichen Wahlen[2] zusammenzuberufen. Alle späteren Sitzungen beraumt der Vorsitzende an, der auch die Tagesordnung festsetzt und die Verhandlungen leitet. Auf Verlangen von mindestens einem Viertel der Mitglieder des Betriebsrats hat der Vorsitzende eine Sitzung anzuberaumen und den beantragten[3] Beratungsgegenstand auf die Tagesordnung zu setzen. Das gleiche gilt, wenn der Arbeitgeber es beantragt.

Der Arbeitgeber nimmt außer an den Sitzungen, zu denen er eingeladen ist[4], an denen teil, die auf seinen Antrag anberaumt sind[5]. Ihm kann in diesen Sitzungen der Vorsitz übertragen werden.

Die Anrufung des Schlichtungsausschusses ist erst zulässig, wenn mit dem Arbeitgeber nach rechtzeitiger[6] Einladung unter Mitteilung der Tagesordnung die strittige Angelegenheit verhandelt worden oder wenn der Arbeitgeber oder sein Vertreter[7] trotz rechtzeitiger Einladung nicht erschienen ist[8].

1 Die Zusammenberufung der Mitglieder des Betriebsrats gemäß § 29 Abs. 1 bildet den Abschluß der Tätigkeit des Wahlvorstandes.

2 Wahlen der Vorsitzenden bzw. des Betriebsausschusses.

3 Entspricht § 13 Abs. 4 S. 1 der V. v. 23. 12. 18.

4 Eine Formvorschrift für die Einladung besteht nicht.

5 Abs. 1 letzter Satz.

6 Ob die Einladung „rechtzeitig" erging, ist im einzelnen Fall, eventuell durch den Schlichtungsausschuß, zu prüfen.

7 Vgl. § 14 Abs. 2.

8 Nimmt der Arbeitgeber trotz nicht rechtzeitiger Ladung an der Betriebsratssitzung ohne Vorbehalt teil, so ist der Mangel der nicht rechtzeitigen Ladung geheilt (Wölbling-Schultz-Sell § 29 Anm. 5).

§ 30.

Die Sitzungen des Betriebsrats finden in der Regel und nach Möglichkeit außerhalb der Arbeitszeit statt. Sie sind nicht öffentlich[1].

Von Sitzungen, die während der Arbeitszeit[2] stattfinden müssen, ist der Arbeitgeber rechtzeitig[3] zu benachrichtigen.

1 Diese Vorschrift ist zwingend. Unbefugte Mitteilungen aus der Sitzung werden nach § 100 bestraft (Feig-Sitzler § 30 Anm. 3).

2 In diesem Falle darf nach § 35 S. 2 keine Minderung der Entlohnung oder Gehaltszahlung eintreten, es sei denn, daß keine Notwendigkeit zur Sitzung außerhalb der Arbeitszeit vorlag.

3 So daß er seine Dispositionen wegen des Ausscheidens der Betriebsratsmitglieder aus der Arbeit treffen kann.

§ 31.

Auf Antrag von einem Viertel der Mitglieder des Betriebsrats ist je ein Beauftragter der im Betriebsrat vertretenen wirtschaftlichen Vereinigungen der Arbeitnehmer zu den Sitzungen mit beratender Stimme zuzuziehen[1].

Der Arbeitgeber kann verlangen, daß je ein Beauftragter der wirtschaftlichen Vereinigungen, denen er angehört, zu den Sitzungen, an denen er teilzunehmen berechtigt ist[2], mit beratender Stimme hinzugezogen werde.

1 Sind Betriebsratsmitglieder auf Grund einer gemeinsamen Liste in den Betriebsrat gewählt, so sind die betreffenden Vereinigungen vertreten und können soviel Beauftragte zu den Sitzungen senden, wie Betriebsratsmitglieder ihrer Liste vorhanden sind (Feig-Sitzler § 31 Anm. 2; RArbMin. 5. 8. 21, JAR. 1921, 115). Die Vorschrift ist zwingend; liegt ein Antrag nach Abs. 1 vor, so haben die Gewerkschaften ein selbständiges, gemäß § 93 gerichtlich feststellbares Recht auf Zuziehung (Flatow § 31 Anm. 4).

2 § 29 Abs. 2.

§ 32.

Ein gültiger Beschluß des Betriebsrats kann nur gefaßt werden, wenn alle Mitglieder unter Mitteilung der Beratungsgegenstände geladen sind[1] und die Zahl der Erschienenen mindestens die Hälfte der Zahl der Betriebsratsmitglieder erreicht. Stellvertretung nach § 40[2] ist zulässig.

Die Beschlüsse werden durch Stimmenmehrheit[3] der erschienenen Mitglieder und Stellvertreter gefaßt. Bei Stimmengleichheit[4] gilt der Antrag als abgelehnt[5].

1 S. § 29 Anm. 4.

2 D. i. durch ein Ersatzmitglied.

3 In eigenen Angelegenheiten hat ein Betriebsratsmitglied kein Stimmrecht. Beschlüsse werden nicht hinterher deshalb un-

wirksam, weil ein Mitglied mitgewirkt hat, dessen Wahl später für ungültig erklärt worden ist (Feig-Sitzler § 32 Anm. 2).

4 Also keine Entscheidung durch den Vorsitzenden.

5 Zwar sind nicht sämtliche Verfahrensvorschriften der §§ 29—33 derart zwingend, daß der Betriebsrat auf die Befolgung der einen oder der anderen nicht wirksam verzichten könnte. Die Rechtswirksamkeit eines Betriebsrats-Beschlusses setzt aber auf jeden Fall voraus, daß er in einer wirklichen Betriebsratssitzung gefaßt ist, in der die Teilnehmer das Bewußtsein haben, in ihrer amtlichen Eigenschaft als Betriebsratsmitglieder tätig zu sein, abzustimmen und zu beschließen (RG. 23. 10. 25, RGZ. 111, 412).

Das Gericht darf Beschlüsse, die ihm als rechtserhebliche Grundlage für einen Anspruch unterbreitet werden, nicht daraufhin nachprüfen, ob sie unter Beachtung der Verfahrensvorschriften des BRG. zustande gekommen sind (RG. 18. 1. 27, RGZ. 116, 9).

§ 33.

Über jede Verhandlung des Betriebsrats ist eine Niederschrift aufzunehmen, die mindestens[1] den Wortlaut der Beschlüsse und die Stimmenmehrheit, mit der sie gefaßt sind[2], enthält, und von dem Vorsitzenden und einem weiteren Mitglied zu unterzeichnen ist.

Hat der Arbeitgeber in der Verhandlung eine Erklärung abgegeben, so ist ihm die Niederschrift zur Unterzeichnung vorzulegen. Es ist ihm eine Abschrift der Niederschrift über die Verhandlungen zu übergeben, an denen er teilzunehmen berechtigt war[3].

Erachten die Arbeiter- oder Angestelltenvertreter, welche die Minderheitsgruppe der Arbeitnehmer darstellen[4], einen in einer gemeinsamen Angelegenheit der Arbeiter und Angestellten gefaßten Beschluß des Betriebsrats als eine erhebliche Verletzung wichtiger Interessen der durch sie vertretenen Arbeitnehmer, so sind sie berechtigt[5], ihren Standpunkt in einem besonderen Beschlusse[6] zum Ausdruck zu bringen und diesen dem Arbeitgeber[7] gegenüber zu vertreten.

1 Die Niederschrift kann also auch mehr enthalten. Gegebenenfalls kann auch ein, selbst stenographisches, Protokoll nötig erscheinen; Kosten sind nach § 36 zu regeln.

2 S. § 32 Abs. 2.

3 §§ 31 Abs. 2, 29 Abs. 2.

4 Zumeist wird das die Angestelltengruppe sein.

5 Es handelt sich um ein Recht der Minderheitsgruppe, nicht der Minderheit des Betriebsrats überhaupt.

6 Der Protestbeschluß muß in das Protokoll aufgenommen werden.

7 Jedenfalls soweit er nach § 29 Abs. 2 zuzuziehen ist.

§ 34.

Sonstige Bestimmungen über die Geschäftsführung können in einer Geschäftsordnung[1], die sich der Betriebsrat selbst gibt, getroffen werden[2].

1 Die Geschäftsordnung wird durch Mehrheitsbeschluß festgesetzt; sie bindet auch einen späteren Betriebsrat, solange sie nicht durch Mehrheitsbeschluß abgeändert ist (Feig-Sitzler § 34 Anm. 1). Auf die Geschäftsverteilung innerhalb des Betriebsrats ist das Verhältniswahlrecht anzuwenden (RArbMin. 19. 7. 21, JNR. 1922, 103).

2 Auch Tarifverträge können Bestimmungen enthalten. Im übrigen soll, wie auch die Begründung geltend macht, der Betriebsrat in der Geschäftsführung möglichst frei sein. Er ist befugt, im Rahmen seiner Zuständigkeit Bekanntmachungen an die Arbeitnehmer auch ohne Zustimmung des Arbeitgebers im Betriebe anzuschlagen (Feig-Sitzler § 34 Anm. 2). Insbesondere ist der Arbeiterrat berechtigt, die im Betriebe geltenden Akkordsätze durch Anschlag am schwarzen Brett bekanntzumachen, soweit diese Maßnahme nicht gegen das berechtigte Interesse des Arbeitgebers verstößt (RAG. 28. 3. 28, RAG. 1, 294).

§ 35.

Die Mitglieder der Betriebsräte und ihre Stellvertreter verwalten ihr Amt unentgeltlich[1] als Ehrenamt[2]. Notwendige

Versäumnis von Arbeitszeit[3] darf eine Minderung der Entlohnung oder Gehaltszahlung nicht zur Folge haben. Vertragsbestimmungen, die dieser Vorschrift zuwiderlaufen, sind nichtig[4].

1 S. auch § 37.

2 Eine Ablehnung dieses Amts steht frei, was daraus zu folgern ist, daß § 39 die Niederlegung des Amts an keine Bedingung knüpft. Die Mitgliedschaft in einem Betriebsrat ist kein privates Rechtsverhältnis. Sie kann deshalb nicht Gegenstand einer bürgerlichen Rechtsstreitigkeit sein (RG. 13. 5. 24, RGZ. 108, 167).

3 Wenn nach § 30 die Sitzungen ausnahmsweise wegen besonderer Dringlichkeit usw. während der Arbeitszeit stattfinden oder wenn Arbeiten des Betriebsrates aus Zweckmäßigkeitsgründen während der Arbeitszeit erledigt werden müssen, z. B. Abschriften von Lohnlisten; die Notwendigkeit muß begründet werden, wenn Ansprüche aus § 35 geltend gemacht werden. Gutgläubige Dienstversäumnis ist kein unbefugtes Verlassen der Arbeit. Zu den notwendigen Aufgaben gehört nicht die Teilnahme an Tarifverhandlungen. Die in verschiedenen deutschen Bergbaubezirken bestehenden Vereinbarungen über die Tätigkeit des Betriebsrats in seinem Verhältnis zum Arbeitgeber stellen, soweit sie in Ergänzung und Ausführung der maßgebenden Bestimmungen des Betriebsrätegesetzes getroffen sind, keine tarifvertragliche Regelung dar, sondern sind nur Richtlinien. Sie sind rechtsunwirksam, soweit sie einem Betriebsratsmitglied an Stelle oder neben den im Einzelfall gehabten tatsächlichen Aufwendungen einen monatlichen Pauschsatz gewähren (RAG. 2. 5. 28, RAG. 2, 5).

Die Frage, ob die durch Befahrung eines Steigerreviers seitens eines Betriebsvertretungsmitgliedes verursachte Zeitversäumnis eine notwendige Versäumnis im Sinne des § 35 BRG. ist, ist nicht nach rein objektivem Maßstabe zu entscheiden; vielmehr wird eine notwendige Versäumnis immer dann anzunehmen sein, wenn das betreffende Mitglied der Betriebsvertretung auf Grund der vorliegenden objektiven Tatsachen bei ruhiger, vernünftiger Würdigung aller Umstände die Befahrung des Reviers für erforderlich erachten durfte, um der der Betriebsvertretung nach § 66 Nr. 8

BRG. obliegenden Aufgabe gerecht zu werden (RAG. 30. 4. 28, BenshSamml. 2, 250).

Einem in Gruppenakkord arbeitenden Betriebsratsmitglied ist als Vergütung für die durch seine Tätigkeit als Betriebsratsmitglied versäumte Arbeitszeit derjenige Akkordlohn zu zahlen, der an den in Frage kommenden Tagen auf jeden Mann seiner Akkordgruppe entfallen ist; die Zahlung des reinen Zeitlohnes würde zu einer nach § 35 BRG. unzulässigen Benachteiligung des Betriebsratsmitglieds führen (RAG. 10. 8. 28, RAG. 2, 179).

4 Es ist auch nicht zulässig, daß Vereinbarungen getroffen werden, durch die mittelbar den Betriebsratsmitgliedern eine Vergütung für ihre Tätigkeit zugewendet wird, z. B. durch garantierte Mindestlöhne. Leistungen, die auf Grund einer nichtigen Vereinbarung gemacht werden, können nach § 817 BGB. zurückgefordert werden (Kieschke-Syrup-Krause § 35 Anm. 1). Eine Vereinbarung, durch welche dem Betriebsratsmitglied für seine Arbeitsschichten allgemein der Heuerdurchschnittslohn zugesichert wird, läuft dem im § 35 ausgesprochenen Grundsatze der unentgeltlichen Ausübung des Amtes als Mitglied des Betriebsrates zuwider und ist deshalb nichtig (RAG. 8. 2. 28; RAG. 1, 158).

Das BRG. wird von dem Grundsatz beherrscht, daß das Betriebsratsamt dem Inhaber keine Nachteile, insbesondere keine Lohnminderung, bringen soll. Dieser Grundsatz, der in den §§ 35, 95, 99 BRG. seinen Niederschlag gefunden hat, findet auch Anwendung, wenn der Arbeitgeber infolge der durch das Betriebsratsamt bedingten notwendigen häufigen Arbeitsversäumnis des Betriebsratsmitglieds betriebstechnisch gezwungen ist, ihm eine weniger gut bezahlte Arbeit zuzuweisen und diese Zuweisung mit Zustimmung des Betriebsratsmitglieds erfolgt. Auch in solchem Falle hat das Betriebsratsmitglied vertraglichen Anspruch auf denjenigen Lohn, der ihm zur Zeit seiner Wahl zustand (RAG. 30. 4. 28, RAG. 1, 336).

§ 36.

Die durch die Geschäftsführung entstehenden notwendigen Kosten[1], einschließlich etwaiger Aufwandsentschädigungen[2], trägt der Arbeitgeber, sofern nicht durch Tarifvertrag etwas anderes

bestimmt ist[3]. Für die Sitzungen, die Sprechstunden und die laufende Geschäftsführung hat er die nach Umfang und Beschaffenheit des Betriebs und der gesetzlichen Aufgaben des Betriebsrats erforderlichen Räume[4] und Geschäftsbedürfnisse[5] zur Verfügung zu stellen.

1 S. z. B. § 33 Anm. 1.

2 Im Ausschuß wurden als Aufwandsentschädigungen u. a. bezeichnet: Ersatz für Fahrt zur Sitzung, Essen. Es wurde betont, daß nur tatsächliche Auslagen ersetzt werden dürfen. Eine dem Lohn entsprechende Zahlung darf nicht stattfinden, insbesondere auch keine Entschädigung, die den Eindruck von Bestechungsversuchen macht. Unter „notwendige Kosten" fallen insbesondere die Entschädigung für die Versäumnis von Arbeitszeit (§ 35). Dagegen sind Kosten für Reisen zum Zwecke von Zusammenkünften mit Vertretern anderer Betriebsräte u. dgl. nicht zu den „notwendigen Kosten" zu zählen, wohl aber Reisekosten, die räumlich getrennt wohnenden Mitgliedern von Gesamtbetriebsräten (§ 50) erwachsen.

Bei Einspruchsklagen gegen Kündigungen hat der Betriebsratsausschuß im Rechtsstreite dieselbe Stellung wie jede andere Partei. Hält er es nach pflichtmäßigem Ermessen für erforderlich, zur Vertretung vor Gericht einen Rechtsanwalt zu bestellen, so sind die Kosten des Rechtsanwalts Kosten der Geschäftsführung und von dem Arbeitgeber zu tragen (RAG. 13. 4. 29, RAG. 4, 33; RAG. 12. 7. 30, RAG. 10/30). Wegen Sprechstunde vgl. § 76.

3 Vgl. § 34 Anm. 1, §§ 62 f.

4 Welche Räume erforderlich sind, ist von Fall zu Fall festzustellen (RAG. 16. 5. 28, RAG. 2, 15). In den ihr zur Verfügung gestellten Räumen hat die Betriebsvertretung das Hausrecht. Über Teilversammlungen s. §§ 45, 49.

5 Hierher gehören Schreibmaterial, Portoauslagen, in größeren Betrieben auch Schreibkräfte. Die Entscheidung darüber, was zu den für die Tätigkeit des Betriebsrates erforderlichen Geschäftsbedürfnissen gehört, hängt von den Umständen des Einzelfalles ab. Daß an sich arbeits- und wirtschaftsrechtliche Gesetzesausgaben, sei es nur des Textes, sei es mit Erläuterungen,

zu den Geschäftsbedürfnissen eines Betriebsrates im Sinne des § 36 BRG. gehören können, insbesondere Kommentare zum Betriebsrätegesetz und zum Arbeitsgerichtsgesetz oder entsprechende Handausgaben, ist nicht zweifelhaft (RAG. 21. 12. 27, 14. 3. 28, RAG. 1 S. 64, 250; RAG. 28. 6. 30, RAG. 7/1930); notwendig ist ferner das Halten des RGBl. und des Amtsblattes, nicht aber von Tages- und Fachzeitungen (JAR. 1920, 120). Die Kosten der Anmietung eines Saales für eine Betriebsversammlung sind keine notwendigen Geschäftsführungskosten des Betriebsrates, wenn zwar die im eigenen Betriebe des Arbeitgebers zur Verfügung stehenden Räume zur Abhaltung einer alle Arbeitnehmer umfassenden Betriebsversammlung nicht ausreichen, der Arbeitgeber aber Räume zur Verfügung stellt, in denen die Durchführung der Betriebsversammlung in Teilversammlungen ohne Beeinträchtigung ihres Zweckes möglich ist (RAG. 6. 6. 28, RAG. 2, 52).

Eine Erstattung der Saalmiete für die Abhaltung einer Betriebsversammlung durch den Arbeitgeber an den Betriebsrat aus dem Gesichtspunkte notwendiger Geschäftsführungskosten nach § 36 BGR. kann nur dann in Frage kommen, wenn die Betriebsversammlung sich mit einem Gegenstande befaßt hat, der zu ihrem Geschäftskreise gehörte (RAG. 11. 7. 28, RAG. 2, 122).

Ein Streit über Kosten der Geschäftsführung des Betriebsrats muß, soweit die Notwendigkeit der Kosten in Frage steht, schlechthin im Beschlußverfahren vor dem ArbG. nach § 93 Nr. 4 BRG. ausgetragen werden. Das Beschlußverfahren kann der Erhebung der Klage im Urteilsverfahren vorangehen oder im Laufe des Rechtsstreits nachgeholt werden. Ist dem genügt, so kann im übrigen das einzelne Betriebsratsmitglied einen Anspruch z. B. auf Ersatz von Fahrkosten auch im arbeitsgerichtlichen Urteilsverfahren gegen den Arbeitgeber einklagen, falls entweder ein bestehender Tarifvertrag oder etwaige sonst bestehende maßgebliche Bestimmungen (z. B. eine Verordnung im Geschäftskreis öffentlicher Behörden) dem Betriebsratsmitglied einen hinreichend scharf umgrenzten, festen Rechtsanspruch gewähren (RAG. 4. 12. 29, RAG. 4, 293).

§ 37.

Die Erhebung und Leistung von Beiträgen der Arbeitnehmer für irgendwelche Zwecke der Betriebsvertretungen ist unzulässig[1].

1 Auch freiwillige Beiträge sind ausgeschlossen. Insbesondere dürfen die Arbeitnehmer keine Beiträge für die Betriebsvertretungen einziehen und leisten. Sammlungen für eine Kranzspende für ein verstorbenes Betriebsratsmitglied sind zulässig.

§ 38.

Auf die Geschäftsführung des Betriebsausschusses finden die §§ 29 bis 37, auf die Geschäftsführung des Arbeiterrats und des Angestelltenrats der § 26 Satz 1, die §§ 28 bis 37 entsprechende Anwendung[1].

1 Es gelten also für Betriebs-, Arbeiter- und Angestelltenräte hinsichtlich der Geschäftsführung grundsätzlich gleiche Bestimmungen; dies gilt auch für ihr Verhältnis zum Arbeitgeber (besonders § 29 Abs. 2). § 39 gilt nicht für den Betriebsausschuß. Die Bestimmung der vom Dienst freizustellenden Mitglieder eines Betriebsausschusses erfolgt nicht durch eine (nach den Grundsätzen der Verhältniswahl vorzunehmende) Wahl, sondern durch Mehrheitsbeschluß des Betriebsausschusses. Es handelt sich dabei um eine nach Zweckmäßigkeitsgründen zu regelnde Frage der Geschäftsführung, bei welcher Sachkunde und persönliche Eignung des freizustellenden Mitgliedes von ausschlaggebender Bedeutung sein müssen (RAG. 21. 12. 27, RAG. 1, 85).

3. Erlöschen der Mitgliedschaft.

§ 39.

Die Mitgliedschaft[1] im Betriebsrat erlischt durch Niederlegung[2], durch Beendigung des Arbeitsvertrags[3] oder durch Verlust der Wählbarkeit[4].

[5]Auf Antrag des Arbeitgebers oder von mindestens einem Viertel der wahlberechtigten Arbeitnehmer kann das Arbeitsgericht das Erlöschen der Mitgliedschaft eines Vertreters wegen gröblicher Verletzung seiner gesetzlichen Pflichten[6] beschließen[7].

Das Erlöschen der Mitgliedschaft im Betriebsrat hat das Erlöschen der Mitgliedschaft im Arbeiter- und Angestelltenrate zur Folge[8, 9].

1 Die Mitgliedschaft in einem Betriebsrat ist kein privates Rechtsverhältnis. Sie kann deshalb nicht Gegenstand einer bürgerlichen Rechtsstreitigkeit sein (RG. 13. 5. 24, RGZ. 108, 167).

2 Die Niederlegung kann jederzeit durch Erklärung an den Vorsitzenden des Betriebsrats erfolgen. Die Erklärung ist nicht widerruflich. Durch die Niederlegung des Amtes als Betriebsratsvorsitzender endet nicht auch die Zugehörigkeit zum Betriebsrat (Kieschke-Syrup-Krause § 39 Anm. 3).

3 Unter Beendigung des Arbeitsvertrags, die das Erlöschen des Betriebsratsamts zur Folge hat, ist das endgültige Ausscheiden aus der Betriebszugehörigkeit zu verstehen (RAG. 3. 10. 28, RAG. 2, 259). Der Begriff der Beendigung des Arbeitsvertrags ist nicht im formal-juristischen, sondern im wirtschaftlichen Sinne zu verstehen. Eine aus Anlaß eines Arbeitskampfes ausgesprochene Kündigung beendigt das Arbeitsverhältnis nicht sofort, sondern erst, wenn infolge der Beendigung des Arbeitskampfes feststeht, daß es nicht zur Fortsetzung des Arbeitsverhältnisses kommt. Erst mit diesem Zeitpunkt erlischt die Mitgliedschaft des Arbeitnehmers im Betriebsrat (RAG. 3. 10. 28, RAG. 140/28; 112/28, RAG. 2, 259).

4 § 20 Abs. 2 und Abs. 1, Verlust der Geschäftsfähigkeit, der Reichsangehörigkeit oder der bürgerlichen Ehrenrechte.

5 Die gröbliche Verletzung der Pflichten als Betriebsratsmitglied rechtfertigt nicht ohne weiteres die sofortige Auflösung des Arbeitsverhältnisses (LG. Leipzig, LG. Dresden JAR. 1925, 277; 1926, 189. — A. M. Brunner JAR. 1925, 228; LG. Hof JAR. 1926, 189). § 39 BRG. eröffnet nur den Weg für eine disziplinare Ahndung amtlicher Verfehlungen eines Betriebsratsmitgliedes, schließt aber in denjenigen Fällen, in denen diese zugleich eine Verletzung seiner vertraglichen Dienstpflichten enthalten, die privatrechtlichen Folgen vertragswidrigen Handelns, insbesondere eine fristlose Entlassung, nicht aus. Ob der Arbeitgeber in solchen Fällen von seinen Rechten aus dem Dienstvertrage oder von seiner öffentlich-recht-

lichen Befugnis aus § 39 BRG. oder von beiden nebeneinander Gebrauch machen will, bleibt seinem Ermessen überlassen (RG. 29. 6. 26, RGZ. 114, 176); disziplinare und vertragliche Maßnahmen gegen Betriebsratsmitglieder können nebeneinander getroffen werden (RAG. 13. 7. 29, RAG. 4, 150).

6 In der Art einer Abstimmung und in der Weigerung, eine der Überzeugung des Betriebsratsmitgliedes widersprechende amtliche Erklärung zu unterschreiben, ist kein Verstoß gegen Betriebsratspflichten zu finden (RAG. 21. 3. 28, RAG. 1, 240). Wohl aber in dem Verteilen eines politischen Flugblattes an die in das Werk hineinströmende Arbeiterschaft während Unruhen, wenn in dem Flugblatt zum politischen Massenstreik und zur Stillegung des Werkes aufgefordert wird (RAG. 21. 12. 29, RAG. 4, 351). Eine gröbliche Pflichtverletzung ist nicht darin zu finden, daß Betriebsratsmitglieder an die Arbeiter Kündigungszettel verteilen und wiedereinsammeln, welche die Arbeitnehmerorganisation zur Vorbereitung von Kampfmaßnahmen zwecks Erreichung günstigerer Lohnbedingungen verteilen lassen (RAG. 9. 7. 30, RAG. 9/1930).

7 Über den Antrag von Arbeitnehmern (die Mitglieder des Arbeiterrats gewesen waren, sodann aus Anlaß eines Arbeitskampfes gekündigt hatten, nachher wiedereingestellt worden sind), ihre fortdauernde Mitgliedschaft in der Betriebsvertretung festzustellen, hat das Arbeitsgericht im Beschlußverfahren zu befinden. Eine Klage im Urteilsverfahren ist unzulässig. Anders verhält es sich nur dann, wenn die klagenden Arbeitnehmer Rechtsansprüche erheben, für die ihre fortdauernde oder wiedererlangte Mitgliedschaft in der Betriebsvertretung bloße Vorfrage wäre (RAG. 26. 9. 28, BenshSamml. 4, 32).

8 Das Ausscheiden eines Betriebsratsmitglieds, das zugleich Mitglied des Angestellten- oder Arbeiterrats ist, aus diesem letzteren hat umgekehrt auch das Erlöschen der Mitgliedschaft im Betriebsrat zur Folge (s. auch § 44 Abs. 2). Ferner erlischt die Mitgliedschaft, wenn ein Arbeiter Angestellter wird oder der umgekehrte Fall eintritt.

9 Die Wiederwahl eines Ausgeschlossenen bei einer späteren allgemeinen Neuwahl des Betriebsrats ist zulässig (Kieschke-Syrup-Krause § 39 Anm. 11; Mansfeld § 41 Anm. 3. — A. M. Feig-

Sitzler § 39 Anm. 7). War der nicht wieder eingestellte Arbeiter, dessen Arbeitsvertrag durch Kündigung beseitigt war, Betriebsratsmitglied, so kann er seine Wiedereinstellung auf Grund der nach Erlöschen seines Vertrags in Kraft getretenen Friedensklausel auch nicht in Verbindung mit § 39 BRG. erzwingen (RAG. 26. 1. 29, RAG. 3, 140).

§ 40.

Scheidet ein Mitglied aus, so tritt ein Ersatzmitglied nach den Bestimmungen der Wahlordnung[1] ein. Dies gilt auch für das Eintreten der Ersatzmitglieder als Stellvertreter für zeitweilig verhinderte Mitglieder[2].

Die Ersatzmitglieder werden der Reihe nach[3] aus den nicht gewählten, aber noch wählbaren[4] Personen derjenigen Wahlvorschlagslisten entnommen, denen die zu ersetzenden Mitglieder angehören[5].

1 § 15 der Wahlordnung, unten Anhang 1.

2 § 32 Abs. 1 S. 2. Das Mitglied eines Betriebsrates braucht zu Sitzungen des Betriebsrats, in welchen über seine eigenen Angelegenheiten beraten und Beschluß gefaßt werden soll, nicht geladen zu werden. Es ist „zeitweilig verhindert" im Sinne von § 40 Abs. 1 BRG. (RG. 4. 2. 27 III 102/26).

3 Sie treten nach der Reihenfolge auf der Wahlvorschlagsliste ein.

4 § 20 Abs. 2.

5 § 18. Wegen Vorschlagslisten s. § 5 der Wahlordnung unten Anhang 1.

§ 41.

Auf Antrag des Arbeitgebers oder von mindestens einem Viertel der wahlberechtigten[1] Arbeitnehmer kann das Arbeitsgericht[2] die Auflösung des Betriebsrats wegen gröblicher Verletzung seiner gesetzlichen Pflichten[3] beschließen[4].

1 § 20 Abs. 1.

2 Durch Mißtrauensvoten der Betriebsversammlung kann der

Betriebsrat nicht zum Rücktritt gezwungen werden (Kieschke-Syrup-Krause § 42 Anm. 2).

3 Z. B. §§ 46 Anm. 6, 66 Anm. 15. Eine gröbliche Verletzung kann in der Überschreitung der Befugnisse liegen.

4 Die Folgen enthält § 42 Abs. 2.

§ 42.

Sobald die Gesamtzahl der Betriebsratsmitglieder und Ersatzmitglieder[1] unter die vorschriftsmäßige Zahl der Betriebsratsmitglieder (§§ 15, 16) sinkt, ist zu einer Neuwahl zu schreiten[2].

Das gleiche gilt im Falle des § 41[3] sowie beim Rücktritt des gesamten Betriebsrats[4]. Ein Eintreten von Ersatzmitgliedern (§ 40) findet in den Fällen dieses Absatzes nicht statt.

1 Vgl. § 40.

2 Wenn das Sinken der Gesamtzahl der Betriebsratsmitglieder und der Ersatzmitglieder unter die vorschriftsmäßige Zahl lediglich durch Wegfall von Mitgliedern bzw. Ersatzmitgliedern der gleichen Gruppe verursacht worden ist, während die andere Gruppe noch in der den §§ 15, 16 BRG. entsprechenden Zahl vorhanden ist, so hat nicht nur eine Neuwahl des Gruppenrates, sondern eine solche des ganzen Betriebsrates stattzufinden (RAG. 30. 11. 29, BenshSamml. 7, 435).

3 Wenn das Arbeitsgericht die Auflösung des Betriebsrats beschließt.

4 Wenn dagegen nur der Teil des Betriebsrats, der aus den Ersatzmitgliedern gedeckt werden kann, zurücktritt, treten die Ersatzmitglieder nach § 40 ein.

§ 43.

Ist eine Neuwahl des gesamten Betriebsrats notwendig, so bleiben die Mitglieder des alten Betriebsrats so lange im Amte, bis der neue gebildet ist[1].

Im Falle des § 41[2] kann das Arbeitsgericht einen vorläufigen Betriebsrat berufen.

1 Mit dem Zeitpunkt der Bildung des neuen Betriebsrates

findet die Fortdauer des Amtes des alten ihr Ende (RAG. 25. 6. 30, RAG. 3/30). Aus welchem Grunde die Neuwahl nötig wird, ist gleichgültig. Eine aus einer fehlerhaften, angefochtenen und für ungültig erklärten Wahl hervorgegangene Betriebsvertretung hat in der Regel so lange die Rechte und Pflichten einer solchen, bis eine neue Betriebsvertretung ordnungsmäßig gewählt ist (RG. 22. 10. 29, RGZ. 126, 53). Dieser Grundsatz findet aber seine Grenze da, wo so erhebliche Verstöße gegen die Wahlordnung vorgekommen sind, daß von einem Wahlakt im Sinne des BRG. und der Wahlordnung überhaupt nicht gesprochen werden kann (RAG. 10. 7. 29, BenshSamml. 6, 405). In einem solchen Falle hat der letzte Betriebsrat die Geschäfte fortzuführen (vgl. RAG. 3, 100; RAG. 25. 6. 30, RAG. 3/30). Bei Fusion eines Betriebes mit einem andern können in entsprechender Anwendung des § 43 die Mitglieder des bisherigen Betriebsrats des zusammengeschlossenen Einzelbetriebs so lange im Amte bleiben, bis die durch den Zusammenschluß notwendige Neuwahl des gesamten Betriebes durchgeführt ist (RAG. 15. 2. 28, RAG. 1, 195).

2 Wenn das Arbeitsgericht die Auflösung beschließt.

§ 44.

Auf das Erlöschen der Mitgliedschaft im Arbeiterrat und Angestelltenrate finden die §§ 39 bis 41 entsprechende Anwendung[1].

Das Erlöschen der Mitgliedschaft im Arbeiterrat oder Angestelltenrate hat das Erlöschen der Mitgliedschaft im Betriebsrat zur Folge[2].

[3]Sinkt die Zahl der Ergänzungsmitglieder und der Ersatzmitglieder für sie unter die vorschriftsmäßige Zahl (§ 15 Abs. 4), so findet dennoch keine Neuwahl statt.

Ist der Arbeiterrat oder Angestelltenrat aufgelöst[4] oder zurückgetreten, so findet eine Neuwahl der gleichzeitig dem Betriebsrat angehörigen Mitglieder und der Ergänzungsmitglieder in der bisherigen Anzahl für den Rest der Wahlzeit des Betriebsrats statt. § 43 findet entsprechende Anwendung[5].

1 Erlöschen der Mitgliedschaft durch Niederlegung, Beendigung des Arbeitsverhältnisses, Verlust der Wählbarkeit usw.

2 S. § 39 Anm. 8.

3 §§ 41, 42 Abs. 2. Die vorschriftsmäßige Zahl nach § 15 Abs. 4 ergibt sich aus der Bestimmung, daß zu den als Betriebsratsmitglieder gewählten Arbeitern und Angestellten Ergänzungsmitglieder treten. Vgl. § 42 Anm. 2.

4 Nach den Grundsätzen des § 41.

5 Die Mitglieder des alten Betriebsrats bleiben also einstweilen im Amt; war der Betriebsrat aufgelöst worden, so kann das Arbeitsgericht einen vorläufigen Betriebsrat berufen.

4. Betriebsversammlung.

§ 45.

Die Betriebsversammlung besteht aus den Arbeitnehmern des Betriebs[1].

Kann nach der Natur[2] oder der Größe des Betriebs eine gleichzeitige Versammlung aller Arbeitnehmer nicht stattfinden, so hat die Abhaltung der Betriebsversammlung in Teilversammlungen zu erfolgen[3].

1 Also nicht nur aus den Wahlberechtigten (§ 20), worüber im Ausschuß Übereinstimmung bestand; in der Betriebsversammlung sind also auch die Jugendlichen unter 18 Jahren vertreten.

2 Z. B. in Betrieben mit Tag- und Nachtschichten (Begründung S. 28). — Welche Räume erforderlich sind, ist von Fall zu Fall festzustellen. Der Betriebsratsvorsitzende ist verpflichtet, mit Rücksicht auf die Größe des Betriebes eine Betriebsversammlung in Teilversammlungen abzuhalten, zumal wenn wegen besonders bedeutungsvoller Tagesordnung ein außerordentlich starker Besuch zu erwarten ist (RAG. 16. 5. 28, RAG. 2, 15). Die Kosten der Anmietung eines Saales für eine Betriebsversammlung sind keine notwendigen Geschäftsführungskosten des Betriebsrates, wenn zwar die im eigenen Betriebe des Arbeitgebers zur Verfügung stehenden Räume zur Abhaltung einer alle Arbeitnehmer

umfassenden Betriebsversammlung nicht ausreichen, der Arbeitgeber aber Räume zur Verfügung stellt, in denen die Durchführung der Betriebsversammlung in Teilversammlungen ohne Beeinträchtigung ihres Zweckes möglich ist (RAG. 6. 6. 28, RAG. 2, 52).

3 Dadurch soll vermieden werden, daß die Betriebsversammlungen zu unkontrollierbaren Massenversammlungen werden.

§ 46.

Der Vorsitzende des Betriebsrats ist berechtigt und auf Verlangen des Arbeitgebers oder auf Verlangen von mindestens einem Viertel der wahlberechtigten[1] Arbeitnehmer verpflichtet, eine Betriebsversammlung einzuberufen.

Von Versammlungen, die auf Verlangen des Arbeitgebers stattfinden, ist dieser[2] zu benachrichtigen. Er hat das Recht, in diesen Versammlungen zu erscheinen oder sich vertreten zu lassen[3] und sich selbst oder durch seine Vertreter an den Verhandlungen ohne Stimmrecht zu beteiligen[4].

Die Betriebsversammlung findet grundsätzlich außerhalb der Arbeitszeit statt[5]; soll in dringenden Fällen hiervon abgewichen werden, so ist die Zustimmung des Arbeitgebers erforderlich[6].

1 § 20 Abs. 1. Über die Verpflichtung zur Einberufung von Teilversammlungen s. § 45 Anm. 2.

2 Entsprechend § 29 Abs. 3 hat die Benachrichtigung „rechtzeitig" zu erfolgen.

3 S. auch § 14 Abs. 2.

4 Er muß also zum Worte gelangen können.

5 Entsprechend den Bestimmungen über die Sitzung des Betriebsrats (§ 30).

6 Fehlen der Zustimmung macht indessen die Beschlüsse der Betriebsversammlung nicht hinfällig. Wohl aber kann eine Verfehlung des Betriebsrats hieraus gefolgert werden, die in ihrer äußersten Konsequenz das Arbeitsgericht beschäftigen müßte und selbst (wenn etwa durch Betriebsversammlungen während der Arbeitszeit andauernd die Arbeit im Betriebe gestört wurde) zur Auflösung nach § 41 führen könnte.

§ 47.

An den Betriebsversammlungen kann je ein Beauftragter der im Betriebe vertretenen wirtschaftlichen Vereinigungen der Arbeitnehmer mit beratender Stimme teilnehmen[1].

1 Entspricht §§ 8, 31. Der Arbeitgeber muß den Zutritt zu den für die Betriebsversammlung gestellten Räumen auch solchen Beauftragten gestatten, von denen etwa Störungen des Wirtschaftsfriedens zu erwarten sind. Erzwingen solche Beauftragte den Zutritt, so machen sie sich nicht des Hausfriedensbruchs schuldig (Flatow § 45 Anm. 7 a, b; — A. M. Mansfeld § 47; RGStr. 61, 34).

§ 48.

Die Betriebsversammlung[1] kann Wünsche und Anträge an den Betriebsrat richten. Sie darf nur über Angelegenheiten verhandeln, die zu ihrem Geschäftskreis gehören[2].

1 Auch jedes ihrer Mitglieder; doch haben diese Wünsche und Anträge einzelner einen anderen Charakter.

2 Der Geschäftskreis der Betriebsversammlung deckt sich mit dem Geschäftskreise des Betriebsrates; er betrifft nur Angelegenheiten des Betriebes. Mittelbar können unter besonderen Umständen auch an sich betriebsfremde, z. B. gewerkschaftliche Angelegenheiten, in den Geschäftskreis der Betriebsversammlung und des Betriebsrats fallen, wenn die Behandlung der Angelegenheiten in einer Betriebsversammlung erforderlich erscheint, um den Betrieb vor Erschütterungen zu bewahren und das Einvernehmen zwischen Arbeitgeber und Arbeitnehmerschaft zu erhalten (RAG. 11. 7. 28, RAG. 2, 122).

Die Mitwirkung des Angestelltenrats bei der Regelung der Löhne (Gehälter) ist auf den Fall des Nichtbestehens einer darauf bezüglichen tarifvertraglichen Regelung beschränkt. Die trotz Bestehens tarifvertraglicher Regelung erfolgte Mitwirkung erlangt auch dadurch nicht Rechtswirksamkeit, daß sie von der Angestelltenversammlung genehmigt wird; denn eine derartige Genehmigung ist keine zu dem Geschäftskreis der Angestelltenversammlung gehörende Angelegenheit (RAG. 21. 12. 27, BenshSamml. 2, 15). Über die Erstattung der Kosten für Saalmiete s. § 36 Anm. 5.

§ 49.

Auf die Betriebsversammlung der Arbeiter und der Angestellten finden die Bestimmungen der §§ 45 bis 48[1] entsprechende Anwendung.

1 Die Einberufung erfolgt hier durch die Vorsitzenden der Gruppenräte.

B. Gesamtbetriebsrat.

§ 50.

Befinden sich innerhalb einer Gemeinde oder wirtschaftlich zusammenhängender, nahe beieinander liegender Gemeinden[1] mehrere gleichartige[2] oder nach dem Betriebszweck zusammengehörige Betriebe[3] in der Hand eines Eigentümers[4], so kann durch übereinstimmende Beschlüsse der Einzelbetriebsräte[5] die Errichtung eines Gesamtbetriebsrats neben den Einzelbetriebsräten erfolgen[6].

1 „Wirtschaftlich zusammenhängende Gemeinden" sind im Gegensatz zu unmittelbar benachbarten Gemeinden solche, die, auch ohne mit ihren politischen Grenzen aneinanderzustoßen, nahe aneinander liegen und durch die Verkehrsverhältnisse miteinander verbunden sind, so daß die in diesen Gemeinden belegenen Betriebe in nahen persönlichen und betriebstechnischen Beziehungen zueinander stehen. Zwischen verschiedenen Gemeinden des rheinisch-westfälischen Industriegebiets besteht zwar ein wirtschaftlicher Zusammenhang, die Entfernungen zwischen einzelnen dieser Gemeinden sind jedoch so groß, daß von einem „Nahebeieinanderliegen" im Sinne des § 50 bei diesen nicht die Rede sein kann (RAG. 4. 7. 28, BenshSamml. 3, 158).

2 „Gleichartige Betriebe" sind solche, die im wesentlichen den gleichen Betriebszweck verfolgen, z. B. mehrere Kohlenzechen desselben Hüttenwerks, mehrere Gasanstalten desselben städtischen Gaswerks.

3 „Wirtschaftlich zusammengehörige Betriebe" sind solche, die Glieder ein und desselben Produktionsprozesses oder Betriebszwecks sind, z. B. Spinnerei und Weberei oder Kohlenzeche, Hütten-

werk und Walzwerk des gleichen Unternehmens. Nicht als wirtschaftlich zusammengehörig in diesem Sinne können gelten Betriebe, die rein finanziell miteinander zusammenhängen, noch weniger solche, die rein zufällig und ohne jeden sachlichen Zusammenhang nur durch die Person des gleichen Eigentümers zusammenhängen, z. B. eine Bäckerei und Kleiderhandlung. Dagegen sind Betriebe als dem Betriebszweck nach zusammengehörig anzusehen, wenn sie innerlich verbunden sind und bezwecken, in gemeinsamem planmäßigem Zusammenarbeiten die vom Eigentümer, z. B. einer Großeinkaufsgesellschaft, betriebene eigenartige Belieferung zu ermöglichen; daß die einzelnen Abteilungen verschiedenartige gewerbliche Betätigungen üben, ist gleichgültig (RAG. 23. 7. 30, RAG. 37/30). Über die Unterscheidung zwischen Bestandteilen und Einzelbetrieben s. § 9 Anm. 3.

4 „In einer Hand" befinden sich Betriebe, die dem gleichen Eigentümer gehören. Und zwar muß es die gleiche Rechtspersönlichkeit sein. Gehen alle Rechte und Pflichten durch Pachtvertrag auf einen Pächter über, so tritt dieser an die Stelle des Eigentümers (JAR. 1921, 128).

5 Im Ausschuß wurde festgestellt, daß kein Einzelbetriebsrat gezwungen werden könne, sich an den Gesamtbetriebsrat anzuschließen; es ist also der Fall möglich, daß ein Teil der Räte eines Betriebs, auf die § 50 zugeschnitten ist, sich zum Gesamtbetriebsrat zusammenschließen, andere ihm fernbleiben. Die Bildung des Gesamtbetriebsrats setzt nicht voraus, daß sämtlichen Einzelbetriebsräten, bei denen im übrigen die Voraussetzungen des § 50 BRG. vorliegen, die Möglichkeit gegeben worden ist, sich an der Beschlußfassung über die Bildung des Gesamtbetriebsrats zu beteiligen. Der Gesamtbetriebsrat stellt einen engeren Ausschuß derjenigen Einzelbetriebsräte dar, die sich zur Bildung des Gesamtbetriebsrates freiwillig zusammengeschlossen haben. Durch sein Bestehen werden die Rechte anderer Einzelbetriebsräte, die an der Beschlußfassung über seine Bildung nicht beteiligt worden sind, nicht beeinträchtigt (RAG. 26. 10. 29, RAG. 4, 226).

6 Beruht, von den Ausnahmefällen der sog. vertretungslosen Betriebe abgesehen, die Errichtung des gemeinsamen Betriebsrates nicht auf Beschlüssen der Einzelbetriebsräte bzw. Einzelbetriebsobleute, so fehlt es an einer gesetzlichen Voraussetzung für die Existenz der Betriebsvertretung (RAG. 22. 2. 28, RAG. 1, 198).

§ 51.

Anstatt eines Gesamtbetriebsrats kann unter den gleichen Voraussetzungen ein gemeinsamer Betriebsrat errichtet werden, der an die Stelle der Einzelbetriebsräte tritt[1].

Die wahlberechtigten[2] Arbeitnehmer eines jeden der zusammengeschlossenen Betriebe können durch einen Mehrheitsbeschluß, der spätestens sechs Wochen vor Ablauf der Wahlzeit[3] des gemeinsamen Betriebsrats zu fassen ist, aus der Vereinigung ausscheiden.

Die Errichtung eines gemeinsamen Betriebsrats muß unter den Voraussetzungen des Abs. 1 für diejenigen Betriebe erfolgen, für die eine Betriebsvertretung nach den §§ 1, 2, 62[4] nicht zu errichten wäre.

1 Der Unterschied zwischen Gesamtbetriebsrat und gemeinsamem Betriebsrat liegt darin, daß nach § 50 neben dem Gesamtbetriebsrat die Einzelbetriebsräte bestehen, während der gemeinsame Betriebsrat an Stelle der Einzelbetriebsräte tritt. § 51 Abs. 3 und § 52 geben im Interesse der Organisationsvereinfachung den gemeinsamen Betriebsräten in bestimmten Fällen den Vorrang. — Das Gesetz verzichtet darauf, den Begriff der „Unternehmung" im Gegensatz zum „Betrieb" einzuführen. Doch wird die Begriffsbestimmung in § 50 regelmäßig auf „Unternehmungen" anwendbar sein.

2 § 20.

3 §§ 187 ff. BGB.

4 Wenn also ein Betrieb nicht mindestens 5 Arbeitnehmer beschäftigt.

§ 52.

Ein Einzelbetriebsrat[1] oder der Arbeitgeber[2] kann beantragen, daß an die Stelle des Gesamtbetriebsrats ein oder mehrere gemeinsame Betriebsräte treten, wenn hierdurch ohne

Schädigung der Interessen der Arbeitnehmer eine wesentliche Vereinfachung des Geschäftsganges eintreten würde[3]. Über den Antrag entscheidet, wenn nicht übereinstimmende Beschlüsse der Einzelbetriebsräte zustande kommen, das Arbeitsgericht.

Die wahlberechtigten[5] Arbeitnehmer eines jeden der zusammengeschlossenen Betriebe können durch einen Mehrheitsbeschluß, der spätestens sechs Wochen vor Ablauf der Wahlzeit[6] des gemeinsamen Betriebsrats zu fassen ist, die Auflösung beantragen. Über den Antrag entscheidet, wenn nicht übereinstimmende Beschlüsse in allen Betrieben gefaßt werden, das Arbeitsgericht.

1 S. § 50.

2 „In dessen Hand" die gleichartigen oder nach dem Betriebszweck zusammengehörigen Betriebe liegen. S. Anm. 4 zu § 50.

3 Dies wird, da der gemeinsame Betriebsrat an Stelle der Einzelbetriebsräte tritt, zumeist der Fall sein.

4 Das Arbeitsgericht hat den Antrag den Einzelbetriebsräten zur Beschlußfassung vorzulegen und, wenn nicht übereinstimmende Beschlüsse auf Errichtung oder auf Nichterrichtung so, wie beantragt, zustande kommen, im Beschlußverfahren zu entscheiden (Kieschke-Syrup-Krause § 53 Anm. 2). Die Entscheidung ist bindend und unabänderlich (JMR. 1923, 107).

5 § 20.

6 Vgl. BGB. §§ 187 ff.

§ 53.

[1]Die Bestimmungen der §§ 50 bis 52 finden auf die Betriebe der Gemeinden und Gemeindeverbände Anwendung, auch wenn sie nicht nach dem Betriebszweck zusammengehören, auf die Betriebe anderer öffentlicher Körperschaften nur, soweit sie dem gleichen Dienstzweig angehören.

1 Im Ausschuß wurde festgelegt, daß die Errichtung von Einzel- und Gesamtbetriebsräten bei Unternehmungen und Verwaltungen des Reichs usw. durch Verordnung des Reichs oder der Länder vorgenommen werden soll. Mit den beteiligten Arbeitnehmerver-

einigungen soll hierüber verhandelt werden. S. § 61. Die Möglichkeit, Gesamtbetriebs- oder gemeinsame Betriebsräte zu schaffen, ist für Gemeindebetriebe in besonders weitem Umfange gegeben.

§ 54.

Zur Wahl des Gesamtbetriebsrats bilden alle Arbeitermitglieder und alle Angestelltenmitglieder der einzelnen Betriebsräte je einen Wahlkörper. Jeder dieser Wahlkörper wählt unter der Leitung der drei ältesten[1] Vorsitzenden der Einzelbetriebsräte aus seiner Mitte in geheimer Wahl, nach den Grundsätzen der Verhältniswahl[2], die auf ihn entfallenden Mitglieder des Gesamtbetriebsrats. Mitgliederzahl und Zusammensetzung des Gesamtbetriebsrats bemißt sich nach den §§ 15 und 16[3].

Eine Bildung von besonderen Arbeiterräten und Angestelltenräten innerhalb des Gesamtbetriebsrats findet nicht statt[4].

1 Hier entscheidet das Lebensalter, nicht das Dienstalter (Flatow § 54 Anm. 5; Feig-Sitzler § 54 Anm. 2. — A. M. die erste Auflage der vorliegenden Ausgabe).

2 S. § 18 Abs. 1.

3 Vgl. auch Abschn. II der Wahlordnung, unten Anhang 1.

4 Der Apparat würde sich sonst noch mehr komplizieren. Auch sind die Aufgaben der Gruppenräte derart eng mit den Betriebszwecken verbunden und betreffen solche (z. B. bei Einstellungen und Kündigungen) Spezialfälle, daß sie nur in Betriebsgruppenräten einigermaßen gelöst werden können.

§ 55.

Auf die Geschäftsführung des Gesamtbetriebsrats finden die §§ 26 bis 37 entsprechende Anwendung[1].

1 Die Bestimmungen unter: 2. Geschäftsführung.

§ 56.

Die Wahl des Gesamtbetriebsrats erfolgt auf die Dauer von einem Jahre[1].

Die §§ 39, 41 bis 43[2] finden auf das Erlöschen der Mitgliedschaft im Gesamtbetriebsrat entsprechende Anwendung.

Ausscheiden eines Mitglieds aus dem Gesamtbetriebsrate hat das Ausscheiden des Mitglieds aus dem Einzelbetriebsrate zur Folge[3]. Das gleiche[4] gilt im umgekehrten Falle.

In beiden Fällen tritt an die Stelle des Ausgeschiedenen sein Ersatzmitglied im Einzelbetriebsrate[5].

1 Vgl. § 18 Abs. 1.

2 Oben S. 62 ff. Gründe des Erlöschens der Mitgliedschaft sind hiernach Niederlegung, Ausscheiden aus der Beschäftigung, Verlust der Wählbarkeit (§ 20 Abs. 2), zwangsweise Entsetzung (§ 39 Abs. 2), Auflösung des gesamten Betriebsrats; natürlich auch Verlust der Geschäftsfähigkeit.

3 Mit der Folge des § 39 Abs. 3, daß das Erlöschen der Mitgliedschaft im Betriebsrat das Erlöschen der Mitgliedschaft im Arbeiter- und Angestelltenrat nach sich zieht.

4 Da nach § 44 Abs. 2 das Erlöschen der Mitgliedschaft im Arbeiter- und Angestelltenrat das Erlöschen der Mitgliedschaft im Einzelbetriebsrat zur Folge hat, bewirkt es nach Abs. 2 auch das Ausscheiden aus dem Gesamtbetriebsrat.

5 Vgl. § 40.

§ 57.

In Betrieben mit Gesamtbetriebsräten treten an die Stelle der Betriebsversammlung die Betriebsversammlungen der einzelnen Betriebe[1].

1 Wie schon § 45 Anm. 3 betont wurde, legt das Gesetz Wert darauf, daß die Betriebsversammlungen arbeitsfähig bleiben und zu diesem Zwecke einen bestimmten Umfang nicht überschreiten. Deshalb ist davon abgesehen worden, Gesamtbetriebsversammlungen einzuführen.

C. Betriebsobmann.

§ 58.

Der Betriebsobmann (§ 2)[1] wird von den wahlberechtigten Arbeitnehmern des Betriebs aus ihrer Mitte in geheimer Wahl

mit einfacher Stimmenmehrheit[2] auf die Dauer von einem Jahre gewählt[3]. Wiederwahl ist zulässig.

Auf die Wahl des Betriebsobmanns finden die §§ 20 bis 21, 23 bis 25[4] entsprechende Anwendung, jedoch § 23 mit der Maßgabe, daß an die Stelle des Wahlvorstandes ein Wahlleiter tritt und die vierwöchige Frist des § 23 Abs. 1[5] auf eine Woche abgekürzt wird.

1 Ein Betriebsobmann ist in Betrieben zu wählen, die in der Regel weniger als 20, aber mindestens 5 wahlberechtigte (§ 20 Abs. 1) Arbeitnehmer beschäftigen, von denen mindestens 3 wählbar (§ 20 Abs. 2, § 21) sind.

2 Also, abweichend von § 18 Abs. 1, nicht nach dem bei der Kleinheit der Betriebe unanwendbaren Grundsatze der Verhältniswahl. Bei Stimmengleichheit entscheidet das Los. Listenwahl ist unzulässig.

3 Übereinstimmung mit § 18 Abs. 1. Vgl. im übrigen Abschn. IV der Wahlordnung (unten Anhang 1).

4 Vgl. die Erläuterungen oben S. 46 fg. Streitigkeiten über die Betriebsobmannswahl entscheidet das Arbeitsgericht im Beschlußverfahren.

5 § 23 besagt, daß spätestens nach 4 Wochen vor Ablauf der Wahlzeit ein Wahlvorstand zu wählen ist; diese Frist wird auf 1 Woche gekürzt, an die Stelle des dreigliedrigen Wahlvorstandes tritt ein Wahlleiter. Wird für jede Gruppe ein Obmann gewählt, so ist für jede Gruppenwahl ein Gruppenwahlleiter zu bestellen (Wölbling-Schultz-Sell § 58 Anm. 2).

§ 59.

Auf die Geschäftsführung des Betriebsobmanns finden die §§ 28, 35 bis 37[1] entsprechende Anwendung.

1 Nach § 28 ist der Vorsitzende des Betriebsrats (hier: der Betriebsobmann) zur Vertretung des Betriebsrats (hier: der Arbeitnehmer, und zwar nicht nur der Wahlberechtigten) gegenüber dem Arbeitgeber und dem Schlichtungsausschuß befugt; §§ 35, 37 legen die unentgeltliche Amtsverwaltung als Ehrenamt, die Tra-

gung notwendiger Kosten durch den Arbeitgeber und die Unzulässigkeit der Erhebung und Leistung von Arbeitnehmerbeiträgen fest.

§ 60.

Auf das Erlöschen der Stellung als Betriebsobmann finden § 39 Abs. 1 und 2, § 43 entsprechende Anwendung[1].

1 Vgl. Anm. 2 zu § 56.

D. Sondervertretungen.

§ 61.

Bei den Unternehmungen und Verwaltungen des Reichs, der Länder und der Gemeindeverbände, die sich über einen größeren Teil des Reichs oder Landesgebiets oder über mehrere Gemeindebezirke erstrecken, wird die Bildung von Einzel- und Gesamtbetriebsräten[1] sowie die Abgrenzung ihrer Befugnisse gegeneinander in Anlehnung an den Aufbau der Unternehmung oder Verwaltung im Verordnungswege geregelt[2].

Die Verordnung wird erlassen von der jeweils zuständigen Reichs- oder Landesregierung nach Verhandlung mit den beteiligten wirtschaftlichen Vereinigungen der Arbeitnehmer[3].

Diese Verordnung kann auch festsetzen, welche Bestandteile der Unternehmung oder Verwaltung als besondere Betriebe im Sinne des § 9 Abs. 2[4] anzusehen sind[5].

1 Vgl. §§ 50 ff. Bei Bezirksbetriebsratswahl wird die durch § 9 der VO. des Reichsfinanzministers vom 12. 8. 1921 getroffene Anordnung der gemeinsamen Wahl von Angestellten und Arbeitern durch § 61 BRG. gedeckt (RAG. 19. 12. 28, RAG. 3, 58).

Die Verteilung der in die selbständigen Ausschüsse im Hauptbetriebsrat für die Geschäftsbereiche Preußen, Hessen und Bayern aufzunehmenden Ergänzungsmitglieder auf die Vorschlagslisten nach Maßgabe der auf sie entfallenden Höchstzahlen hat unter Zugrundelegung lediglich der jeweilig im Geschäftsbereiche Preußen, Hessen bzw. Bayern abgegebenen Stimmen zu erfolgen (RAG. 22. 2. 30, RAG. 5, 181).

2 Vgl. § 53 Abs. 1. Laut Begründung ist z. B. bei der Post- und Eisenbahnverwaltung an ein System von Abteilungs- und Einzelbetriebsräten, Bezirksräten und einen Zentralrat zu denken, das vom gesetzlichen Aufbau in gewissem Umfange abweichen wird. Die allgemeine Regelung erfolgte für Preußen durch die Ausführungs-V. Art. 2 (unten Anhang 10). Die gesetzliche Zuständigkeit des Arbeitsgerichts kann nicht durch eine auf Grund von § 61 erlassene Verordnung abgeändert werden (Wölbling-Schultz-Sell § 61 Anm. 2). § 61 Abs. 1 beschränkt den Verordnungsweg auf die Regelung der Bildung von Einzel- und Gesamtbetriebsräten und auf die Abgrenzung ihrer Befugnisse gegeneinander. Die einjährige Wahlzeit des § 18 Abs. 1 Satz 1 kann nicht durch eine Verordnung des Reichsverkehrsministers (für den Bereich der Deutschen Reichsbahn) gekürzt werden (RAG. 21. 3. 28, RAG. 1, 236). Entscheidungen des Vorläufigen Reichswirtschaftsrats sind für die arbeitsgerichtliche Rechtsprechung nicht bindend, gleichgültig, ob sie die Billigung der beteiligten Kreise gefunden haben oder auch sonst allgemein anerkannt sind (RAG. 21. 12. 27, RAG. 1, 85). Durch eine auf Grund des § 61 ergehende VO. kann die gemeinsame Wahl von Angestellten und Arbeitern angeordnet werden. Ist aber getrennte Wahl vorgeschrieben, wie z. B. in § 60 der VO. über Betriebsvertretungen in der Reichswasserstraßenverwaltung vom 22. 8. 27, so ist eine gemeinsame, Angestellte und Arbeiter enthaltende Liste unzulässig (RAG. 10. 4. 29, RAG. 3, 349).

3 Der Begriff der wirtschaftlichen Vereinigungen entspricht dem des Hilfsdienstgesetzes. S. oben Anm. 1 zu § 8.

4 § 9 Abs. 2 stellt negativ fest, was nicht als besonderer Betrieb zu gelten hat. Entscheidend ist vor allem die örtliche Lage.

5 Vgl. auch Ausführungs-V. des Reichs (unten Anhang 2).

§ 62.

Ein Betriebsrat ist nicht zu errichten oder hört zu bestehen auf[1], wenn seiner Errichtung oder seiner Tätigkeit nach der

Natur des Betriebs besondere Schwierigkeiten entgegenstehen und auf Grund eines für allgemein verbindlich erklärten Tarifvertrags[2] eine andere Vertretung der Arbeitnehmer des Betriebs besteht oder errichtet wird[3]. Diese Vertretung hat die in diesem Gesetze dem Betriebsrat übertragenen Aufgaben und Befugnisse[4].

Bei Ablauf eines solchen Tarifvertrags[5] bleibt die nach Abs. 1 errichtete Vertretung so lange in Tätigkeit, bis ein neuer Tarifvertrag abgeschlossen und für allgemein verbindlich erklärt[6] oder ein gesetzlicher Betriebsrat gewählt ist[7].

1 Die Auflösung wird durch das Arbeitsgericht (§ 93 Z. 1) ausgesprochen.

2 Die Verbindlichkeitserklärung erfolgt durch den Reichsarbeitsminister (§ 2 TarifVO. in der Fassung vom 1. 3. 28, RGBl. 1 S. 47).

3 Die Begründung weist auf die in einzelnen Gewerben (Baugewerbe) bestehenden Schwierigkeiten einer Errichtung von Betriebsräten auf Grund des Gesetzes hin; hier müsse dann eine andere Vertretung (mit den gleichen Rechten) geschaffen werden können. Für das Baugewerbe handelt es sich besonders um die tariflich bereits festgelegte Einrichtung der Baudelegierten für die einzelnen Bauplätze. Die Frage der Anwendbarkeit des § 62 BRG. ist für jeden einzelnen Betrieb besonders zu entscheiden, und Voraussetzung der Anwendbarkeit ist, daß die besonderen Schwierigkeiten gerade in dem betreffenden Betrieb nach der Natur dieses einzelnen Betriebes bestehen. Das ist zu bejahen für die Betriebe des Stukkateurgewerbes (RAG. 17. 5. 30, RAG. 554/29). Vorübergehendes Aussetzen im Baugewerbe wegen Frostes ist auch gegenüber Baudelegierten statthaft; der Zustimmung der Belegschaft bedarf der Arbeitgeber hierzu nicht (RAG. 10. 8. 28, RAG. 2, 143).

4 §§ 66 ff. Die Notstandsarbeiter bilden weder eine besondere Berufs- noch eine besondere Fachgruppe. Sie gehören den verschiedensten Berufen an. Aus ihnen lediglich deshalb, weil sie zur Verringerung der Arbeitslosigkeit bestimmten Arbeiten zugeführt werden, eine besondere Berufs- oder Fachgruppe machen zu wollen entspricht auch nicht den (den § 8 Abs. 1a RTV. Baugewerbe kraft § 62 BRG. beherrschenden) Gedanken des BRG. Es geht nicht an, daß sich die verschiedenen Arten von Arbeitnehmern eines Arbeitgebers oder gar jede Schicht dieser Arbeitnehmer für sich eine eigene Betriebsvertretung schaffen und diese dann unter den Schutz der §§ 95, 96 BRG. stellen. Die dort geschützte Betriebsvertretung ist die der gesamten Arbeitnehmerschaft eines Betriebs (RAG. 10. 7. 29, RAG. 4, 135).

5 S. Anm. 2. Die Verbindlichkeit hört nicht stets ohne weiteres auf.

6 Nach §§ 15 ff.

§ 63.

Ist ein Antrag auf Erklärung der allgemeinen Verbindlichkeit eines Tarifvertrags gestellt[1], so kann das Reichsarbeitsministerium auf Antrag der Antragsberechtigten (§ 3 der Verordnung vom 23. Dezember 1918, Reichs-Gesetzbl. S. 1456)[2] die Aussetzung der Wahl der Betriebsräte innerhalb des Geltungsbereichs des Tarifvertrags bis zur Entscheidung über die Verbindlichkeit anordnen.

1 S. oben § 62 Anm. 2; § 3 der V. v. 23. 12. 18 bestimmt, wer den Antrag stellen kann.

2 § 63 ist dahin auszulegen, daß die tariflichen Betriebsvertretungen vom Zeitpunkt der Aussetzung an rechtswirksam an die Stelle der gesetzlichen Betriebsvertretungen treten und deren Aufgaben und Befugnisse haben (RArbMin. 26. 9. 21, JR. 1922, 118).

§ 64.

Betrifft der Tarifvertrag nicht sämtliche Arbeitnehmer des Betriebs[1], so wird für die nicht durch den Tarifvertrag gebundenen Arbeitnehmer[2] zwecks Wahrnehmung ihrer Interessen eine Betriebsvertretung nach Maßgabe dieses Gesetzes errichtet[3].

1 Ein häufiger Fall, da nach § 2 der genannten V. v. 23. 12. 18 Tarifverträge, die für die Gestaltung der Arbeitsbedingungen des Berufskreises im Tarifgebiet überwiegende Bedeutung erlangt

haben, für allgemein verbindlich erklärt werden. Berufs- und Betriebszugehörigkeit fallen aber keineswegs zusammen. Die am Tarifvertrag nicht beteiligten Arbeitnehmer haben aber ein Interesse an ihrer dem Gesetz entsprechenden Vertretung. Freilich wird die Gesamtarbeitnehmervertretung in diesen Fällen sehr erheblich erschwert, weil dann gesetzliche Instanzen auf vertraglicher und auf gesetzlicher Grundlage nebeneinander bestehen. Indes wird die Richtung, welche die Tarifpraxis innehält, diese Schwierigkeiten mit der Zeit einzuschränken wissen.

2 Die also dem Berufskreis des Tarifvertrags fernstehen.

3 Je nachdem also Betriebsrat, Betriebsobmann, Gesamtbetriebsrat, auch Arbeiter- und Angestelltenrat.

§ 65.

Besteht in einem Betriebe, für den ein Betriebsrat errichtet ist[1], für die dem Betrieb angehörigen öffentlichen Beamten eine Beamtenvertretung (Beamtenrat, Beamtenausschuß)[2], so können in gemeinsamen Angelegenheiten, welche in den Aufgabenkreis sowohl des Betriebsrats wie auch der Beamtenvertretung fallen, Betriebsrat und Beamtenvertretung zu gemeinsamer Beratung zusammentreten[3].

Den Vorsitz führt für jede gemeinsame Sitzung abwechselnd der Vorsitzende des Betriebsrats und der der Beamtenvertretung. Die Einladungen[4] und die Aufstellung der Tagesordnung erfolgen durch beide Vorsitzende gemeinsam.

Die Reichsregierung kann für die öffentlichen Behörden und Betriebe des Reichs sowie für die öffentlich-rechtlichen Körperschaften, die hinsichtlich des Dienstverhältnisses ihrer Beamten der Reichsaufsicht unterliegen[5], die Landesregierungen können für die öffentlichen Behörden und die Betriebe der Länder, Gemeinden und Gemeindeverbände sowie für die öffentlich-rechtlichen Körperschaften, die hinsichtlich der Dienstverhältnisse ihrer Beamten der Landesaufsicht unterliegen, nähere Vorschriften erlassen[6].

1 Also in einem solchen von mindestens 20 Arbeitnehmern (§ 1).

2 Näheres hierüber ist in Preußen durch die Bestimmungen der preuß. Staatsregierung über Bildung und Aufgaben der Beamtenausschüsse vom 24. 3. 19 (D. RAnz. v. 27. 3. 19 Nr. 71) bestimmt. Vgl. aber § 13, wonach gewisse Gruppen von Beamten den Arbeitern und Angestellten hinsichtlich der Bildung von Betriebsräten gleichgeachtet werden.

3 Vgl. Art. 3 der Preuß. Ausf.-V. (unten Anhang 10).

4 Z. B. an den gemeinsamen Arbeitgeber, § 29 Abs. 2.

5 Reichsbetriebe usw. Vgl. auch Ausf.-V. des Reichs (unten Anhang 2).

6 Von diesem Recht haben das Reich und einzelne Länder Gebrauch gemacht. S. Anhang 2, 10 f.

III. Aufgaben und Befugnisse der Betriebsvertretungen[1].

1 D. i. des Betriebsrats (§§ 66—77), des Arbeiter- und Angestelltenrats (§§ 78—90), des Gesamtbetriebsrats (§ 91) und des Betriebsobmanns (§ 92).

Die Aufgaben sind nicht erschöpfend aufgeführt. Im Ausschusse hielt die Regierung vielmehr ausdrücklich ihre in der Begründung (S. 22) geäußerte Anschauung aufrecht, daß sich für die Betriebsräte auch noch weitere Aufgaben und weitere Befugnisse denken lassen als die im Gesetz angeführten. Es steht demnach auch nichts im Wege, daß solche vom Arbeitgeber freiwillig eingeräumt oder auch durch Tarifvertrag begründet werden. Als einmütige Auffassung des Ausschusses wurde festgestellt, daß die Befugnisse der Betriebsräte (man muß ergänzen: Arbeiterräte usw.) durch Vereinbarung mit dem Arbeitgeber erweitert werden können.

Die Aufgaben und Befugnisse der Arbeiter- und Angestelltenräte sind in §§ 78 ff. niedergelegt. Vgl. S. 102 ff. Die Aufgaben und Befugnisse des Betriebsrates und der Gruppenräte greifen vielfach ineinander; z. B. bei Durchführung der gesetzlichen Vorschriften, von Tarifverträgen und Schiedssprüchen, bei Vereinbarung von Arbeitsordnungen und -bedingungen, bei der Teilnahme an der Unfallverhütung, Abstellung von Beschwerden usw. (§§ 66, 78). Der Gruppenrat wirkt ferner nach außen hin, etwa dem Schlichtungsausschuß gegenüber, durch Vermittlung des Betriebsrats bzw. Betriebsausschusses (vorbehaltlich §§ 78 Z. 5, 86). — Wo die Aufgaben des Betriebsrats im allgemeinen auf Beratung beschränkt sind, hat er nicht das Recht, selbständige Anordnungen zu treffen. Bei Meinungsverschiedenheiten ist nach § 93 Z. 3 zu entscheiden.

A. Betriebsrat.

§ 66.

Der Betriebsrat hat die Aufgabe:

1. in Betrieben mit wirtschaftlichen Zwecken[1] die Betriebsleitung durch Rat zu unterstützen, um dadurch mit ihr für einen möglichst hohen Stand und für möglichste Wirtschaftlichkeit der Betriebsleistungen zu sorgen[2], [3];

2. in Betrieben mit wirtschaftlichen Zwecken[1] an der Einführung neuer Arbeitsmethoden[4] fördernd mitzuarbeiten;

3. den Betrieb vor Erschütterungen zu bewahren[5], insbesondere vorbehaltlich der Befugnisse der wirtschaftlichen Vereinigungen der Arbeiter und Angestellten (§ 8[6]), bei Streitigkeiten des Betriebsrats, der Arbeitnehmerschaft, einer Gruppe oder eines ihrer Teile[7] mit dem Arbeitgeber, wenn durch Verhandlungen keine Einigung zu erzielen ist, den Schlichtungsausschuß oder eine vereinbarte Einigungs- oder Schiedsstelle[8] anzurufen;

4. darüber zu wachen, daß die in Angelegenheiten des gesamten[9] Betriebs von den Beteiligten anerkannten[10] Schiedssprüche eines Schlichtungsausschusses oder einer vereinbarten Einigungs- oder Schiedsstelle durchgeführt werden;

5. für die Arbeitnehmer gemeinsame[11] Dienstvorschriften und Änderungen derselben im Rahmen der geltenden Tarif-

verträge nach Maßgabe des § 75[12] mit dem Arbeitgeber zu vereinbaren[13];

6. das Einvernehmen innerhalb der Arbeitnehmerschaft sowie zwischen ihr und dem Arbeitgeber zu fördern[14] und für Wahrung der Vereinigungsfreiheit der Arbeitnehmerschaft einzutreten[15];

7. Beschwerden des Arbeiter- und Angestelltenrats[16] entgegenzunehmen und auf ihre Abstellung in gemeinsamer Verhandlung mit dem Arbeitgeber hinzuwirken;

8. auf die Bekämpfung der Unfall- und Gesundheitsgefahren im Betriebe zu achten[17], die Gewerbeaufsichtsbeamten und die sonstigen in Betracht kommenden Stellen bei dieser Bekämpfung durch Anregungen, Beratung und Auskunft zu unterstützen sowie auf die Durchführung der gewerbepolizeilichen Bestimmungen und der Unfallverhütungsvorschriften hinzuwirken[18];

9. an der Verwaltung von Pensionskassen[19] und Werkswohnungen[20] sowie sonstiger Betriebswohlfahrtseinrichtungen[21] mitzuwirken[22]; bei letzteren jedoch nur, sofern nicht bestehende, für die Verwaltung maßgebende Satzungen oder bestehende Verfügungen von Todes wegen entgegenstehen oder eine anderweitige Vertretung der Arbeitnehmer vorsehen.

1 Diesen Betrieben stehen die in § 67 genannten Betriebe gegenüber, die politischen, gewerkschaftlichen, militärischen, konfessionellen, wissenschaftlichen, künstlerischen und ähnlichen Bestrebungen dienen und auf die, soweit ihre Eigenart dies bedingt, § 66 Z. 1 und 2 keine Anwendung findet. Staats- und Gemeindebetrieb können ebensowohl wirtschaftliche wie nicht wirtschaftliche Zwecke haben; beide werden auch nicht stets scharf zu trennen sein. Es ist dann Tatfrage, welche Zwecke überwiegen. Erwerbs- und Wirtschaftsgenossenschaften, die Nebenbetriebe einer politischen usw. Unternehmung sind, fallen unter § 67.

2 Der Wortlaut lehnt sich z. T. an die „Vereinbarung über Betriebsräte im mitteldeutschen Bergbaubetriebe“ vom 12. 3. 19 an.

3 Was unter „Wirtschaftlichkeit der Betriebsleistungen“ zu verstehen ist, bleibt zweifelhaft. Der von einigen Kommentaren, z. B. Flatow § 66 Anm. 3, Kieschke-Syrup-Krause § 66 Anm. 5, vertretenen Auffassung, daß hierbei an volkswirtschaftliche „Produktivität“ im Gegensatz zu privatwirtschaftlicher Rentabilität gedacht sei, kann nicht beigetreten werden; denn „Betriebsleistungen“ sind zunächst ein privatwirtschaftlicher Begriff, sie setzen richtige kaufmännische Abwägung von Kosten und Preisen voraus; volkswirtschaftliche Leistungsfähigkeit ist dadurch geradezu bedingt. Ganz abgesehen davon bestreitet die neuere Volkswirtschaftslehre überhaupt die Zulässigkeit des Begriffs „Produktivität“.

4 Ob durch neue Arbeitsmethoden eine Herabsetzung der Arbeiterzahl eintreten würde, kann die Aufgaben des Betriebsrats nicht beeinflussen. Ein Rauchverbot gehört nicht zu den sogen. Anweisungen des Betriebsleiters im Produktionsprozesse. Zu solchen sind nur die Einführung neuer Arbeitsmethoden, die Regelung des Arbeitsprozesses in technischer oder kaufmännischer Beziehung und damit zusammenhängende Organisationsmaßnahmen zu verstehen. Auch außerhalb des Bereichs solcher Anweisungen ist unter besonderen Umständen als Ausfluß eines sogen. Direktionsrechtes die Befugnis des Arbeitgebers zur einseitigen Erteilung allgemeiner Verhaltungsvorschriften und dienstlicher Anordnungen anzuerkennen. Mangels solcher besonderen Umstände, die z. B. im Bestehen bestimmter, feuerpolizeilicher Vorschriften gefunden werden könnten, gehört ein Rauchverbot zu denjenigen allgemeinen Dienstvorschriften, die die Arbeiter nur binden, wenn sie auf Grund einer Betriebsvereinbarung erlassen und auf Grund von Sonderabreden Bestandteil der Einzelarbeitsverträge geworden sind (RAG. 15. 2. 28, RAG. 1, 176).

5 Diese Bestimmung weist dem Betriebsrat wichtige Aufgaben innerhalb des Schlichtungs- und Einigungswesens zu, ohne den Gewerkschaften vorzugreifen. Nach wie vor sind die letzteren Kontrahenten des Tarifvertrags und entscheiden über die zur Durchsetzung ihrer Forderungen geeigneten Mittel, vor allem über die Anwendung des Streiks. Der Gesetzgeber sucht das in den Ge-

werkschaften vertretene „berufsständische" Organisationsprinzip mit der Betriebsorganisation zu vereinigen, ohne daß hierfür die endgültige Formel gefunden zu sein scheint. Der Regierungsentwurf sah (§ 34 Z. 6) vor, daß die Arbeit erst eingestellt werden könne, wenn dies in geheimer Abstimmung und (im allgemeinen) mit Zweidrittelmehrheit beschlossen sei. Aus der Streichung dieser Bestimmung darf natürlich nicht gefolgert werden, daß sie nicht in der Praxis der Betriebsräte befolgt werden darf; es würde eine zulässige Erweiterung der Aufgaben der Betriebsräte bedeuten (vgl. Begründung S. 22, Kommissionsbericht S. 46), wenn durch Tarifvertrag die geheime Abstimmung über den Streik unter Festlegung des erforderlichen Mehrheitsverhältnisses bestimmt würde. Nach Ausbruch eines Streiks sind allerdings die Berufsvereine zu Verhandlungen mit dem Arbeitgeber und zur Anrufung der Schlichtungsstellen vorzugsweise berechtigt. Gegen die Pflichten aus § 66 Nr. 3 verstößt ein Betriebsratsmitglied gröblich, wenn es anläßlich von Unruhen vor dem Fabriktore an die gerade in das Werk hineinströmende Arbeiterschaft ein politisches Flugblatt verteilt, in welchem zum politischen Massenstreik und zur Stillegung der Betriebe aufgefordert wird (RAG. 21. 12. 29, RAG. 4, 351). Denn durch § 66 Nr. 3 wird den Betriebsratsmitgliedern die Pflicht auferlegt, den wirtschaftlichen Frieden in dem Betriebe, dem sie angehören, zu wahren und zu fördern und alles zu unterlassen, was den Frieden zu stören geeignet ist. Ein Mitglied, das zugleich Funktionär einer Gewerkschaft ist, darf aber bei Vorbereitungen zu Kampfmaßregeln zwecks Erreichung günstigerer Lohnbedingungen mitwirken, z. B. Kündigungszettel austeilen und wieder einsammeln (RAG. 9. 7. 30, RAG. 9/1930). Vgl. unten Anm. 14.

6 § 8 hält diese Befugnisse ausdrücklich aufrecht; oben S. 27. Vgl. auch §§ 31, 47.

7 „Gruppe": Arbeiter oder Angestellte; der Aufgabenkreis der Betriebsräte greift z. T. in jenen der Arbeiter- und Angestelltenräte (§§ 78 ff.) über; bei grundsätzlichen Fragen auch nur einer Gruppe steht dem Betriebsrat die Initiative zu; nur dann, wenn der Betriebsrat die Anrufung der Schiedsstelle ablehnt, kann der Gruppenrat nach § 78 Z. 5 von sich aus vorgehen; — „eines ihrer Teile": einzelne Arbeiter- oder Angestelltengruppen. Streitpunkte,

die nur einzelne Arbeitnehmer berühren, können dann hierher zählen, wenn es sich um grundsätzliche Fragen handelt. Im übrigen ist das Gericht zuständig.

8 Hinsichtlich „Verhandlungen" vgl. § 29 Abs. 3. Der Arbeitgeber muß unter Mitteilung der Tagesordnung rechtzeitig geladen worden sein. Ist er oder sein Vertreter nicht erschienen, so ist der Vorschrift, daß Verhandlungen stattfinden müssen, Genüge geschehen. Die Anschauung, daß die „Verhandlungen" zwischen den streitenden Teilen zum Ziele geführt haben müßten und eine Einigung zwischen Arbeitgeber und Betriebsrat nicht genüge, kann nicht aufrechterhalten werden. Anderenfalls könnte der Betriebsrat verpflichtet erscheinen, in einer Sache zu intervenieren, die er für aussichtslos hält oder in der er sich gegen die Auffassung der von ihm Vertretenen zu wenden haben würde.

Über das Schlichtungsverfahren s. VO. vom 30. 10. 23 (RGBl. I S. 1043) und vom 29. 12. 23 (RGBl. 1924 I S. 9).

9 Es greift § 78 Z. 1 ein, soweit es sich um Schiedssprüche für Gruppen, die Regelfall sein werden, handelt.

10 Anerkannte Schiedssprüche bilden einen Tarifvertrag im Sinne von § 1 der VO. vom 23. 12. 18. An sich sind die Schiedssprüche nicht bindend, sondern stellen nur Vergleichsvorschläge dar. Die fehlende Anerkennung kann durch Verbindlichkeitserklärung des Schiedsspruchs ersetzt werden (§ 6 der VO. vom 30. 10. 23, § 23 der VO. vom 29. 12. 23).

11 Dienstvorschriften, die nur eine Gruppe betreffen, vereinbart nicht der Betriebsrat, sondern nach § 78 Z. 3 der Gruppenrat.

12 Die Dienstordnungen im Sinne der RVO. gehören nicht zu den Dienstvorschriften im Sinne des BRG. (RAG. 21. 9. 29, RAG. 4, 185).

Ein Telegraphenbauamt bedarf zur Einführung von Wechselschichten der Mitwirkung des Betriebsrates. Mitwirkung an der Festsetzung der Arbeitszeit ist im Sinne einer vertraglichen Teilnahme an der Festsetzung zu verstehen (RAG. 11. 7. 28, RAG. 2, 110).

„Mitwirkung" gemäß Ziffer 8 der Anordnung über die Regelung der Arbeitszeit gewerblicher Arbeiter vom 23. 2. und 17. 12. 1918 und § 66 Ziffer 5 BRG. in Verbindung mit § 3

Ziffer 3 des Tarifvertrages für die Arbeiter im Bereiche der Reichspost vom 31. 3. 24 ist im Sinne einer vertraglichen Teilnahme an der Festsetzung von Beginn und Ende der Arbeitszeit zu verstehen (RAG. 11. 7. 28, RAG. 2, 110).

Der Arbeiter- und Angestelltenrat ist nicht nur bei der Aufstellung von Strafvorschriften für die Arbeitsordnung im allgemeinen, sondern auch bei der Festsetzung der Strafe im einzelnen Fall mitzuwirken berechtigt (RAG. 11. 1. 28, RAG. 1, 141).

13 Das Wort „vereinbaren" entscheidet den alten Streit darüber, inwieweit die Arbeitsordnung auf Vereinbarung oder auf einseitiger Bestimmung durch den Arbeitgeber beruht, im erstgenannten Sinne. Demgemäß ändert § 104 des gegenwärtigen Gesetzes in Z. IV—VI einige Bestimmungen der GO. unter Aufhebung ihrer §§ 134 d und 134 h. S. unten S. 146 f.

14 Mittelbar können unter besonderen Umständen auch an sich betriebsfremde, z. B. gewerkschaftliche Angelegenheiten in den Geschäftskreis des Betriebsrats fallen, wenn die Behandlung der Angelegenheiten in einer Betriebsversammlung erforderlich erscheint, um den Betrieb vor Erschütterungen zu bewahren und das Einvernehmen zwischen Arbeitgeber und Arbeitnehmerschaft zu erhalten (RAG. 11. 7. 28, RAG. 2, 122). Keine einseitige Bevorzugung der Arbeitnehmer, s. § 1 Anm. 1.

15 „Vereinigungsfreiheit": vgl. Art. 159 der neuen Reichsverfassung, durch den § 152 Abs. 2 GewO. aufgehoben ist (RGZ. 111, 199). „Vereinigungsfreiheit" ist auch der Gegensatz zu „Vereinigungs-(Koalitions-)zwang"; gegen jeden Terror hat demnach der Betriebsrat einzuschreiten; würde er sich selbst der Vereinigungsfreiheit entgegensetzen, so wäre ein Grund für seine Auflösung nach § 41 „wegen gröblicher Verletzung seiner gesetzlichen Pflichten" gegeben.

16 Nach § 78 Z. 4 hat der Gruppenrat zunächst selbst Beschwerden zu untersuchen und auf ihre Abstellung hinzuwirken. Beschwerden betreffen im allgemeinen die Verhältnisse einzelner Arbeitnehmer, denen (soweit nicht der Schlichtungsausschuß eingreifen kann) daneben der Klageweg offensteht. Soweit dagegen Beschwerden des Gruppenrats selbst (aus seiner Geschäftsführung) unterlaufen, ist nach IV § 93 Z. 3 zu entscheiden.

17 Diese Bestimmung entspricht früheren Gesetzen und Verordnungen.

18 Vgl. wegen Zuziehung der Vertreter der Versicherten RVO. §§ 853 ff. Vgl. § 77.

19 Bezüglich der Auslegung dieser Bestimmung stehen sich drei Ansichten gegenüber und zwar:

a) die hauptsächlich von Flatow (BRG. Bem. IV vor § 66 und Anm. 1 zu § 66 Nr. 9) vertretene, die, auf dem allgemeinen Grundgedanken der §§ 1 und 6 BRG. fußend, ein Mitwirkungsrecht des Betriebsrats nur bei denjenigen Pensionskassen anerkennt, die den Interessen der Arbeiter und Angestellten gemeinsam dienen, bei solchen aber, die nur den Arbeitern oder nur den Angestellten zugute kommen, den betreffenden Gruppenräten ein Mitwirkungsrecht zugesteht,

b) die von Mansfeld (Anm. 10 b zu § 66) und Feig-Sitzler (BRG. Anm. 11 zu § 66), die in den letzten beiden Fällen jede Mitwirkung, sei es des Betriebsrats, sei es der Gruppenräte, ausschließt (vgl. auch Gürteler BRG. S. 121/22),

c) die sich an den Wortlaut des § 66 Nr. 9 anlehnende, welche eine Mitwirkung des Betriebsrates auch bei Pensionskassen, die nur den Angestellten oder nur den Arbeitern dienen, für vorgeschrieben erachtet. Letztere Ansicht ist nicht zu billigen. § 66 Nr. 9 ermächtigt den Betriebsrat nur zur Mitwirkung bei solchen Wohlfahrtseinrichtungen, die den genannten beiden Gruppen zugute kommen sollen und zugute kommen. Insbesondere besteht keine Notwendigkeit, dem Betriebsrat und damit auch der Arbeiterschaft ein Mitwirkungsrecht und einen geschäftlichen Einfluß in bezug auf Pensionskassen einzuräumen, die ausschließlich für die Angestellten bestimmt sind (RAG. 21. 6. 30, RAG. 17/1930). Unter den „Pensionskassen" im Sinne von § 66 Nr. 9 sind nur solche zu verstehen, bei denen kein Rechtsanspruch auf die Gewährung der Leistungen besteht, die also als „Wohlfahrtseinrichtungen" des § 370 AngestVersG. anzusehen sind.

20 Bei Werkswohnungen haben sich, besonders aus der Verquickung von Arbeits- und Wohnungsmietvertrag, häufig Mißstände ergeben, die von den Gewerbeinspektoren gerügt wurden. Auf

Mitwirkung bei Besetzung von Werkswohnungen steht dem Betriebsrat kein Recht zu.

21 Als sonstige Betriebswohlfahrtseinrichtungen kommen z. B. Sparkassen, Konsumanstalten, Büchereien, Jugendheime usw. in Betracht. Bei diesen Einrichtungen hat — im Gegensatz zu jenen unter 19, 20 — der Betriebsrat nur unter den in Z. 9 S. 2 angegebenen Voraussetzungen mitzuwirken.

22 „Mitwirken" bedeutet eine Tätigkeit des Betriebsrats, die über das „Beraten" hinausgeht und eine aktive, verantwortliche, natürlich aber auch an die Absichten des Arbeitgebers und der Betriebszwecke gebundene Mitarbeit bedingt. Dies gilt insonderheit für die Verwaltung der Pensionskassen und der Werkwohnungen. „Mitwirken" ist so viel wie „Mitbestimmen".

§ 67.

Auf Betriebe, die politischen, gewerkschaftlichen, militärischen, konfessionellen, wissenschaftlichen, künstlerischen und ähnlichen Bestrebungen dienen[1], findet § 66 Ziffer 1 und 2[2] keine Anwendung, soweit die Eigenart dieser Bestrebungen es bedingt.

1 Diese Betriebe, die sog. Tendenzbetriebe, stehen im Gegensatz zu jenen mit wirtschaftlichen Zwecken, § 66; vgl. dort Anm. 1.

2 Da es sich um nichtwirtschaftliche Betriebsgewerbe handelt, kann die Sorge für möglichste Wirtschaftlichkeit und für Einführung neuer Arbeitsmethoden im allgemeinen dem Betriebsrat nicht obliegen. Immerhin sind auch hier rein technische Fragen möglich, wo eine Beratung nach § 66 zulässig wäre. In Pressebetrieben muß sich nach ausdrücklicher Feststellung im Ausschuß (Bericht S. 50 f.) und Plenum (StenogrBer. S. 4508) der Betriebsrat auf Mitwirkung in rein technischen Angelegenheiten beschränken, darf insbesondere nicht versuchen, auf die politische Richtung Einfluß zu üben.

§ 68.

Bei der Wahrnehmung seiner Aufgaben hat der Betriebsrat dahin zu wirken, daß von beiden Seiten Forderungen und

Maßnahmen unterlassen werden, die das Gemeininteresse[1] schädigen[2].

1 Unter Gemeininteresse ist nicht bloß das gemeinschaftliche Interesse des Arbeitgebers und der Arbeitnehmer des einzelnen Betriebs, sondern auch das Interesse der Volksgesamtheit zu verstehen (Kieschke-Syrup-Krause § 68 Anm. 1).

2 § 79 erklärt § 68 auf die Gruppenräte für anwendbar.

§ 69.

Die Ausführung der gemeinsam mit der Betriebsleitung gefaßten Beschlüsse übernimmt die Betriebsleitung[1]. Ein Eingriff in die Betriebsleitung durch selbständige Anordnungen steht dem Betriebsrat nicht zu[2].

1 Entspricht dem in § 66 festgelegten Aufgabenkreis, der im allgemeinen nur die Beratung des Arbeitgebers vorsieht. Notwendige Mitteilungen kann der Betriebsratsvorsitzende an den vorgesehenen Stellen bekanntmachen. Die Gewerkschaften sind zu Anschlägen nicht berechtigt (GewG. Dresden JAR. 1926, 194).

2 Bei Verstößen gegen § 69 kommen §§ 39, 41 zur Anwendung. Die Vorschrift des § 69 ist kein den Schutz des Arbeitgebers bezweckendes Gesetz im Sinne von § 823 Abs. 2 BGB. (RG. 17. 5. 26, JurW. 1927, 253).

§ 70.

In Unternehmungen, für die ein Aufsichtsrat besteht[1] und nicht auf Grund anderer Gesetze eine gleichartige Vertretung der Arbeitnehmer im Aufsichtsrate vorgesehen ist[2], werden nach Maßgabe eines besonderen hierüber zu erlassenden Gesetzes[3] ein oder zwei Betriebsratsmitglieder in den Aufsichtsrat entsandt, um die Interessen und Forderungen der Arbeitnehmer sowie deren Ansichten und Wünsche hinsichtlich der Organisation des Betriebs zu vertreten[4]. Die Vertreter haben in allen Sitzungen des Aufsichtsrats Sitz und Stimme, erhalten jedoch keine andere Vergütung als eine Aufwandsentschädigung[4]. Sie sind ver-

pflichtet, über die ihnen gemachten vertraulichen Angaben Stillschweigen zu bewahren[5].

1 Das sind A.-G., Kommanditgesellschaften auf Aktien, eingetragene Genossenschaften, Versicherungsvereine auf Gegenseitigkeit, bedingungsweise auch G. m. b. H. Vgl. neben den Spezialgesetzen besonders § 246 Abs. 1, 2 HGB. über die Aufgaben des Aufsichtsrats.

2 In Betracht kommt: Gesetz über die Regelung der Kohlenwirtschaft vom 23. 3. 19 und über die Regelung der Kaliwirtschaft vom 24. 4. 19.

3 Das Gesetz ist am 15. 2. 1922, die Wahlordnung dazu am 23. 3. 1922 ergangen. S. unten Anhang Nr. 6 und 7.

4 Der Arbeitnehmerschaft als solcher, nicht der Mehrzahl der Arbeitnehmer steht die in § 4 eingeräumte Befugnis zu (RAG. 23. 7. 30, RAG. 39/30). § 70 findet im allgemeinen keine Anwendung auf die in § 67 genannten Betriebe und auch sonst können Befreiungen von der Vorschrift eintreten (§ 73 Abs. 1, 2). — Den Betriebsratsmitgliedern muß tatsächlich Gelegenheit gewährt werden, die ihnen in § 70 BRG. anvertrauten Interessen wahrzunehmen. Es darf daher nicht durch die Satzungen der Gesellschaft in das Belieben des Vorsitzenden des Aufsichtsrats gestellt werden, ob er Versammlungen des Aufsichtsrats anberaumt oder lediglich auf schriftlichem, telegraphischem oder telephonischem Wege Beschlüsse fassen läßt (RG. 11. 1. 24, RGZ. 107, 221).

5 Die Verletzung der Schweigepflicht ist in § 100 unter Strafe gestellt. Sie rechtfertigt ferner nicht nur einen Antrag auf Amtsenthebung, sondern meist auch die sofortige Entlassung. Die Vorschrift in § 70 Satz 3 ist ein Schutzgesetz im Sinne des § 823 Abs. 2 BGB. zugunsten des Arbeitgebers (Feig-Sitzler § 70 Anm. 4).

§ 71.

Zur Erfüllung seiner Aufgaben hat der Betriebsrat in Betrieben mit wirtschaftlichen Zwecken[1] das Recht, vom Arbeitgeber zu verlangen, daß er dem Betriebsausschuß[2], oder, wo ein solcher nicht besteht[3], dem Betriebsrat, soweit dadurch keine Betriebs- oder Geschäftsgeheimnisse gefährdet werden und ge-

setzliche Bestimmungen nicht entgegenstehen[4], über alle den Dienstvertrag und die Tätigkeit der Arbeitnehmer berührenden Betriebsvorgänge Aufschluß gibt und die Lohnbücher[5] und die zur Durchführung von bestehenden[6] Tarifverträgen erforderlichen Unterlagen vorlegt[7].

Ferner hat der Arbeitgeber vierteljährlich einen Bericht über die Lage und den Gang des Unternehmens und des Gewerbes im allgemeinen und über die Leistungen des Betriebs und den zu erwartenden Arbeitsbedarf im besonderen zu erstatten[8].

Die Mitglieder des Betriebsausschusses oder des Betriebsrats sind verpflichtet, über die ihnen vom Arbeitgeber gemachten vertraulichen Angaben Stillschweigen zu bewahren[9].

1 Vgl. § 66 Anm. 1. Zwar dient das den Betriebsräten in § 71 eingeräumte Recht nicht mehr, wie ursprünglich vorgesehen, nur der ihnen durch § 66 Nr. 1 übertragenen Aufgabe, sondern auch der weiteren Aufgabe, die Interessen der Arbeitnehmer zu vertreten und die Durchführung der bestehenden Tarifverträge zu überwachen. Daraus kann jedoch nicht gefolgert werden, daß ihnen dieses Recht auch uneingeschränkt in allen Betrieben zustehe; vielmehr ist nach dem klaren Wortlaute des § 71 das Recht ausdrücklich auf die Betriebe mit wirtschaftlichen Zwecken beschränkt (RAG. 27. 3. 29, BenshSamml. 6, 316).

2 Vgl. § 27; wenn der Betriebsrat 9 oder mehr Mitglieder hat.

3 Ebenda. An Stelle des Betriebsrats tritt in entsprechend kleinen Betrieben der Betriebsobmann (§ 92).

4 Was Betriebs- oder Geschäftsgeheimnisse sind, ist Tatfrage und kann nicht lediglich auf Grund bestehender Gesetze und der daran anknüpfenden Rechtsprechung entschieden werden. Immerhin kann besonders das Gesetz gegen den unlauteren Wettbewerb vom 7. 6. 1909 (§ 17) zur Auslegung herangezogen werden. Fabrikationsmethoden und Kundenlisten gehören im Zweifel hierher. Zu beachten ist auch hier die Strafvorschrift in § 100. — Entgegenstehende gesetzliche Bestimmungen finden sich im RStGB. (§ 300) und in den Beamtengesetzen (Amtsverschwiegenheit).

5 Nur zur Vorlegung der Lohnlisten ist der Arbeitgeber ver-

pflichtet; er hat nicht auch die Gehaltslisten vorzulegen (JW. 1920, 129. — A. M. JW. 1926, 198). Auch Einblick in die Personalakten eines Arbeitnehmers braucht der Arbeitgeber nicht zu gewähren (JW. 1921, 138; 1922, 128).

6 Für Tarifverträge ist an sich keine Formvorschrift gegeben, sie können auch mündlich geschlossen werden. Indessen bedingt die in § 1 der V. vom 23. 12. 18 den Tarifverträgen zuerkannte Macht, den Arbeitsvertrag abzudingen, die schriftliche Form.

7 Streitigkeiten wegen dieser und den anderen Bestimmungen des § 71 sind nach § 93 Z. 3 vom Arbeitsgericht zu entscheiden.

8 Der Betriebsausschuß (-rat, -obmann [§ 92]) soll dadurch insbesondere auch in die Lage versetzt werden, seine und der Gruppenräte Mitwirkung bei notwendig werdenden Entlassungen sachgemäß vorzubereiten (§§ 74, 78 Z. 9).

9 Strafvorschrift in § 100. Die Schweigepflicht gilt auch gegenüber der Betriebsversammlung. — Umgekehrt wird der Arbeitgeber, der vorsätzlich seiner Auskunftspflicht nach § 71 nicht genügt, gemäß § 99 Abs. 3 bestraft.

§ 72.

In Betrieben, deren Unternehmer zur Führung von Handelsbüchern verpflichtet sind[1] und die in der Regel mindestens 300 Arbeitnehmer oder 50 Angestellte im Betriebe beschäftigen, können die Betriebsräte verlangen, daß den Betriebsausschüssen[2] oder, wo solche nicht bestehen[3], den Betriebsräten alljährlich vom 1. Januar 1921 ab nach Maßgabe eines hierüber zu erlassenden Gesetzes[4] eine Betriebsbilanz und eine Betriebs-Gewinn- und -Verlustrechnung für das verflossene Geschäftsjahr spätestens sechs Monate nach Ablauf des Geschäftsjahrs zur Einsichtnahme vorgelegt und erläutert wird[5].

Die Mitglieder des Betriebsausschusses oder des Betriebsrats sind verpflichtet, über die ihnen vom Arbeitgeber gemachten vertraulichen Angaben Stillschweigen zu bewahren[6].

1 Das sind die Betriebe der Vollkaufleute; nur die Hand-

werker und Kleingewerbetreibenden scheiden nach §§ 4, 38 ff. HGB. aus. Insbesondere fallen alle gesellschaftlich betriebenen Unternehmungen unter die Vorschrift.

2 Vgl. § 27.

3 Wenn der Betriebsrat weniger als 9 Mitglieder hat.

4 Das Gesetz ist am 5. 2. 1921 ergangen. S. unten Anhang Nr. 5.

5 Diese, ebenso wie der Aufsichtsparagraph, heiß umstrittene Bestimmung tritt entgegen dem Regierungsentwurf, der die Bilanzvorlage usw. schon bei Betrieben mit mindestens 50 Arbeitnehmern vorsah, erst den eigentlichen Großbetrieben gegenüber in Kraft. (Hausgewerbetreibende scheiden bei Berechnung der Zahl aus.) Sie ist durch § 99 Abs. 3 strafrechtlich gesichert, während umgekehrt der Bruch des Stillschweigens durch Mitglieder des Betriebsausschusses (-rates) nach § 100 geahndet wird (s. Abs. 2). — Der Begriff der „Betriebsbilanz" und „Betriebs-Gewinn- und -Verlustrechnung" schließt das Privatvermögen des Unternehmers aus und ist im Gesetze neu eingeführt. Die Auskunft findet in den schutzbedürftigen Interessen des Betriebs ihre natürliche Grenze. Sie darf nicht dazu führen, daß Betriebsgeheimnisse preisgegeben werden. Die Auskunft ist nur über die Höhe der Steuer, der Aufwendungen für soziale Lasten, Provisionen und über sog. übrige Unkosten zu erteilen, hingegen nicht über Gehälter und Reisespesen (RAG. 26. 2. 30, RAG. 42/28). Schriftliche Aufzeichnungen aus den in § 72 genannten Urkunden dürfen aus dem Sitzungsraum nicht mit herausgenommen werden (a. M. LArbG. Aachen BenshSamml. 7, 39).

6 S. Anm. 5 und § 100.

§ 73.

Die §§ 70 und 72[1] finden auf die im § 67 genannten Betriebe[2] keine Anwendung, soweit die Eigenart des Betriebs es bedingt[3].

Von der Verpflichtung der §§ 70 und 72[1] können Unternehmungen oder Betriebe auf ihren Antrag durch die Reichs-

regierung befreit werden, wenn wichtige Staatsinteressen dies erfordern[4].

In den Fällen der Abs. 1 und 2 hat der Betriebsausschuß[5] und, wo ein solcher nicht besteht, der Betriebsrat das Recht, falls ein Aufsichtsrat besteht, Anträge und Wünsche hinsichtlich der Arbeitnehmerverhältnisse und der Organisation des Betriebs an den Aufsichtsrat zu bringen und sie durch einen oder zwei Beauftragte im Aufsichtsrate zu vertreten. Der Vorsitzende des Aufsichtsrats hat baldmöglichst eine Sitzung anzuberaumen und den Gegenstand auf die Tagesordnung zu setzen. In dieser Sitzung haben die Vertreter des Betriebsrats beratende und beschließende Stimme[6].

1 Es handelt sich bei dieser im Ausschuß eingeführten Ausnahmevorschrift um die Vertretung im Aufsichtsrat und um die Vorlage der Bilanz und der Gewinn- und Verlustrechnung.

2 D. s. Betriebe mit politischen, gewerkschaftlichen, militärischen, konfessionellen, wissenschaftlichen, künstlerischen und ähnlichen Bestrebungen.

3 In vielen Fällen dieser Art wird es überhaupt keinen Aufsichtsrat und keine Bilanz im kaufmännischen Sinne geben. Im übrigen dürfen die besonderen nichtwirtschaftlichen Zwecke des Betriebs durch Ausübung der Rechte der §§ 70, 72 nicht gestört werden. Im besonderen gilt dies für die Presse.

4 Bisher ist in dieser Richtung nichts erfolgt.

5 § 27; wenn der Betriebsrat 9 und mehr Mitglieder hat.

6 Das in § 70 der Betriebsvertretung zuerkannte Recht beschränkt sich also bei nicht wirtschaftlichen Betrieben auf Vertretung der reinen Arbeitnehmerinteressen im Aufsichtsrat.

§ 74.

Wird infolge von Erweiterung, Einschränkung oder Stilllegung[1] des Betriebs oder infolge von Einführung neuer Techniken oder neuer Betriebs- oder Arbeitsmethoden[2] die Einstellung oder die Entlassung einer größeren Zahl von Arbeit-

nehmern erforderlich, so ist der Arbeitgeber verpflichtet, sich mit dem Betriebsrat, an dessen Stelle, wenn dabei vertrauliche Mitteilungen gemacht werden müssen, der etwa vorhandene[3] Betriebsausschuß tritt, möglichst längere Zeit vorher über Art und Umfang der erforderlichen Einstellungen und Entlassungen und über die Vermeidung von Härten bei letzteren ins Benehmen zu setzen[4]. Der Betriebsrat oder der Betriebsausschuß kann eine entsprechende Mitteilung an die Zentralauskunftsstelle[5] oder einen von dieser bezeichneten Arbeitsnachweis verlangen[6].

1 Der Betriebsunternehmer behält an sich das uneingeschränkte Recht, seinen Betrieb stillzulegen (§ 85 Abs. 2 Z. 2). § 74 dient nur dazu, nach Möglichkeit unbillige und vermeidbare Härten, die sich aus der Stillegung für die Arbeitnehmer ergeben, hintanzuhalten. Die regelmäßige Erweiterung und Einschränkung der Saisonbetriebe fällt nicht unter § 74, der nur die Fälle trifft, in denen nicht in regelmäßigem Verlauf der Wirtschaft, sondern auf Grund veränderter Verhältnisse eine Erweiterung, Einschränkung oder Stillegung des Betriebes erfolgt (RArbMin. 21. 5. 20, JAR. 1920, 131).

2 Da nach § 66 Z. 2 der Betriebsrat bei Einführung neuer Techniken und Arbeitsmethoden beratend mitzuwirken hat, ist er in der Lage, sich im voraus ein Bild von den Folgen jener Einführung zu machen. Um so weniger wird er, wenn er der methodischen und technischen Umstellung zugestimmt hat, wegen der sozialpolitischen Folgen Einspruch erheben können. Vgl. auch Anm. 4 zu § 66.

3 § 27, wenn der Betriebsrat 9 und mehr Mitglieder hat.

4 „Ins Benehmen setzen" bedeutet Mitteilung behufs ernsthafter Verhandlung, nicht nur zur Entgegennahme von Vorschlägen. § 74 ist nur eine Ordnungsvorschrift. Ihre Nichtbeachtung berührt die Wirksamkeit der Kündigung nicht (JAR. 1921, 140; 1925, 236; 1929, 151).

5 An ihre Stelle sind die Landesarbeitsämter getreten, vgl. Gesetz über Arbeitsvermittlung usw. vom 16. 7. 1927 (RGBl. I S. 187).

6 Gegebenenfalls wird die Betriebsvertretung sich auch selbst an die Zentralauskunftsstelle wenden können.

§ 75.

Sollen gemäß § 66 Ziffer 5[1] gemeinsame Dienstvorschriften vereinbart werden, so hat der Arbeitgeber den Entwurf, soweit die Bestimmungen nicht auf Tarifvertrag beruhen[2], dem Betriebsrat vorzulegen. Kommt über den Entwurf keine Einigung zustande, so können beide Teile den Schlichtungsausschuß anrufen, der eine bindende Entscheidung trifft[3]. Die Verbindlichkeit der Entscheidung[4] erstreckt sich nicht auf die Dauer der Arbeitszeit[5].

Entsprechend ist bei Änderungen der Dienstvorschriften zu verfahren[6].

1 Oben S. 88, Anm. 11—13 zu § 66. — S. auch §§ 78 Z. 3 und 80, wonach die Gruppenräte für Arbeitsordnungen usw., die nur Angestellte oder Arbeiter betreffen, zuständig sind.

Die Dienstordnungen der RVO. sind nicht als Dienstvorschriften i. S. des BRG. anzusehen (RAG. 16. 11. 29, RAG. 4, 305). Der Arbeiter- und Angestelltenrat ist nicht nur bei der Aufstellung von Strafvorschriften für die Arbeitsordnung im allgemeinen, sondern auch bei der Festsetzung der Strafe im einzelnen Fall mitzuwirken berechtigt. — § 80 Abs. 2 BRG. kann als zwingendes Recht nicht durch die Arbeitsordnung dahin abgeändert werden, daß die Straffestsetzung einseitig durch den Arbeitgeber oder dessen Stellvertreter zu erfolgen habe (RAG. 11. 1. 28, RAG. 1, 141). Mangels besonderer Umstände, die z. B. im Bestehen bestimmter, feuerpolizeilicher Vorschriften gefunden werden können, gehört ein Rauchverbot zu denjenigen allgemeinen Dienstvorschriften, die die Arbeiter nur binden, wenn sie auf Grund einer Betriebsvereinbarung erlassen und auf Grund von Sonderabreden Bestandteil der Einzelarbeitsverträge geworden sind (RAG. 15. 2. 28, RAG. 1, 176). Der Arbeitnehmer braucht eine Arbeitsordnung, von der ihm ein Druckexemplar bei seinem Eintritt in das Arbeitsverhältnis übergeben worden ist und mit deren Inhalt er sich einverstanden erklärt hat, dann nicht gegen sich gelten zu lassen, wenn sie vom Arbeitgeber ohne Beachtung der Vorschriften in §§ 75, 78 Nr. 3, 80 BRG. erlassen worden ist (RAG. 29. 9. 28, RAG. 2, 229).

2 In diesem Falle wird der Betriebsrat zumeist selbst hinreichend unterrichtet sein. Nicht aber diese formelle Seite ist entscheidend, sondern der Umstand, daß das Gesetz den auf Tarifvertrag beruhenden Bestimmungen überhaupt eine Ausnahmestellung zuerkennt.

3 Hier liegt eine grundsätzlich wichtige Erweiterung der Zuständigkeit des Schlichtungsausschusses vor. Doch bezieht sich diese nicht auf Bestimmungen der Tarifverträge, da diese ausdrücklich (s. Anm. 2) von der Vorlage an den Betriebsrat ausgenommen sind, also auch nicht Gegenstand eines Streites zwischen Betriebsrat und Arbeitgeber sein können. Ist die Genehmigung einer Behörde usw. für das Zustandekommen einer Dienstvorschrift vorgeschrieben, so bleibt es hierbei.

4 Die Entscheidung des Schlichtungsausschusses stellt inhaltlich bereits die Dienstvorschrift dar.

5 Vom Ausschuß eingefügt. Die Arbeitszeit ist neuerdings zumeist in den Tarifverträgen festgelegt und entzieht sich damit der Bestimmung des § 75. S. auch § 78 Z. 2 Abs. 4.

6 Es ist zu unterscheiden, ob Änderungen der Dienstvorschriften durch Tarifvertrag oder auf dem in Abs. 1 vorgeschriebenen Wege (Entwurf des Arbeitgebers, Vorlage an den Betriebsrat, im Streitfall bindende Entscheidung durch den Schlichtungsausschuß) eintreten. S. Anm. 1—4. Eine Arbeitsordnung kann auch ohne ausdrückliche Aufhebung oder Ersetzung durch eine neue durch die tatsächlichen Verhältnisse außer Wirksamkeit treten; so ist z. B., wenn der Betrieb um Weihnachten 1923 stillgelegt und die gesamte Belegschaft entlassen, die Wiedereröffnung des Betriebes aber am 12. 2. 24 erfolgt war, die Arbeitsordnung als erloschen anzusehen (RAG. 20. 2. 29, BenshSamml. 5, 407).

§ 76.

Der Betriebsrat kann in Betrieben mit über hundert Arbeitnehmern an einem Tage oder mehreren Tagen der Woche eine

regelmäßige Sprechstunde einrichten, in welcher die Arbeitnehmer Wünsche und Beschwerden vorbringen können. Soll die Sprechstunde innerhalb der Arbeitszeit liegen, so ist dies mit dem Arbeitgeber zu vereinbaren[1 2].

1 Die Einrichtung regelmäßiger Sprechstunden ist auch in kleinen Betrieben zulässig.

2 Für Entschädigung wegen notwendiger Versäumnis der Arbeitszeit, die dann stets gegeben sein wird, wenn nach S. 2 die Sprechstunde innerhalb der Arbeitszeit liegt, vgl. § 35, im übrigen § 36. Meinungsverschiedenheiten erledigen sich nicht nach § 66 Z. 3 (der materielle Streitigkeiten im Auge hat), sondern nach § 93 Z. 3 (Entscheidung des Arbeitsgerichts über die Geschäftsführung der Betriebsvertretungen). Auch kann der Schlichtungsausschuß angerufen werden, der aber nur vermittelnd eingreifen kann (Kieschke-Syrup-Krause § 76 Anm. 5; Flatow § 76 Anm. 4; Mansfeld § 76 Anm. 3).

§ 77.

Ein von dem Betriebsrat bestimmtes Mitglied ist bei Unfalluntersuchungen, die vom Arbeitgeber, dem Gewerbeaufsichtsbeamten oder sonstigen in Betracht kommenden Stellen[1] im Betriebe vorgenommen werden, zuzuziehen[2].

1 Z. B. Polizeibehörden.

2 Die Nichtzuziehung würde den amtlichen Charakter der Unfalluntersuchung mit den hieraus entstehenden Folgen in Frage stellen. S. auch § 66 Z. 8.

B. Arbeiterrat und Angestelltenrat.

1 Vom Arbeiter- und Angestelltenrat (den „Gruppenräten") handeln die §§ 78—90. Vgl. für das Verhältnis zwischen Betriebs- und Gruppenrat oben S. 83 die entscheidenden, den Gruppenräten vorbehaltenen Aufgaben betreffend die Mitbestimmung bei Einstellungen und Kündigungen, die in den V. v. 4. und 24. 1. 19, 30. 5. 19, aufgenommen durch V. v. 12. 2. 20, angebahnt wurde. Als Gruppenrat gilt auch die aus einer oder zwei Personen bestehende Gruppenvertretung nach § 15 Abs. 4 S. 2 (oben S. 38 ff.).

§ 78.

Der Arbeiterrat und der Angestelltenrat oder, wo ein solcher nicht besteht[1], der Betriebsrat hat die Aufgabe,

1. darüber zu wachen[2], daß in dem Betriebe die zugunsten der Arbeitnehmer gegebenen gesetzlichen Vorschriften[3] und die maßgebenden[4] Tarifverträge sowie die von den Beteiligten anerkannten Schiedssprüche eines Schlichtungsausschusses oder einer vereinbarten Einigungs- oder Schiedsstelle[4] durchgeführt werden[5];
2. soweit eine tarifvertragliche Regelung nicht besteht[6], im Benehmen mit den beteiligten wirtschaftlichen Vereinigungen der Arbeitnehmer[7] bei der Regelung der Löhne und sonstigen Arbeitsverhältnisse mitzuwirken[8], namentlich auch

   bei der Festsetzung der Akkord- und Stücklohnsätze oder der für ihre Festsetzung maßgebenden Grundsätze[9],

   bei der Einführung neuer Löhnungsmethoden[10],

   bei der Festsetzung der Arbeitszeit, insbesondere bei Verlängerungen und Verkürzungen der regelmäßigen Arbeitszeit[11],

   bei der Regelung des Urlaubs der Arbeitnehmer[12] und

   bei Erledigung von Beschwerden über die Ausbildung und Behandlung der Lehrlinge im Betriebe[13];
3. die Arbeitsordnung oder sonstige Dienstvorschriften für eine Gruppe der Arbeitnehmer im Rahmen der geltenden Tarifverträge nach Maßgabe des § 80 mit dem Arbeitgeber zu vereinbaren[14];
4. Beschwerden zu untersuchen und auf ihre Abstellung in gemeinsamer Verhandlung mit dem Arbeitgeber hinzuwirken[15];
5. in Streitfällen den Schlichtungsausschuß oder eine vereinbarte Einigungs- oder Schiedsstelle anzurufen, wenn der Betriebsrat die Anrufung ablehnt[16];
6. auf die Bekämpfung der Unfall- und Gesundheitsgefahren

seiner Gruppe im Betriebe zu achten, die Gewerbeaufsichtsbeamten und die sonstigen in Betracht kommenden Stellen bei dieser Bekämpfung durch Anregungen, Beratung und Auskunft zu unterstützen sowie auf die Durchführung der gewerbepolizeilichen Bestimmungen und der Unfallverhütungsvorschriften hinzuwirken[17];

7. **bei Kriegs- und Unfallbeschädigten für eine ihren Kräften und Fähigkeiten entsprechende Beschäftigung durch Rat, Anregung, Schutz und Vermittlung bei dem Arbeitgeber und den Mitarbeitnehmern tunlichst Sorge zu tragen[18];**
8. **soweit eine tarifliche Regelung nicht besteht, nach Maßgabe der §§ 81 bis 83 mit dem Arbeitgeber Richtlinien über die Einstellung von Arbeitnehmern der Gruppe in den Betrieb zu vereinbaren[19];**
9. **nach Maßgabe der §§ 84 bis 90 bei Entlassungen von Arbeitnehmern der Gruppe mitzuwirken[20].**

1 Wo nur Arbeiter oder nur Angestellte beschäftigt werden, also kein Gruppenrat vorhanden sein kann.

2 § 78 Z. 1 begründet nicht bloß ein Überwachungsrecht, sondern auch eine Überwachungspflicht. Der Betriebsunternehmer ist nicht berechtigt, seinen Angestellten, soweit sie nicht dem Personalbüro angehören, zu verbieten, dem Angestelltenrat über die Innehaltung der gesetzlichen oder tariflichen Vorschriften über die Arbeitszeit Auskunft zu erteilen. Dagegen liegt es nicht im Rahmen der dem Angestelltenrat nach § 78 Nr. 9 obliegenden Überwachungstätigkeit, solche Auskunft bei Personen, die nicht An-Angestellte sind, einzuholen (RAG. 17. 11. 27, RAG. 1, 23).

3 Die Arbeiterschutzbestimmungen der GO., des HGB., des Kinderschutzgesetzes, der seit dem Umsturz erlassenen Verordnungen.

4 „Maßgebend" ist nicht etwa gleichbedeutend mit „allgemein verbindlich" (vgl. § 2 der V. v. 23. 12. 18). Gemeint sind vielmehr die für bestimmte, im Betrieb vertretene Berufe gültigen Tarifverträge. Dadurch, daß der Tarifvertrag den Arbeitsvertrag abdingt, gewinnt der einzelne Arbeitnehmer und Arbeitgeber ein klagbares Recht auf Innehaltung der Tarifbestimmungen; die Ver-

folgung dieses Rechts steht unabhängig neben der in § 78 Z. 1 den Gruppenräten zuerkannten Befugnis.

5 S. § 66 Z. 4, Anm. 9—11. Veranlaßt die Betriebsvertretung die Stillegung des Betriebes, um die wirtschaftlichen Interessen der Arbeitnehmer hinsichtlich der Arbeitszeit zu schützen, weil sie dieses Mittel nach Lage der Verhältnisse für gerechtfertigt hält, so stellt ihr Verhalten keine zum Schadensersatz verpflichtende Sittenwidrigkeit dar (RG. 17. 5. 26, JW. 1927, 158).

6 Bei der Auslegung des § 78 Nr. 2 ist entscheidendes Gewicht auf das einleitende Wort „soweit" zu legen. Bestätigt wird diese Auffassung durch § 78 Nr. 1. Die darin dem Arbeiter- und Angestelltenrat zugedachte Aufgabe „darüber zu wachen, daß die gesetzlichen Vorschriften und die maßgebenden Tarifverträge durchgeführt werden", wird oft zu Streitigkeiten Anlaß geben, die entweder durch einen Schiedsspruch oder durch eine Betriebsvereinbarung ausgeräumt werden können. Eine so zustandegekommene Betriebsvereinbarung im Sinne des § 78 Nr. 2 ist daher gewissermaßen ein Ausfluß der Durchführungsbefugnis des § 78 Nr. 1 und ist insoweit auch notwendig (RAG. 4. 7. 28, RAG. 2, 167). Nach § 78 Nr. 2 ist der Arbeiterrat berufen, bei der Festsetzung der Akkordsätze oder der für ihre Festsetzung maßgebenden Grundsätze mitzuwirken, soweit eine tarifliche Regelung nicht besteht. Ist eine erschöpfende tarifliche Regelung erfolgt, so ist hiernach eine Mitwirkung des Arbeiterrats ausgeschlossen. Dagegen steht nach der gesetzlichen Bestimmung einer Mitwirkung des Arbeiterrats nichts entgegen, sofern die tarifliche Regelung Raum läßt für ergänzende Bestimmungen, die in der Form einer Betriebsvereinbarung getroffen werden können, es sei denn, daß der Tarifvertrag eine Mitwirkung der Betriebsvertretung ausdrücklich ausschließt und die ergänzenden Vereinbarungen ausschließlich der Regelung durch den Einzelarbeitsvertrag überläßt (28. 9. 29, BenshSamml. 7, 97). Gegenüber einer TV.-Klausel, nach der alle streikenden Arbeiter wieder eingestellt werden sollen, ist eine abweichende Betriebsvereinbarung unwirksam (RAG. 8. 2. 30, RAG. 5, 125).

7 S. §§ 8, 66 Z. 3.

8 Der Ausdruck „mitwirken" (so auch § 66 Z. 9) bedeutet, daß die generelle Regelung der Löhne und sonstigen Arbeits-

bedingungen ohne Heranziehung der Gruppenvertretung Veranlassung zur Beschwerde der Gruppe, an den Betriebsrat gerichtet, geben würde; der Betriebsrat würde, wenn nicht nach § 66 Z. 3 Einigung erzielt werden könnte, den Schlichtungsausschuß usw. anrufen. Dagegen ist eine generelle Lohnregelung usw. unter Mitwirkung des Gruppenrats und im Benehmen mit den Gewerkschaften noch kein Tarifvertrag, sie dingt also den nach § 105 GO. frei zu schließenden individuellen Arbeitsvertrag nicht ab. Es sind in Zukunft, solange keine endgültige Regelung der Gesamtmaterie stattgefunden hat, drei Arten von Arbeitsverträgen möglich: 1. Der mit den Tarifvertragsbestimmungen übereinstimmende, 2. der (bei Fehlen eines Tarifvertrags) unter allgemeiner „Mitwirkung" des Arbeiter- oder Angestelltenrats abgeschlossene und 3. der ohne solche Mitwirkung oder auch gegen die Betriebsvereinbarung abgeschlossene Arbeitsvertrag. — Wie die Heraushebung bestimmter Aufgaben in § 78 Z. 2 (unten Anm. 9—13) zeigt, soll sich zwar die „Mitwirkung" des Gruppenrats grundsätzlich auf allgemeine Fragen des Arbeitsverhältnisses beschränken und nicht etwa bei Abschluß des einzelnen Arbeitsvertrags Platz greifen; da aber nach § 78 Z. 4 vom Gruppenrat Beschwerden zu untersuchen sind und diesem auch das „Mitbestimmungsrecht" (§§ 81—90) bei Einstellungen und Kündigungen zusteht, so erstreckt sich tatsächlich die „Mitwirkung" auch auf die einzelnen Fälle. In die Produktion selbst kann der Gruppenrat nicht eingreifen. Das „Mitwirken" ist kein „Mitbestimmen", geht aber über ein „Mitberaten" hinaus.

Die Mitwirkung des Angestelltenrats bei der Regelung der Löhne (Gehälter) ist auf den Fall des Nichtbestehens einer darauf bezüglichen tarifvertraglichen Regelung beschränkt. Die trotz Bestehens tarifvertraglicher Regelung erfolgte Mitwirkung erlangt auch dadurch nicht Rechtswirksamkeit, daß sie von der Angestelltenversammlung genehmigt wird, denn eine derartige Genehmigung ist keine zu dem Geschäftskreis der Angestelltenversammlung gehörende Angelegenheit (RAG. 21. 12. 27, BenshSamml. 2, 15).

Wo eine Gruppe von Arbeitnehmern einen Rechtsanspruch auf Kassenleistungen besitzt, ist der Gruppenrat nach § 78 Nr. 2 zur Mitwirkung berufen, weil es sich mittelbar um einen Teil des

Arbeitsentgelts handelt, bei dessen Festsetzung der Gruppenrat mitzuwirken hat (RAG. 21. 6. 30, RAG. 17/1930).

9 Die Festsetzung der Akkordlohnsätze fällt in den in § 78 Nr. 2 geregelten Aufgabenkreis der Betriebsvertretung, soweit eine tarifvertragliche Regelung nicht besteht. Die Mitwirkung der Betriebsvertretung bei der Festsetzung ist auch dann nötig, wenn der Tarifvertrag wegen der Bestimmung der Akkordsätze nur eine Rahmenvorschrift enthält. Der Arbeitgeber ist freilich nicht verpflichtet, bei der Festsetzung den Weg des § 78 Nr. 2 einzuschlagen. Er kann auch durch einzelne vertragliche Abkommen die Regelung der Akkordsätze herbeiführen (RAG. 22. 1. 30, RAG. 376/29).

10 Gedacht kann u. a. an Einführung des Taylorsystems werden. Änderung der Arbeitsmethoden (§ 66 Z. 2) wird häufig nebenhergehen.

11 Hierbei sind die gesetzlichen Bestimmungen der GO., der V. v. 18. 3. 19, der VO. vom 21. 12. 1923, des Gesetzes vom 14. 4. 1927, der vorläufigen Landarbeitsordnung vom 24. 1. 1919 (vgl. Schneider und Günther, Arbeitszeitschutz, 2. Auflage) zu beachten. Bei angeordneter Kurzarbeit (Arbeitsstreckung) ist eine Mitwirkung des Betriebsrats nicht gegeben (JAR. 1927, 159; RAG. 3, 63).

12 Insbesondere auch, ob ein Anspruch auf Urlaub gegeben ist.

13 Vgl. hierzu die Vorschriften der §§ 126 ff. GO. und der §§ 76 ff. HGB. Hier wird es sich vielfach um Einzelfälle im Sinne der Z. 4 und Anm. 8, 15 handeln.

14 Die Dienstordnungen im Sinne der RVO. gehören nicht zu den Dienstvorschriften im Sinne des BRG. (RAG. 21. 9. 29, RAG. 4, 185). Der Arbeiter- und Angestelltenrat ist nicht nur bei der Aufstellung von Strafvorschriften für die Arbeitsordnung im allgemeinen, sondern auch bei der Festsetzung der Strafe im einzelnen Fall mitzuwirken berechtigt. § 80 Abs. 2 kann als zwingendes Recht nicht durch die Arbeitsordnung dahin abgeändert werden, daß die Straffestsetzung einseitig durch den Arbeitgeber oder dessen Stellvertreter zu erfolgen habe (RAG. 11. 1. 28, RAG. 1, 141). Über die Anordnung eines Rauchverbots s. § 66 Anm. 4.

Der Arbeitnehmer braucht eine Arbeitsordnung, von der ihm ein Druckexemplar bei seinem Eintritt in das Arbeitsverhältnis übergeben worden ist und mit deren Inhalt er sich einverstanden erklärt hat, dann nicht gegen sich gelten zu lassen, wenn sie vom Arbeitgeber ohne Beachtung der Vorschriften in §§ 78 Nr. 3, 80, 75 BRG. erlassen worden ist (RAG. 29. 9. 28, RAG. 2, 229). Vgl. im übrigen Anm. zu §§ 80, 66 Z. 5. Auch § 104 3. IV—VI.

15 S. oben Anm. 8. Insoweit ist der Gruppenrat auch zur Mitwirkung in Einzelfällen (über Z. 1—3 hinaus) berufen. Streitfälle mit dem Arbeitgeber, die nicht nach §§ 29 Abs. 3, 38 erledigt werden, bringt er vor den Betriebsrat, wie aus § 66 Z. 7, 3 und mittelbar aus § 78 Z. 5 (unten Anm. 16) gefolgert werden kann. Die Betriebsräte haben die Beschwerden aller Arbeitnehmer, gleichviel ob diese einer Gewerkschaft oder welcher Gewerkschaftsrichtung sie angehören, zu unterstützen und auf Abstellung hinzuwirken (RArbMin. 12. 1. 22, JAR. 1922, 134).

16 Vgl. § 66 Z. 3 Anm. 1 auf S. 85 und oben Anm. 15.

17 Vgl. § 66 Z. 8 und Anm. 17, 18 hierzu.

18 Es handelt sich hier nicht nur um die Schwerbeschädigten des Gesetzes vom 12. 1. 1923. In Betracht kommt namentlich § 12 des Gesetzes (vgl. Schneider-Günther, Gesetz über die Beschäftigung Schwerbeschädigter, 2. Auflage). Die Bestimmung ist im Ausschuß neu eingefügt worden.

19 Tarifliche Regelung geht auch hier (wie in Z. 2) vor, ist aber ihrerseits, wie die Regierung im Plenum erklären ließ, selbstverständlich an Gesetz und gute Sitten gebunden. Als Verstoß gegen die guten Sitten oder selbst gegen Art. 159 Reichsverf. würde die Ausschließung von Arbeitnehmern einer bestimmten Organisationsrichtung gelten. Ein Zwang zum Beitritte zu Organisationen oder zum Verbleiben in ihnen (z. B. für Schauspieler hinsichtlich der Bühnengenossenschaft) besteht nicht. Maßregeln, die auf die Herbeiführung dieses Beitritts oder Verbleibens gerichtet sind, insbesondere Boykott und Aussperrung, unterliegen, auch wenn sie in Tarifverträgen festgelegt sind, den Bestimmungen der §§ 138, 826 BGB. (RG. 6. 4. 22, RGZ. 104, 327).

20 „Mitwirken" ist hier in anderem Sinne gebraucht als in § 66 Z. 9 und in § 78 Z. 2. Es bedeutet hier das nachträgliche Eingreifen der Betriebsvertretung in eine schon vollzogene Maßnahme des Arbeitgebers, nämlich die Kündigung (Flatow § 78 Nr. 9 Anm. 2).

§ 79.

Auf den Arbeiterrat und Angestelltenrat finden die §§ 68 und 69 entsprechende Anwendung[1].

1 Der Gruppenrat hat also (§ 68) dahin zu wirken, daß von beiden Seiten Forderungen und Maßnahmen unterlassen werden, die das Gemeininteresse schädigen; ferner steht ihm (§ 69) ein Eingriff in die Betriebsleitung durch selbständige Anordnungen nicht zu.

§ 80.

Sollen gemäß § 78 Ziffer 3 Arbeitsordnungen oder sonstige Dienstvorschriften für eine Gruppe der Arbeitnehmer vereinbart werden, so findet § 75 entsprechende Anwendung[1].

Die im § 134 b Ziffer 4 der Gewerbeordnung[2] vorgesehene Festsetzung von Strafen erfolgt durch den Arbeitgeber gemeinsam mit dem Arbeiterrat oder Angestelltenrat[3]. In Streitfällen entscheidet das Arbeitsgericht[4].

Ist die geltende Arbeitsordnung vor dem 1. Januar 1919 erlassen, so ist spätestens bis zum 1. September 1920 eine neue Arbeitsordnung zu erlassen[5].

1 Der Arbeitgeber hat also den Entwurf dem Gruppenrat vorzulegen. Der Schlichtungsausschuß trifft dann, soweit es sich nicht um die Dauer der Arbeitszeit handelt, bindende Entscheidung. Da der in § 80 zitierte § 78 Z. 3 von Vorschriften „im Rahmen der geltenden Tarifverträge" spricht, so fällt die einschränkende Vorschrift des § 75 („soweit die Bestimmungen nicht auf Tarifvertrag beruhen") weg. Wo Genehmigung der Arbeitsordnung durch eine Behörde vorgeschrieben ist, bleibt es dabei. S. § 75 Anm. 3. Arbeitsordnungen, die ohne Beachtung von § 80 erlassen sind, binden die Arbeitnehmer nicht, s. § 78 Anm. 14. Läßt der Tarifvertrag eine anderweite Regelung der Akkordlöhne durch Betriebserweiterung zu, so hebt diese die Bestimmung des Tarif-

vertrags nicht auf, sondern ergänzt sie nur (RAG. 13. 3. 29, Bensh-Samml. 6, 82). Die Dienstordnungen der RVO. sind nicht als Dienstvorschriften im Sinne des BRG. anzusehen (RAG. 16. 11. 29, RAG. 4, 305).

2 Die §§ 134 a—f GO. sind durch § 104 Z. IV, V des Betriebsrätegesetzes z. T. abgeändert. Vgl. S. 147 f. Der Rechtscharakter der Arbeitsordnung ist nun dahin klargestellt, daß sie keine einseitige Kundgebung des Arbeitgebers sein kann. Der Tarifvertrag geht der Arbeitsordnung vor.

3 Der Arbeitgeber bedarf bei der Verhängung jeder Einzelstrafe der Zustimmung des Arbeiter- oder Angestelltenrates (RAG. 26. 10. 27, RAG. 1, 17), Mansfeld § 80 Anm. 3 a und die übrigen Kommentare). Der Arbeiter- und Angestelltenrat ist nicht nur bei der Aufstellung von Strafvorschriften für die Arbeitsordnung im allgemeinen, sondern auch bei der Festsetzung der Strafe im einzelnen Fall mitzuwirken berechtigt. § 80 Abs. 2 kann als zwingendes Recht nicht durch die Arbeitsordnung dahin abgeändert werden, daß die Straffestsetzung einseitig durch den Arbeitgeber oder dessen Stellvertreter zu erfolgen habe (RAG. 11. 1. 28, RAG. 1, 141). Die Mitwirkung des Gruppenrats bei der Straffestsetzung auf Grund der Arbeitsordnung ist auch in den der Gewerberodnung nicht unterliegenden Betrieben mit fakultativer Arbeitsordnung als Gültigkeitsbedingung zu fordern. Durch Bezugnahme in § 80 Abs. 2 RBG. auf § 134 b Ziffer 4 GewO. ist klargestellt, daß mit der Festsetzung von Strafen nicht die Strafordnung, sondern die Strafverfügung im Einzelfall, wie sie § 134 b Ziffer 4 behandelt, gemeint sei (RAG. 17. 11. 28, RAG. 2, 354).

Neben Geldstrafen haben auch andere Strafarten, insbesondere Warnung und Verweis, als Strafen im Sinne des § 134 b Abs. 1 Ziff. 4 GewO., wie sie § 80 Abs. 2 BRG. versteht, zu gelten (RAG. 16. 11. 29, RAG. 4, 305; vgl. 2, 356).

Die durch § 80 Abs. 2 begründete Zuständigkeit des Arbeiterrats zur Mitwirkung bei Straffestsetzungen kann nicht — sei es durch tarifvertragliche, sei es durch Betriebsvereinbarung — einem anderen Organ, z. B. dem Betriebsausschuß, übertragen werden (RAG. 11. 9. 29, RAG. 4, 172).

Die Mitwirkung der Betriebsvertretung bei der Straffestsetzung ist nicht nur für die der GewO. unterstellten Betriebe, sondern auch für die nicht darunter fallenden Unternehmungen des Bergbaues, der Reichsbahn und des Verkehrsgewerbes überhaupt (Kleinbahn, Straßenbahn usw.) erforderlich, und zwar beim Vorliegen sowohl einer fakultativen wie einer obligatorischen Arbeitsordnung (RAG. 16. 11. 29, RAG. 4, 305).

Die Vorschrift des § 80 Abs. 2 findet auch auf die im Bergbau nach den Vorschriften des Pr. Allg. Berggesetzes erfolgenden Straffestsetzungen Anwendung (RAG. 23. 3. 29, RAG. 3, 327).

Mit § 80 Abs. 2 ist es unvereinbar, wenn, entsprechend einer zwischen dem Arbeitgeber und dem Arbeiterrat bestehenden Abmachung, wonach die Fehlschichten an gewöhnlichen Wochentagen mit 1/4 Schichtlohn und an Tagen nach Vorschußzahlung mit 1/2 Schichtlohn zu bestrafen sind, die Bestrafung für Fehlschichten durch den Arbeitgeber ohne Inanspruchnahme der Betriebsvertretung im Einzelfalle erfolgt (RAG. 19. 2. 30, RAG. 457/29).

§ 80 Abs. 2 Satz 2 bezieht sich zwar in erster Linie auf diejenigen Fälle, in denen Arbeitgeber und Betriebsvertretung sich über die beabsichtigte Festsetzung einer Strafe nicht einigen können. Indessen muß die Betriebsvertretung auch für befugt erachtet werden, zur Wahrung der ihr durch § 80 Abs. 2 eingeräumten Rechte die Unwirksamkeit einer von dem Arbeitgeber einseitig vorgenommenen Straffestsetzung bei dem Arbeitsgericht geltend zu machen (RAG. 10. 7. 29, BenshSamml. 6, 250). Die Tarifbestimmung, daß unentschuldigte und unberechtigte Arbeitsversäumnis von der Urlaubszeit ohne Entgelt in Abzug gebracht wird, hat einen Strafcharakter, so daß § 80 Abs. 2 nicht anwendbar ist (RAG. 7. 11. 28, BenshSamml. 4, 200). Die Entscheidung eines Streites über die Rechtmäßigkeit einer Ordnungsstrafe, die von Organen einer Berufsgenossenschaft gemäß einer vor 1918 erlassenen Dienstordnung gegen Angestellte verhängt worden ist (Verwarnung, Verweis, Geldstrafe), ist durch § 705 RVO. dem ordentlichen Gerichte entzogen, gleichviel, ob die Strafe aus sachlichen Gründen oder wegen angeblicher Verfahrensmängel, z. B. weil der Vorstandsvorsitzende über die Straffestsetzung nur in Gemeinschaft mit dem Angestelltenrat hätte befinden dürfen, beanstandet wird. Daran haben auch die Vorschriften des BRG., insbesondere § 80 das. nichts geändert (RG. 3. 11. 25, RGZ. 112, 63).

4 Die Entscheidung des Arbeitsgerichts ist nur für Streitigkeiten zwischen Arbeitgeber und Betriebsvertretung vorgesehen. Der betroffene Arbeitnehmer ist nicht befugt, das Arbeitsgericht anzurufen (RAG. 9. 3. 29, BenshSamml. 5, 144).

Die Entscheidung des Arbeitsgerichts ergeht zweckmäßig in folgender Fassung: „dem X (Arbeitgeber) wird die Zustimmung erteilt, die Y und Z (Arbeitnehmer) wegen der Vorkommnisse... mit ... zu bestrafen" (RAG. 6. 3. 29, BenshSamml. 5, 310).

5 Die Fassung des Abs. 3 beruht auf dem Gesetz von 12. 5. 1920 (RGBl. S. 961).

§ 81.

Die gemäß § 78 Ziffer 8[1] vereinbarten Richtlinien müssen die Bestimmung enthalten, daß die Einstellung eines Arbeitnehmers nicht von seiner politischen, militärischen, konfessionellen oder gewerkschaftlichen Betätigung, von der Zugehörigkeit oder Nichtzugehörigkeit zu einem politischen, konfessionellen oder beruflichen Verein[2] oder einem militärischen Verband abhängig gemacht werden darf[3]. Sie dürfen nicht bestimmen, daß die Einstellung von der Zugehörigkeit zu einem bestimmten Geschlecht abhängig sein soll[4].

Die Vorschriften des Abs. 1 gelten nicht für die im § 67[5] genannten Betriebe, soweit die Eigenart ihrer Bestrebungen es bedingt.

Einstellungen, die auf einer gesetzlichen[6], tarifvertraglichen[7] oder durch Urteil des Arbeitsgerichts oder durch Schiedsspruch eines Schiedsgerichts auferlegten Verpflichtung beruhen, gehen den Richtlinien in jedem Falle vor.

Im Rahmen der Richtlinien hat über die Einstellung des einzelnen Arbeitnehmers der Arbeitgeber allein ohne Mitwirkung oder Aufsicht des Arbeiterrats oder Angestelltenrats zu entscheiden[8].

1 In § 78 Z. 8 (oben S. 107 Anm. 19) wird als Aufgabe des Gruppenrats bezeichnet, mit dem Arbeitgeber Richtlinien über die Einstellung von Arbeitnehmern der Gruppe in den Betrieb zu vereinbaren, und zwar nur, soweit eine tarifliche Regelung nicht besteht. Die §§ 81—83 regeln diese Aufgaben näher.

2 S. oben S. 107 (Anm. 19 zu § 78), wo auf eine gleichgerichtete Regierungserklärung Bezug genommen wird.

3 Diese Vorschrift sollte insbesondere die ins bürgerliche Leben zurückkehrenden Angehörigen einer der verschiedenen Sicherheitswehren aus den Anfängen der Revolution schützen.

4 Dagegen sind Einschränkungen zugunsten gewisser Altersstufen, der Verheirateten, der Ortsansässigen usw. zulässig. Freilich wird diesergestalt der Grundsatz des § 105 GO. fast völlig aufgehoben, ohne daß dessen in § 104 BRG. Erwähnung getan ist.

5 Das sind Betriebe mit politischen, gewerkschaftlichen, militärischen, konfessionellen, wissenschaftlichen, künstlerischen und ähnlichen Bestrebungen. Auch für Kleinbetriebe gilt Abs. 1 nicht; vgl. den fehlenden Hinweis in § 92.

6 Solche Verpflichtungen werden besonders nach der V. v. 12. 2. 20, die auf die V. v. 4., 24. 1. 19, 3. 9. 19 zurückgreift, bestehen. Ferner kommen die VV. v. 9. 1. 19 in der Fassung vom 24. 9. 19 und v. 28. 3. 19 über Freimachung von Arbeitsstellen in Betracht. Die Deckung des Bedarfs an neu einzustellenden Arbeitern hat bei der Reichsbahn in der Regel durch die Vermittlung der zuständigen Arbeitsnachweisämter zu erfolgen, es ist jedoch nachgelassen, daß in besonders gearteten Fällen von dem freien Arbeitsangebot und zwar ohne Mitwirkung oder Aufsicht des Betriebsrats Gebrauch gemacht wird (RAG. 7. 3. 28, BenshSamml. 2, 213).

7 Indes sind auch die Tarifverträge an die in Anm. 19 zu § 78 erwähnten Grundsätze der guten Sitten gebunden. Es kommt nicht darauf an, ob der Tarifvertrag im Sinne des § 2 der V. v. 23. 12. 18 allgemein verbindlich ist oder nicht. Nur würde im ersten Fall der Geltungsbereich des Tarifvertrags ein weiterer sein.

8 Dem Gruppenrat steht hierbei keinerlei „Mitwirkung" zu, auch nicht in der abgeschwächten Form, daß der Arbeitgeber bei

der Einstellung des einzelnen Angestellten oder Arbeiters „im Benehmen" mit dem Gruppenrat zu handeln hätte. Letzterer kann nur nach §§ 82, 83 vorgehen.

§ 82.

Wird gegen die vereinbarten Richtlinien verstoßen[1], so kann der Arbeiterrat oder Angestelltenrat binnen fünf Tagen[2] nach Kenntnis von dem Verstoße, jedoch nicht später als vierzehn Tage[3] nach dem Dienstantritt, Einspruch erheben[4].

Die Gründe für den Einspruch und die Beweisunterlagen sind vom Arbeiterrat oder Angestelltenrat bei den Verhandlungen mit dem Arbeitgeber vorzubringen.

Wird bei diesen Verhandlungen eine Einigung nicht erzielt, so kann der Arbeiterrat oder Angestelltenrat binnen drei Tagen[2] nach Beendigung der Verhandlungen das Arbeitsgericht anrufen.

Der Einspruch gegen die Einstellung und die Anrufung des Arbeitsgerichts hat keine aufschiebende oder auflösende Wirkung[5].

1 So, wenn der Eingestellte den Anforderungen der Richtlinien nicht entspricht oder wenn die Einstellung unzulässigerweise abgelehnt ist (Feig-Sitzler § 82 Anm. 1).

2 Wegen Fristberechnung vgl. §§ 187 Abs. 1, 193 BGB.

3 Die 14tägige Frist ist, abgesehen von den in § 90 vorgesehenen Verhältnissen, eine endgültige. Der Gruppenrat hat die Verpflichtung, innerhalb der genannten Zeit den Fall zu untersuchen. Der einzelne Arbeitnehmer kann gegen den Gruppenrat einen Anspruch, daß seine Sache vertreten werde, nicht geltend machen, also auch nicht bei Fristversäumnis Schadenersatzanspruch erheben.

4 Mündlich oder schriftlich; Gründe brauchen bei der Anbringung nicht angegeben zu werden.

5 Der Arbeitsvertrag kann also wirksam abgeschlossen werden und wird durch den Einspruch zunächst, vorbehaltlich § 83, nicht berührt.

§ 83.

Geht die Entscheidung des Arbeitsgerichts[1] dahin, daß ein Verstoß gegen die vereinbarten Richtlinien vorliegt, so kann darin zugleich ausgesprochen werden, daß das Dienstverhältnis des Eingestellten als mit dem Eintritt der Rechtskraft der Entscheidung unter Einhaltung der gesetzlichen Kündigungsfrist gekündigt gilt[2].

1 Die mit der Rechtsbeschwerde anfechtbar ist.

2 Die Entscheidung kann dahin gehen, daß ein Verstoß vorliegt, trotzdem aber davon absehen, die Kündigung des Dienstverhältnisses auszusprechen. Ergeht der Beschluß auf Feststellung eines Verstoßes nur auf Kündigung, so hat das nicht zur Folge, daß der Eingestellte sofort, vor Ablauf der gesetzlichen Kündigungsfrist aus dem Betrieb zu entfernen sei (Mansfeld § 83 Anm. 3 und die meisten anderen Kommentare. — A. M. Feig-Sitzler § 83 Anm. 2). Die Durchführung der Entscheidung kann nicht erzwungen werden.

§ 84[1].

Arbeitnehmer können im Falle der Kündigung seitens des Arbeitgebers binnen fünf Tagen nach der Kündigung[2] Einspruch erheben, indem sie den Arbeiter- oder Angestelltenrat anrufen[3]:

1. **wenn der begründete Verdacht vorliegt, daß die Kündigung wegen der Zugehörigkeit zu einem bestimmten Geschlechte, wegen politischer, militärischer, konfessioneller oder gewerkschaftlicher Betätigung oder wegen Zugehörigkeit oder Nichtzugehörigkeit zu einem politischen, konfessionellen oder beruflichen Verein[4] oder einem militärischen Verband[5] erfolgt ist;**
2. **wenn die Kündigung ohne Angabe von Gründen erfolgt ist[6];**
3. **wenn die Kündigung deshalb erfolgt ist, weil der Arbeitnehmer sich weigerte, dauernd andere Arbeit, als die bei der Einstellung vereinbarte, zu verrichten[7];**
4. **wenn die Kündigung sich als eine unbillige, nicht durch das**

Verhalten des Arbeitnehmers oder durch die Verhältnisse des Betriebs bedingte Härte darstellt[8].

Erfolgt die Kündigung fristlos aus einem Grunde, der nach dem Gesetze zur Kündigung des Dienstverhältnisses ohne Einhaltung einer Kündigungsfrist berechtigt[9], so kann der Einspruch auch darauf gestützt werden, daß ein solcher Grund nicht vorliegt.

1 §§ 84—90 handeln vom Kündigungsrecht des Arbeitgebers. Sie finden auf kleinere Betriebe, die nur einen Betriebsobmann haben, keine Anwendung, weil § 92 die §§ 84—90 nicht für anwendbar auf den Betriebsobmann erklärt. Der Kündigungsschutz der §§ 84 ff. gibt dem Arbeitnehmer beim Vorliegen einer unberechtigten Kündigung einen Anspruch auf Wiedereinstellung oder Entschädigung. Auf den Kündigungsschutz im allgemeinen kann nicht wirksam verzichtet werden; zulässig ist jedoch ein Verzicht auf die aus der einzelnen Kündigung etwa erwachsenen Ansprüche (Feig-Sitzler § 84 Anm. 1).

Art. 15 § 1 Nr. 1 der Personalabbauverordnung vom 27. 10. 1923 (RGBl. I S. 999) legt dem Reiche die gesetzliche Pflicht zur Entlassung aller Angestellten auf. Deshalb kann das Reich Angestellte, die Mitglieder einer Betriebsvertretung sind, ohne deren Zustimmung entlassen. Dagegen behält es für die Arbeiter bei der Fortgeltung des § 84 Nr. 1—3 BRG. sein Bewenden (RG. 11. 7. 24, RGZ. 108, 372).

2 Eine Kündigung liegt auch vor, wenn gleichzeitig der Abschluß eines neuen Arbeitsvertrages zu anderen Bedingungen angeboten wird. Bei einem befristeten Arbeitsvertrag, der mit Ablauf der Frist von selbst erlischt, ist das Einspruchsrecht nicht gegeben (Feig-Sitzler § 84 Anm. 2a). Anders, wenn bestimmt ist, daß sich der Vertrag nach Ablauf der Frist von selbst verlängern soll (das.).

3 Die Anrufung hat durch den Arbeitnehmer zu erfolgen, der sich aber durch die Gewerkschaft vertreten lassen kann. Minderjährige bedürfen nicht der Zustimmung ihres Vertreters. Form ist nicht vorgeschrieben; schriftliche Anrufung muß innerhalb der Frist beim Arbeiterrat eingegangen sein; die Gründe sind bei-

zufügen; nachträglich vorgebrachte Gründe sind nicht zu beachten (Feig-Sitzler § 84 Anm. 4. — A. M. Flatow § 84 Anm. 6).

4 Z. 1 entspricht dem § 81 Abs. 1. Da nur ein „begründeter" Verdacht zur Berufung berechtigt, so kann die Vorlage von Beweismaterial verlangt werden. Eine bindende Vorschrift hierfür besteht indes nicht.

5 Dadurch sollen u. a. die Mitglieder von Freiwilligenverbänden, die ins bürgerliche Leben zurückkehren, geschützt werden.

6 In diesem der Regel und den bisherigen Gesetzen entsprechenden Falle sind die tatsächlichen Gründe zu ermitteln.

7 Voraussetzung für die vom Arbeitnehmer zu beweisende Berechtigung, andere Arbeit zu verweigern, ist, daß die bei der Einstellung vereinbarte überhaupt noch zu tun ist. Haben sich die Techniken und Arbeitsmethoden geändert, so kann möglicherweise kein Raum mehr für die ursprünglich vereinbarte Arbeit sein. Da die Betriebsvertretung nach § 66 Z. 2 an der Einführung neuer wirtschaftlicher Arbeitsmethoden fördernd mitarbeiten soll, kann der einzelne Arbeitnehmer aus der mit Zustimmung des Betriebsrats erfolgten Umstellung des Betriebs kein Recht gemäß § 84 Z. 3 ableiten. Auf Arbeitnehmer, die zu vorübergehenden Arbeitsleistungen angenommen sind, trifft die Bestimmung überhaupt nicht zu.

8 Unter „Verhältnissen des Betriebs" ist auch der Fall des § 85 Abs. 2 Z. 2 zu verstehen. — Es sind die Gesamtumstände persönlicher und wirtschaftlicher Natur zu berücksichtigen. — Die Härte muß eine unbillige sein; das ist nicht der Fall, wenn Staatsbetriebe entlassen, um aktive Beamte oder sonst Versorgungsberechtigte einzustellen. Nicht gerechtfertigt ist die Kündigung wegen Verweigerung von Streikarbeit, sofern es sich nicht um wilde Streiks handelt (Feig-Sitzler § 84 Anm. 8; Flatow § 84 Anm. 12).

9 Einschlägig: § 626 BGB., §§ 123, 124, 133 b, c GewO., §§ 70, 72 HGB., § 16 Vorläufige Landarbeitsordnung. — Wird die fristlose Kündigung nicht als berechtigt anerkannt, so ist der Einspruch als begründet anzusehen; denn § 84 Abs. 2 enthält einen weiteren selbständigen Einspruchsgrund (RG. 24. 6. 22, 26. 2. 24, RGZ. 105, 132; 108, 98. — A. M. Feig-Sitzler § 84 Anm. 9; Flatow

§ 84 Anm. 13). Doch versagt das Einspruchsrecht, wenn sich der Arbeitgeber trotz Vorliegens eines Grundes zur fristlosen Kündigung mit der ordentlichen Kündigung begnügt (Feig-Sitzler § 84 Anm. 9; Flatow § 84 Anm. 14). — Hat ein zu Unrecht fristlos entlassener Arbeitnehmer im Kündigungseinspruchsverfahren eine Entschädigung erstritten, so steht ihm daneben ein Anspruch auf Zahlung des Lohnes für die regelmäßige Kündigungsfrist nicht mehr zu (RAG. 12. 2. 30, RAG. 5, 143). Ist dagegen die Einspruchsklage abgewiesen, so kann (anders als im Fall des Urteils RGZ. 105, 132) der Lohnklage gegenüber kein Einwand aus dem Einspruchsverfahren erhoben werden. Insbesondere kann nicht die Rede davon sein, daß die Vertragsrechte und die Rechte des Einspruchs nach Art einer Wahlforderung aufzufassen sind (RAG. 27. 11. 29, RAG. 4, 281).

§ 85.

Das Recht des Einspruchs nach § 84 Ziffer 1 gilt nicht für die im § 67[1] genannten Betriebe, soweit die Eigenart ihrer Bestrebungen es bedingt[2].

Das Recht des Einspruchs besteht nicht

1. **bei Entlassungen[3], die auf einer gesetzlichen[4] oder tarifvertraglichen[5] oder durch Beschluß des Arbeitsgerichts auferlegten Verpflichtung beruhen;**
2. **bei Entlassungen, die durch gänzliche oder teilweise Stilllegung des Betriebs erforderlich werden[6].**

1 S. oben S. 91 und § 81 Abs. 2.

2 Das Vorliegen eines Ausnahmefalles des § 85 muß der Arbeitgeber behaupten und beweisen.

3 Entlassung hier im Sinne von Kündigung (Kieschke-Syrup-Krause § 85 Anm. 4).

4 Z. B. § 81 HGB., § 106 GewO., §§ 319, 320 StGB. Bei Kündigungen, die infolge der Einstellung von Schwerbeschädigten notwendig werden, wird § 85 nicht ausgeschlossen (Kieschke-Syrup-Krause § 85 Anm. 5).

5 Bei tariflichen Bestimmungen ist zunächst zu prüfen, ob sie etwa wegen Verstoßes gegen die Koalitionsfreiheit nichtig

sind; das wird bei Tarifverträgen mit der Organisationsklausel meist zu bejahen sein (RGZ. 104, 327, Mansfeld § 85 Anm. 2 b).

6 Der Begriff der Stillegung im Sinne des § 85 Ar. 2 deckt sich nicht mit der Stillegung im Sinne der Stillegungsverordnung (Schneider-Günther, Stillegungsverordnung S. 72 und das dort abgedruckte Urteil des KG. vom 1. 5. 25; ferner RAG. 20. 8. und 19. 9. 28, BenshSamml. Bd. 4 S. 71 und 113). Eine teilweise Stillegung ist die Einstellung einer selbständigen Betriebsabteilung (Feig-Sitzler § 85 Anm. 4).

Durch Einführung der Kurzarbeit soll also der Betrieb weder als ganzer noch ein Teil desselben stillgelegt werden. Stillegung und Kurzarbeit sind zwei voneinander völlig verschiedene Begriffe (RAG. 30. 10. 29, RAG. 4, 236).

§ 86[1].

Bei der Anrufung müssen die Gründe des Einspruchs dargelegt und die Beweise ihrer Berechtigung vorgebracht werden[2]. Erachtet der Arbeiterrat oder Angestelltenrat die Anrufung für begründet, so hat er zu versuchen, durch Verhandlungen eine Verständigung mit dem Arbeitgeber herbeizuführen[3]. Gelingt diese Verständigung binnen einer Woche[4] nicht, so kann der Arbeiter- oder Angestelltenrat oder der betroffene Arbeitnehmer binnen weiteren fünf Tagen das Arbeitsgericht anrufen[5].

Der Einspruch gegen die Kündigung und die Anrufung des Arbeitsgerichts haben keine aufschiebende Wirkung[6].

1 In der Fassung nach § 112 des Arbeitsgerichtsgesetzes vom 23. 12. 1926 (RGBl. I S. 507).

2 Die Gründe, auf die sich der Einspruch stützen kann, sind in § 84 Abs. 1 Z. 1—4 erschöpfend dargelegt. Die gegebenenfalls gegen das Einspruchsrecht sprechenden Gesichtspunkte des § 85 Abs. 2 Z. 1, 2 braucht der Arbeitnehmer erst zu widerlegen, wenn sie vom Gruppenrat pflichtgemäß geltend gemacht worden sind. Die Gründe sind sämtlich bei der Anrufung vorzubringen; Nachholung ist nicht zulässig, s. Anm. 3 zu § 84.

3 Vgl. § 29 Abs. 3 mit § 38. Der Arbeiter- oder Angestellten-

rat muß über den Einspruch zunächst in ordentlicher Sitzung Beschluß fassen (vgl. RG. 23. 10. 25, RGZ. 111, 412). Hält er den Einspruch für unbegründet, so ist die Sache damit erledigt. Der betroffene Arbeitnehmer kann nicht selbst das Arbeitsgericht anrufen (Feig-Sitzler § 86 Anm. 2 a, RGZ. 106, 239).

4 §§ 187, 193 BGB. Die Wochenfrist beginnt von dem Tage nach Eingang des Einspruchs an zu laufen (RG. 16. 2. 23, RGZ. 106, 242, Mansfeld § 86 Anm. 3 und fast alle übrigen Kommentare). Die drei Fristen des § 84 Abs. 1 („binnen fünf Tagen nach der Kündigung") und des § 86 Abs. 1 Satz 3 („binnen einer Woche" und „binnen weiteren fünf Tagen") reihen sich unmittelbar aneinander (RG. 16. 2. 23, RGZ. 106, 242).

5 Das Arbeitsgericht ist nur dann zur Entscheidung über den Einspruch des Arbeitnehmers berufen, wenn der Arbeiter- oder Angestelltenrat den Einspruch für begründet erklärt hat (RG. 30. 1. 23, RGZ. 106, 239). Gegen das Urteil des Arbeitsgerichts ist die Berufung gegeben. Die Revision ist ausgeschlossen bei Einspruchsklagen, die nach erfolgter Kündigung seitens des Arbeitgebers gemäß den §§ 86, 87 BRG. auf Weiterbeschäftigung oder Zahlung einer Abkehrsumme gerichtet sind. Ist das Einspruchsverfahren jedoch durch ein dem Arbeitnehmer günstiges Urteil rechtskräftig beendet, so ist die Revisionsfähigkeit von Urteilen in weiteren arbeitsgerichtlichen Streitigkeiten, die mit dem Richterspruch aus § 87 BRG. in einem, wenn auch wie die Zwangsvollstreckungsgegenklage materiellen, Zusammenhange stehen, nach § 2 Nr. 1—3 ArbGG. und den für sie in § 72 a. a. O. aufgestellten Grundsätzen zu beurteilen (RAG. 26. 6. 30, RAG. 173/30).

Ein arbeitsgerichtliches Urteil, soweit es dem Arbeitgeber auf Grund des § 87 BRG. eine Entschädigungspflicht zugunsten eines materiell zu Unrecht entlassenen Arbeitnehmers auferlegt, hat rechtserzeugende (sogenannte konstitutive) Wirkung und bringt den Entschädigungsanspruch des Dienstverpflichteten erst zur Entstehung. In dem Urteil vom 16. 4. 1930 (RAG. 5, 319 ff.) hat das Reichsarbeitsgericht im Einklang mit RGZ. 105, 132 und RAG. 5, 148 ausführlich dargelegt, daß eine materiell ungerechtfertigte Kündigung sowohl nach bürgerlich- als auch nach arbeitsrechtlichen Grundsätzen nur einen Anspruch des Gekündigten auf Weiterbeschäftigung und auf Weiterentlohnung auslöse und daß das Arbeitsgerichtsurteil, indem es ihn anerkennt, lediglich deklarative Bedeutung, dagegen rechtsgestaltende Kraft habe, soweit es darüber hinaus unter Vernichtung dieses allein dem materiellen Recht entsprechenden Anspruchs einen solchen auf Zahlung einer Abkehrsumme treten läßt. Daraus folgt, daß die nach Maßgabe des § 87 BRG. zugesprochene Entschädigung nicht unter den Begriff des Lohnes oder sonstiger Dienstbezüge fällt und daher auch in einem etwaigen Konkurse des Arbeitgebers keine nach § 61 Nr. 1 KO. bevorrechtigte Konkursforderung darstellt (RAG. 21. 6. 30, RAG. 173/30).

6 Entsprechend § 82 Abs. 4. Ebenda Anm. 5. Um eine auflösende Wirkung kann es sich im Falle der Kündigung nicht handeln.

§ 87[1].

Geht das Urteil des Arbeitsgerichts dahin, daß der Einspruch gegen die Kündigung gerechtfertigt ist, so ist zugleich für den Fall, daß der Arbeitgeber die Weiterbeschäftigung ablehnt, ihm eine Entschädigungspflicht aufzuerlegen[2]. Die Entschädigung bemißt sich nach der Zahl der Jahre, während derer der Arbeitnehmer in dem Betrieb insgesamt beschäftigt war, und darf für jedes Jahr bis zu einem Zwölftel des letzten Jahresarbeitsverdienstes[3] festgesetzt werden, jedoch im ganzen nicht über sechs Zwölftel hinausgehen. Die einzelnen Bestandteile des Jahresarbeitsverdienstes sind mit einem Betrag in Ansatz zu bringen, der der zur Zeit der Entscheidung maßgebenden Lohn- oder Gehaltshöhe der Berufsgruppe entspricht. Dabei ist sowohl auf die wirtschaftliche Lage des Arbeitnehmers als auch auf die wirtschaftliche Leistungsfähigkeit des Arbeitgebers angemessene Rücksicht zu nehmen[4].

Innerhalb dreier Tage[5] nach der Zustellung des Urteils an ihn hat der Arbeitgeber dem Arbeitnehmer mündlich oder durch Aufgabe zur Post[6] zu erklären, ob er die Weiterbeschäftigung oder

die Entschädigung wählt. Erklärt er sich nicht, so gilt die Weiterbeschäftigung als abgelehnt[7].

Kommt der Arbeitgeber mit der Zahlung der Entschädigung in Verzug, so hat er dem Arbeitnehmer auch den durch die Geldentwertung entstehenden Schaden zu ersetzen[8].

1 In der Fassung nach Art. I des Ges. v. 29. 4. 1923 (RGBl. I S. 258) und nach § 112 des Arbeitsgerichtsgesetzes v. 23. 12. 1926 (RGBl. I S. 507).

2 Der Arbeitgeber hat also die Wahl, ob er den Arbeitnehmer, der zu Unrecht gekündigt wurde, weiterbeschäftigen oder aber gemäß Abs. 2 S. 2, 3 entschädigen will. Wird die Entschädigung gewählt, so begreift diese auch die Vergütung für die zwischen Entlassung und Ablehnung der Weiterbeschäftigung verstrichene Zeit in sich, was negativ aus dem Wortlaut von § 88 S. 1 und § 89 S. 4 und aus dem Umstand zu folgern ist, daß die wirtschaftliche Lage des Arbeitnehmers nach Abs. 2 S. 3 ohnehin für die Bemessung der Entschädigung zu berücksichtigen bleibt. Durch die Zubilligung der Entschädigung wird ein weiterer Lohnanspruch ausgeschlossen (vgl. § 84 Anm. 9). Die bürgerlich-rechtlichen Ansprüche des fristlos entlassenen Arbeitnehmers auf Gehaltsfortzahlung bleiben nicht bestehen, wenn der Arbeitgeber, nachdem das Arbeitsgericht den Einspruch des Arbeitnehmers gegen die Kündigung für gerechtfertigt erkannt hatte, die Weiterbeschäftigung des Arbeitnehmers abgelehnt und die für diesen Fall vorgesehene Entschädigung an den Arbeitnehmer bezahlt hat. Die Entschädigung des § 87 ist weder als Buße oder Privatstrafe für die erfolgte Kündigung zu erachten, neben der die bürgerlich-rechtlichen Ansprüche auf Erfüllung oder Schadensersatz wegen Nichterfüllung stehenbleiben, noch auf diese Ansprüche anzurechnen, schließt vielmehr nach Durchsetzung im Schlichtungsverfahren die Geltendmachung dieser Ansprüche aus (RG. 24. 6. 22, RGZ. 105, 132; RAG. 12. 2. 30, RAG. 5, 143). Anders, wenn die Einspruchsklage abgewiesen ist (§ 84 Anm. 9).

Bei einer Klage auf Feststellung des Fortbestehens eines Dienstverhältnisses und Verurteilung zur Lohnzahlung aus einer wegen mangelnder Zustimmung der Betriebsvertretung unwirksamen Kündigung bildet den Gegenstand des Streits nicht der arbeitsrechtliche Anspruch aus § 87 BRG., sondern der hiervon verschiedene Anspruch auf Erfüllung (RAG. 21. 12. 27, RAG. 1, 99).

Durch eine aus § 87 zugebilligte „Entschädigung" nach § 87 wird bei ordnungsmäßiger Kündigung ein bereits vor der Kündigung entstandener Urlaubsanspruch nicht mit umfaßt (RAG. 6. 7. 29, RAG. 4, 132).

Vgl. über die Wirkung des nach §§ 86, 87 ergehenden Urteils des Arbeitsgerichts § 86 Anm. 5.

3 In Betracht kommt das letzte, in dem betreffenden Betrieb zugebrachte Arbeitsjahr, vom Tage der Entlassung ab rückwärts gerechnet. Ein Wechsel in der Person des Betriebseigentümers ist ohne Bedeutung. Getrennte Beschäftigungszeiten sind zusammenzurechnen; Zusammenhang der Beschäftigungszeit ist nicht erforderlich (Feig-Sitzler § 87 Anm. 4).

4 Kleinbetriebe fallen überhaupt nicht unter diese Bestimmung (s. Anm. 1 zu § 84); bei ihnen wäre die Abmessung der Entschädigung besonders schwierig.

5 §§ 187, 193 BGB.

6 Daß die Erklärung rechtzeitig abgegeben wurde, hat der Arbeitgeber zu beweisen.

7 Vgl. aber auch das Ablehnungsrecht des Arbeitnehmers nach § 89 S. 1.

8 Abs. 3 ist jetzt ohne Bedeutung.

§ 88.

Der Arbeitgeber ist im Falle der Weiterbeschäftigung verpflichtet, dem Arbeitnehmer, falls inzwischen die Entlassung erfolgt war[1], für die Zeit zwischen der Entlassung und der Weiterbeschäftigung Lohn oder Gehalt zu gewähren. § 615 Satz 2 des Bürgerlichen Gesetzbuchs findet entsprechende Anwendung[2]. Der Arbeitgeber kann ferner öffentlich-rechtliche Leistungen, die der Arbeitnehmer aus Mitteln der Erwerbslosen-[3] oder Armenfürsorge in der Zwischenzeit erhalten hat, zur Anrechnung bringen und muß diese Beträge der leistenden Stelle zurückerstatten[4].

1 Die Entlassung wird nach § 86 Abs. 3 durch Einspruch und Anrufung des Arbeitsgerichts nicht hinausgeschoben.

2 § 615 S. 2 BGB. sagt: „(Der Dienstverpflichtete) muß sich jedoch den Wert desjenigen anrechnen lassen, was er infolge des Unterbleibens der Dienstleistung erspart oder durch anderweitige Verwendung seiner Dienste erwirbt oder zu erwerben böswillig unterläßt."

3 An die Stelle der Erwerbslosenfürsorge ist das Gesetz vom 16. 7. 1927 über Arbeitsvermittlung und Arbeitslosenversicherung getreten.

4 Für die Klage der „leistenden Stelle" auf Rückerstattung der Arbeitslosenversicherungs- oder der Armenfürsorgebeträge ist das ordentliche Gericht, nicht das Arbeitsgericht zuständig, während die Zuständigkeit des letzteren gegeben ist für die Klage des Arbeitnehmers aus § 88 Satz 1 (Kieschke-Syrup-Krause § 88 Anm. 6).

§ 89[1].

Der Arbeitnehmer ist berechtigt, falls er inzwischen einen neuen Dienstvertrag abgeschlossen hat[2], die Weiterbeschäftigung bei dem früheren Arbeitgeber zu verweigern[3]. Er hat hierüber unverzüglich nach Empfang der im § 87 Abs. 2[4] vorgesehenen Erklärung des Arbeitgebers[5], spätestens aber drei Tage danach dem Arbeitgeber mündlich oder durch Aufgabe zur Post eine Erklärung abzugeben[6]. Erklärt er sich nicht, so erlischt das Recht der Verweigerung[7]. Macht er von seinem Verweigerungsrechte Gebrauch, so ist ihm, falls inzwischen die Entlassung erfolgt war, Lohn oder Gehalt nur für die Zeit zwischen der Entlassung und dem Tage der Urteilsfällung zu gewähren[8]. § 88 Satz 2 und 3 findet entsprechende Anwendung[9].

1 In der Fassung des § 112 des Arbeitsgerichtsgesetzes vom 23. 12. 1926 (RGBl. I S. 507).

2 Nach § 86 Abs. 2 hat der Einspruch gegen die Kündigung und die Anrufung des Arbeitsgerichts keine aufschiebende Wirkung. Der Arbeitnehmer ist, auch wenn er Einspruch erhoben hat, in der Verfügung seiner Arbeitskraft nach seiner Entlassung nicht be-

schränkt. Dagegen ist das Verweigerungsrecht nach § 89 davon abhängig, daß ein neuer Dienstvertrag abgeschlossen wurde.

3 Zu dieser Verweigerung kann er gerade durch die neueingegangene Verpflichtung veranlaßt sein. Dies neue Arbeitsverhältnis bleibt im übrigen durch den Einspruch und das Verfahren vorm Arbeitsgericht unberührt.

4 Im Gesetzestext steht noch „§ 87 Abs. 3"; da aber der bisherige Absatz 1 des § 87 durch § 112 des Arbeitsgerichtsgesetzes in Wegfall gekommen ist, muß es jetzt heißen „§ 87 Abs. 2".

5 Das ist die Erklärung des Arbeitgebers, ob er die Weiterbeschäftigung oder die Entschädigung wählt.

6 Die Beweislast, daß die Erklärung rechtzeitig abgegeben wurde, trifft hier den Arbeitnehmer. S. Anm. 6 zu § 87.

7 In diesem Falle hat also der Arbeitgeber Anspruch darauf, daß der Arbeitnehmer die Arbeit bei jenem wieder aufnimmt; letzterer ist bis zum nächstzulässigen Kündigungstermin gebunden.

8 Unter Umständen kann bei langfristigen Verträgen die Entlassung erst nach dem Eintritt der Rechtskraft erfolgt sein, da das Verfahren ja schon nach erfolgter Kündigung eingeleitet werden kann; in diesem Fall wäre ein Anspruch auf Nachzahlung von Lohn oder Gehalt überhaupt nicht gegeben.

9 Es findet also § 615 S. 2 BGB. Anwendung: Der Arbeitnehmer muß sich die dort (vgl. Anm. 2 zu § 88) genannten Vorteile anrechnen lassen. Das gleiche gilt für öffentlich-rechtliche Leistungen, die der Arbeitnehmer in der Zwischenzeit erlangt hat.

§ 90.

Wird in den Fällen der §§ 81 bis 89[1] die Einhaltung der Fristen durch Naturereignisse oder andere unabwendbare Zufälle[2] verhindert, so findet Wiedereinsetzung in den vorigen Stand nach näherer Vorschrift der Ausführungsbestimmungen statt[3].

1 Es handelt sich um Einstellung und Kündigung der Arbeitnehmer.

2 Z. B. Verkehrsstreik, Stillstand der Rechtspflege, unter Um-

ständen auch plötzliche schwere Erkrankung (vgl. Kieschke-Syrup-Krause § 90 Anm. 1).

3 Vgl. die VO. vom 5. 6. 1920 (RGBl. S. 1139) unten Nachtrag Nr. 4.

C. Gesamtbetriebsrat.

§ 91.

Besteht neben Einzelbetriebsräten ein Gesamtbetriebsrat[1], so stehen ersteren die Obliegenheiten und Befugnisse der Betriebsräte[2] nur hinsichtlich der Einzelbetriebe zu, die sie vertreten.

Der Gesamtbetriebsrat ist für die gemeinsamen Angelegenheiten mehrerer Einzelbetriebe und für die Angelegenheiten des gesamten Betriebs oder Unternehmens zuständig[3].

1 Vgl. § 50, oben S. 71 f.

2 Vgl. §§ 66—77, oben S. 84 ff.

3 Streitigkeiten über die Zuständigkeit sind nach § 93 Z. 3 zu entscheiden.

D. Betriebsobmann.

§ 92.

Der Betriebsobmann[1] hat die Aufgaben und Befugnisse, die nach § 66, § 78 Ziffer 1 bis 7 und den §§ 71, 77 dem Betriebsrat (Arbeiterrat und Angestelltenrat) zustehen[2].

Die §§ 67 bis 69 finden entsprechende Anwendung[3].

1 Vgl. §§ 2, 4, oben S. 21 ff.

2 Nicht fallen also unter die Aufgabe und Befugnisse des Obmanns: die Vertretung der Arbeitnehmer im Aufsichtsrat (§ 70), das Verlangen der Vorlage einer Betriebsbilanz und Betriebs-Gewinn- und Verlustrechnung (§ 72, der auf eigentliche Großbetriebe beschränkt ist), §§ 74 (Maßnahmen gegen Entlassung einer größeren Zahl von Arbeitnehmern), § 75 (Dienstvorschriften), § 76 (Sprechstunde), § 78 Z. 8, 9 (Richtlinien über Einstellungen, Mitwirkung bei Entlassungen). Ebensowenig sind die an § 78 Z. 8, 9 anschließenden §§ 81—90 für den Betriebsobmann anwendbar.

3 § 67 betrifft die Ausnahmevorschrift für politische, gewerkschaftliche und sonstige nicht vorwiegend wirtschaftliche Betriebe. § 68 fordert Rücksicht auf das Gemeininteresse. § 69 versagt der Betriebsvertretung den Eingriff in die Betriebsleitung durch selbständige Anordnungen.

IV. Entscheidung von Streitigkeiten.

§ 93[1].

Das Arbeitsgericht entscheidet bei Streitigkeiten[2] über

1. **die Notwendigkeit der Errichtung, die Bildung und Zusammensetzung einer Betriebsvertretung im Sinne dieses Gesetzes[3];**
2. **Wahlberechtigung oder Wählbarkeit eines Arbeitnehmers[4];**
3. **Einrichtung, Zuständigkeit und Geschäftsführung der Betriebsvertretungen und der Betriebsversammlung[5];**
4. **die Notwendigkeit von Geschäftsführungskosten der Betriebsvertretungen[6];**
5. **alle Streitigkeiten, die sich aus den in diesem Gesetze vorgeschriebenen Wahlen ergeben[7].**

1 In der Fassung nach § 112 des Arbeitsgerichtsgesetzes vom 23. 12. 1926 (RGBl. I S. 507).

2 Die Entscheidung des Arbeitsgerichts, die im Beschlußverfahren ergeht, ist für das arbeitsgerichtliche Urteilsverfahren nicht bindend (Feig-Sitzler § 93 Anm. 2; vgl. RGZ. 107, 244). Auch über den Antrag von Arbeitnehmern (die Mitglieder des Arbeiterrats gewesen waren, sodann aus Anlaß eines Arbeitskampfes gekündigt hatten, nachher wieder eingestellt worden sind), ihre fortdauernde Mitgliedschaft in der Betriebsvertretung festzustellen, hat das Arbeitsgericht im Beschlußverfahren zu befinden. Eine Klage im Urteilsverfahren ist unzulässig. Anders verhält es sich nur dann, wenn die klagenden Arbeitnehmer Rechtsansprüche erheben, für die ihre fortdauernde oder wiedererlangte Mitgliedschaft in der Betriebsvertretung bloße Vorfrage wäre (RAG. 26. 9. 28, BenshSamml. 4, 32). Erachtet das Arbeitsgericht sich

auf Grund des § 82 ArbGG. für örtlich unzuständig, so darf es in der Sache selbst nicht entscheiden (RAG. 4. 7. 28, RAG. 14/28).

3 Hier kommen vor allem in Betracht die §§ 1—7, 15—19, 50—65.

4 §§ 10—12, 20 ff., 58. Vgl. hierzu die Wahlordnung im Anhang Nr. 1.

5 §§ 26—38, 59, 66—92. Besteht Streit zwischen Betriebsvertretung und Arbeitgeber darüber, ob jene berechtigt ist, die geltenden Akkordsätze durch Anschlag am schwarzen Brett bekannt zu machen, so liegt eine Streitigkeit über die Tätigkeit (Geschäftsführung) einer Betriebsvertretung vor (RAG. 28. 3. 28, RAG. 1, 294). Zu den Streitigkeiten über die Geschäftsführung gehört auch der Streit über die Notwendigkeit einer Betriebsratssitzung während der Arbeitszeit (RArbMin. 27. 8. 20, JAR. 1920, 151).

6 §§ 36, 38, 55, 59. Ein Streit über Kosten der Geschäftsführung des Betriebsrats muß, soweit die Notwendigkeit der Kosten in Frage steht, schlechthin im Beschlußverfahren vor dem ArbG. nach § 93 Nr. 4 ausgetragen werden. Das Beschlußverfahren kann der Erhebung der Klage im Urteilsverfahren vorangehen oder im Laufe des Rechtsstreits nachgeholt werden. Ist dem genügt, so kann im übrigen das einzelne Betriebsratsmitglied einen Anspruch z. B. auf Ersatz von Fahrkosten auch im arbeitsgerichtlichen Urteilsverfahren gegen den Arbeitgeber einklagen, falls entweder ein bestehender Tarifvertrag oder etwaige sonst bestehende maßgebliche Bestimmungen (z. B. eine Verordnung im Geschäftskreis öffentlicher Behörden) dem Betriebsratsmitglied einen hinreichend scharf umgrenzten, festen Rechtsanspruch gewähren. Insoweit kann angenommen werden, daß der Aufwandsentschädigungsanspruch in den Einzelarbeitsvertrag eingegangen ist. Daher steht auch die öffentlich-rechtliche Natur des Betriebsratsamtes der Zulässigkeit des Urteilsverfahrens nicht entgegen (RAG. 4. 12. 29, RAG. 4, 293).

Weigert sich der Betriebsunternehmer, dem Betriebsrat auf dessen Verlangen Gesetzesausgaben zur Verfügung zu stellen, so ist das Arbeitsgericht auf Antrag zur Entscheidung darüber, ob solche zu den Geschäftsbedürfnissen eines Betriebsrates gehören, nach §§ 36, 93 Nr. 4 BRG., § 2 Nr. 5 ArbGG. zuständig. Die

Entscheidung kann dahin gehen, daß eine kommentierte Ausgabe des BetriebsräteG. sowie ein ArbGG. zur Verfügung zu stellen sei. Das Bedürfnis hängt von der Lage des Einzelfalles ab (RAG. 21. 12. 27, RAG. 1, 64).

7 Vgl. §§ 19—21 der Wahlordnung, unten Anhang S. 1. Unter Wahlstreitigkeiten fällt auch der Streit über die Betätigung im Wahlvorstand (RArbMin. 27. 8. 20, JAR. 1920, 152).

§ 94.

[Aufgehoben durch § 112 des Arbeitsgerichtsgesetzes vom 23. 12. 1926 (RGBl. I S. 507).]

V. Schutz- und Strafbestimmungen.

§ 95[1].

Den Arbeitgebern und ihren Vertretern[2] ist untersagt, ihre Arbeitnehmer in der Ausübung der sich aus diesem Gesetz ergebenden Rechte zu beschränken oder sie deswegen zu benachteiligen[3].

1 In der Fassung nach Art. 2 b Ges. v. 28. 2. 1928 (RGBl. I S. 46).

2 Gleichgültig, ob diese „Vertreter" selbst als Arbeitnehmer unter das Gesetz fallen oder nach § 12 Abs. 2 nicht als Angestellte gelten. Vertretung des Arbeitgebers durch Bevollmächtigte ist in § 14 Abs. 2 ausdrücklich zugelassen. — Aus § 97 Abs. 2 folgt, daß auch die Betriebsvertretung bei ihrer Zustimmung gemäß § 96 den § 95 berücksichtigen muß (RAG. 11. 1. 28, RAG. 1, 136).

Der von einem gekündigten, zur Betriebsratswahl als Bewerber aufgestellten Arbeitnehmer beanspruchte Schutz des § 95 BRG. ist nur dann gegeben, wenn der Arbeitgeber oder sein Vertreter bei dem Ausspruch der Kündigung von der Aufstellung des betreffenden Arbeitnehmers als Bewerber für die Betriebsratswahl Kenntnis hatte (RAG. 17. 10. 28, BenshSamml. 4, 251). — Die durch § 95 geschützte Betriebsvertretung ist die der gesamten Arbeitnehmerschaft eines Betriebs. Die Notstandsarbeiter bilden keine besondere Berufs- oder Fachgruppe (RAG. 10. 7. 29, RAG. 4, 135).

3 In den §§ 95, 96, 35 ist der Grundsatz zum Ausdruck gekommen, daß das Betriebsratsamt dem Inhaber keine Nachteile, insbesondere keine Lohnminderung bringen soll. Dieser Grundsatz findet auch Anwendung, wenn der Arbeitgeber infolge der durch das Betriebsratsamt bedingten notwendigen häufigen Arbeitsversäumnis des Betriebsratsmitglieds betriebstechnisch gezwungen ist, ihm eine weniger gut bezahlte Arbeit zuzuweisen und diese Zuweisung mit Zustimmung des Betriebsratsmitglieds erfolgt. Diese würde, soweit in ihr auch eine Zustimmung zu einer Minderentlohnung liegt, nach dem dem § 35 BRG. zugrunde liegenden Rechtsgedanken gemäß § 134 BGB. nichtig sein und zu keiner vertraglichen Bindung in bezug auf den Minderlohn geführt haben. Auch in solchem Falle hat das Betriebsratsmitglied vertraglichen Anspruch auf denjenigen Lohn, der ihm zur Zeit seiner Wahl zustand (RAG. 30. 4. 28, RAG. 1, 336).

In § 95 wird nur in bezug auf die Benachteiligung der Arbeitnehmer mit dem Gebrauch des Wortes „deswegen" ein willensmäßiger Zusammenhang zwischen der Veranlassung des Arbeitgebers und dem Nachteil des Arbeitnehmers verlangt, nicht aber im Hinblick auf die Beschränkung in Ausübung der sich aus dem Gesetz ergebenden Rechte. In einer durch sachliche Rücksichten veranlaßten Kündigung liegt auch objektiv keine „Beschränkung" dieser Art, wenn auch die anwartschaftliche Rechtsstellung der Wahlkandidatur durch Entlassung verlorengeht. Nur wenn der Arbeitgeber sein Recht zur Lösung des Arbeitsverhältnisses gerade mit dem Ziel verwendet, der betrieblichen Rechtsstellung von Arbeitnehmern entgegenzutreten, liegt eine Benachteiligung wegen Ausübung der Betriebsrechte vor (RAG. 1. 3. 30, RAG. 5, 176).

§ 95 enthält zwingendes Recht; die Vorschrift ist ein Schutzgesetz im Sinne des § 823 Abs. 2 BGB. (RAG. 25. 6. 30 RAG. 3/30. Eine Kündigung, die gegen § 95 BRG. verstößt, vermag nicht nur gemäß § 823 Abs. 2 BGB. Schadensersatzansprüche auszulösen, sondern sie ist auch nach Maßgabe des § 134

BGB. nichtig (RAG. 26. 9. 28; 24. 10. 28, RAG. 2, 248; 3, 33; 27. 2. 29, RAG. 425/28).

Wer Rechte aus § 95 BRG. herleiten will, muß das Vorliegen seiner Voraussetzungen beweisen. Doch kann der Richter den Gesamtumständen nach annehmen, daß prima facie eine tatsächliche Vermutung für seine Verletzung spreche, die der Arbeitgeber entkräften müsse (RAG. 24. 10. 28, RAG. 3, 33).

Durch § 95 soll nicht nur die Rechtsminderung getroffen werden, die in einem Druck des Arbeitgebers auf den Arbeitnehmer unmittelbar zur Erscheinung kommt. Das Verbot, das ein Arbeitgeber etwa gegenüber einer Arbeitnehmergruppe aussprechen würde, einen bestimmten Arbeiter als Wahlkandidaten aufzustellen, würde für diesen die gleiche Beschränkung in seinen Betriebsrechten bedeuten wie das an ihn gerichtete Verbot, sich aufstellen zu lassen. Allerdings kann dem Arbeitgeber als einem an der Wahl in seinem Betrieb Beteiligten nicht verwehrt werden, Bedenken gegen das Wahlverfahren zu äußern und die künftige Anfechtung der Wahl in Aussicht zu stellen. Die Wahlordnung sieht zwar ein Zusammenwirken des Wahlvorstandes mit den Beteiligten weder hinsichtlich der Prüfung der Vorschlagslisten noch bei der Feststellung des Wahlergebnisses vor, und dem Sinn des Gesetzes entspricht es am besten, wenn die Wettbewerber sowohl wie der Arbeitgeber Zurückhaltung üben und die Entscheidungen des Wahlvorstands unbeeinflußt lassen. Mag aber auch in dieser Zeitspanne eine gewisse Wahrnehmung eigener Interessen zulässig erscheinen, so wird doch gerade der Arbeitgeber das Maß seiner Einflußnahme gegen die Verpflichtungen abwägen müssen, die ihm den Arbeitnehmern gegenüber, insbesondere nach § 95 BRG., obliegen. Insoweit kann die Erhebung berechtigter Anstände gegen eine Wahl oder einen Vorschlag nicht Einwendungen gleichgestellt werden, die ein Arbeitgeber unter Behauptung unrichtiger Tatsachen und unter Aufstellung unzutreffender Rechtsmeinungen fahrlässig erhebt (RAG. 25. 6. 30, RAG. 3/1930). Auch eine Tätigkeit des Arbeitnehmers, welche die Bestellung eines Wahlvorstandes zur Herbeiführung einer durch das Gesetz vorgeschriebenen Betriebsratswahl bezweckt, steht unter dem Schutze des § 95 BRG. (RAG. 26. 9. 28, RAG. 2, 248).

Ist eine an sich zulässige Kündigung vor dem spätest zulässigen Termin ausgesprochen, so wird sie nicht dadurch unwirksam, daß nachher die Mitgliedschaft zum Betriebsrat erworben wird (RAG. 12. 6. 29, BenshSamml. 6, 221).

Eine gegen § 95 verstoßende Kündigung ist auch dann nichtig, wenn sich die Betriebsvertretung mit der Kündigung einverstanden erklärt hat (Feig-Sitzler § 95 Anm. 4). Auch die Zustimmung des betroffenen Arbeitnehmers selbst ist ohne Bedeutung (Mansfeld § 95 Anm. 2).

Gegen Arbeitnehmer richtet sich die Vorschrift des § 95 nicht; sie verstoßen nicht gegen § 95, wenn sie ihre Kollegen in der Ausübung der durch das BRG. verliehenen Rechte hindern (Mansfeld § 95 Anm. 2; vgl. aber RAG. 24. 4. 29, RAG. 4, 19).

§ 96[1].

Zur Kündigung[2] des Dienstverhältnisses eines Mitglieds einer Betriebsvertretung[3] oder zu seiner Versetzung in einen anderen Betrieb bedarf der Arbeitgeber der Zustimmung[4] der Betriebsvertretung[5].

Die Zustimmung ist nicht erforderlich:

1. **bei Entlassungen, die auf einer gesetzlichen[6] oder tarifvertraglichen oder durch Beschluß des Arbeitsgerichts auferlegten Verpflichtung beruhen;**
2. **bei Entlassungen, die durch Stillegung[7] des Betriebs erforderlich sind;**
3. **bei fristlosen Kündigungen aus einem Grunde, der nach dem Gesetze zur Kündigung des Dienstverhältnisses ohne Einhaltung einer Kündigungsfrist berechtigt[8].**

Im Falle des Abs. 2 Ziffer 3[9] ist der Einspruch nach Maßgabe des § 84 Abs. 2 statthaft[10].

Wird eine fristlose Kündigung (Abs. 2 Ziff. 3) durch rechtskräftiges gerichtliches Urteil für ungerechtfertigt erklärt, so gilt die Kündigung als vom Arbeitgeber zurückgenommen[11]. § 89 findet entsprechende Anwendung[12].

1 In der Fassung nach § 112 des Arbeitsgerichtsgesetzes vom 23. 12. 1926 (RGBl. I S. 507).

2 Im Gegensatz zu §§ 84 ff., die nur ein Einspruchsrecht festlegen, bedarf die Kündigung des § 96 der Zustimmung der Betriebsvertretung zu ihrer Rechtsgültigkeit. Die Ausnahmen sind im 2. Absatz festgelegt, von ihnen ist besonders Z. 3 wichtig. § 97 bestimmt, daß die fehlende Zustimmung durch den Spruch des Arbeitsgerichts ersetzt wird. Die Frage der Kündigung eines Mitglieds der Betriebsvertretung ist in § 96 Abs. 1 BRG. erschöpfend geregelt. Wie die danach erforderliche Zustimmung der Betriebsvertretung zustandegekommen ist, entzieht sich der richterlichen Nachprüfung (RAG. 11. 1. 28, RAG. 1, 136; vgl. RGZ. 116, 9 sowie unten Anm. 3). — Jede Erklärung des Dienstberechtigten, welche die Lösung des Dienstverhältnisses bezweckt, ist grundsätzlich als Kündigung im Sinne des § 96 anzusehen (RG. 28. 9. 26 III 449/25).

Die Vorschrift des § 96 BRG. findet nicht nur dann Anwendung, wenn die Kündigung das Ziel der endgültigen Lösung des Arbeitsverhältnisses verfolgt, sondern auch, wenn sie lediglich zum Zwecke der Herbeiführung einer Änderung der Vertragsbedingungen ausgesprochen wird (RAG. 19. 5. 28, RAG. 2, 28).

Eine Aussperrung ist nur nach ordnungsmäßiger Kündigung zulässig. Zu dieser gehört die Zustimmung der Betriebsvertretung (RAG. 20. 8. 28, RAG. 2, 211).

Ist eine an sich zulässige Kündigung vor dem spätest zulässigen Termin ausgesprochen, so wird sie nicht dadurch unwirksam, daß nachher die Mitgliedschaft zum Betriebsrat erworben wird (RAG. 12. 6. 29, BenshSamml. 6, 221).

Ist zur Beendigung eines Dienstverhältnisses eine Kündigung seitens des Dienstherrn nicht erforderlich, endet vielmehr das Dienstverhältnis lediglich infolge Zeitablaufs, so kann weder eine Anwendung der die Kündigung beschränkenden Bestimmungen des BetriebsräteG. noch die des § 2 des KündSchutzG. in Frage kommen (RAG. 14. 12. 29, RAG. 4, 354).

Ist im Tarifvertrage vorgesehen, daß der Gedingearbeiter sich aus betrieblichen Gründen auf Anweisung der Betriebsleitung eine vorübergehende Beschäftigung mit Schichtlohnarbeiten gefallen lassen muß, so bedarf es, wenn eine solche vorübergehende Beschäftigung eines Gedingearbeiters mit Schichtlohnarbeiten aus betrieblichen Gründen erfolgt, einer Kündigung des bisherigen Arbeitsverhältnisses nicht. Ist der Gedingearbeiter Betriebsratsmitglied, so findet § 96 auf diesen Fall keine Anwendung (RAG. 5. 12. 28, RAG. 3, 21).

3 § 96 gewährt den Betriebsratsamtskandidaten keinen Kündigungsschutz. Für die Frage, ob eine Kündigung der Zustimmung der Betriebsvertretung bedarf oder nicht, ist lediglich der Zeitpunkt entscheidend, in dem sie ausgesprochen wird. Die Schutzbestimmung für die Bewerber um ein Betriebsratsamt findet sich allein in § 95 (RAG. 24. 10. 28, RAG. 3, 33).

Das Amt des neuen Betriebsrates und sein Kündigungsschutz beginnt auch dann erst mit dem Ende der Amtszeit des früheren Betriebsrates, wenn der neue Betriebsrat Mitglieder einer Arbeitnehmerkategorie umfaßt, die in dem früheren nicht vertreten war (RAG. 12. 6. 29, BenshSamml. 6, 221).

Einem Arbeitnehmer, der zugleich Mitglied des Betriebs- und eines Gruppenrats ist, kann nur mit Zustimmung aller Betriebsvertretungen, denen er angehört mit voller Wirkung gekündigt werden (RAG. 25. 9. 29, BenshSamml. 7, 127; RAG. 9. 7. 30, RAG. 24/1930).

Die Mitglieder der Betriebsvertretung haben nur den Kündigungsschutz aus § 96. Die Frage der Kündigung eines Mitglieds der Betriebsvertretung ist in § 96 erschöpfend geregelt; das allgemeine Einspruchsverfahren aus §§ 84 ff. ist ausgeschlossen (RAG. 11. 1. 28, RAG. 1, 136; Kieschke-Syrup-Krause § 96 Anm. 2 und die meisten anderen Kommentare. — A. M. Mansfeld § 96 Anm. 3).

4 Eine wirksame Zustimmung kann nicht durch formlose Befragung der einzelnen Betriebsratsmitglieder zustandekommen. Es muß vielmehr auf die Vorschriften der §§ 29—33 BRG. zurückgegriffen und angenommen werden, daß die Entscheidung über die Genehmigung oder Nichtgenehmigung einer Kündigung in derselben Weise zu erfolgen habe wie jede andere wirksame Entscheidung des Betriebsrats. Die Rechtswirksamkeit eines Betriebsratsbeschlusses setzt voraus, daß er in einer wirklichen Betriebs-

ratssitzung gefaßt ist, in der die Teilnehmer das Bewußtsein haben, in ihrer amtlichen Eigenschaft als Betriebsratsmitglieder tätig zu sein, abzustimmen und zu beschließen (RG. 23. 10. 25, RGZ. 111, 412).

Hat das fristlos gekündigte Arbeiterratsmitglied die Entscheidung des Arbeiterrats über das Vorliegen eines wichtigen Grundes im Wege des Einspruchs nach § 96 Abs. 3 angerufen, der Arbeiterrat aber den Einspruch zurückgewiesen, so ist in der Entscheidung die zur ordentlichen Kündigung notwendige Zustimmung nach § 96 Abs. 1 nicht zu finden (RAG. 23. 1. 29, RAG. 3, 96; vgl. RAG. 28. 6. 30, RAG. 39/1930).

Gehört der Arbeitnehmer mehreren Betriebsvertretungen an, so ist zur Kündigung die Zustimmung aller erforderlich (RAG. 25. 9. 29, BenshSamml. 7, 127).

Es bestehen keine grundsätzlichen Bedenken dagegen, die Zustimmung auch unter Bedingungen (Voraussetzungen) zu erteilen, sofern nur dadurch die Kündigungswirkung nicht ins Unbestimmte gerückt wird. Zulässig ist insbesondere im Fall einer Kündigung zwecks Vertragsänderung die Bedingung der Fortsetzung des Arbeitsverhältnisses durch neuen Vertrag (RAG. 11. 12. 29, RAG. 39/29).

Für die Frage, ob eine Kündigung der Zustimmung der Betriebsvertretung bedarf oder nicht, ist lediglich der Zeitpunkt maßgebend, in dem sie erfolgt (RAG. 3, 33; Flatow § 96 Anm. 3 und 5 und die dort angeführten Entscheidungen). — Die nachträgliche Erteilung der Zustimmung ist nach ständiger Rechtsprechung des Reichsarbeitsgerichts zulässig und wirkt auf den Zeitpunkt der Kündigung in der Weise zurück, daß die Kündigungsfrist vom Zeitpunkte der Kündigungserklärung ab zu berechnen ist. Das ergibt sich für den Fall des § 97 BRG., wenn das Arbeitsgericht die von der Betriebsvertretung zunächst versagte Zustimmung ersetzt, aus dem Gesetze selbst (§ 97 Abs. 3; vgl. RAG. 1 151). Entsprechend ist die Rückwirkung der Zustimmungserklärung aber auch für den Fall des § 96 BRG. zu bejahen (RAG. 2, 341; 4, 111). Es ist nicht zu verkennen, daß diese Regelung eine Unsicherheit für den Arbeitnehmer mit sich bringt, der bis zur Zustimmung oder Ersetzung der Zustimmung oder umgekehrt bis zur Zustimmungsversagung im Ungewissen darüber bleibt, ob das Dienstverhältnis mit Ablauf der Kündigungsfrist beendet ist oder nicht. Diese Unsicherheit wird noch verstärkt, wenn die Beschlußfassung der Betriebsvertretung oder des Arbeitsgerichts erst nach Ablauf der Kündigungsfrist erfolgt. Mit Rücksicht auf den sozialen Schutzzweck des Gesetzes hat daher das Reichsarbeitsgericht den Grundsatz der Rückwirkung dahin eingeschränkt, daß der Arbeitgeber seinen Entlassungswillen auch im Falle des § 96 BRG. mit Rechtswirkung nicht vor dem Zeitpunkt der vorgeschriebenen Billigung ausführen kann, mithin in solchen Fällen, wo die (durch Rückwirkung) in Lauf gesetzte Kündigungsfrist vor dem Zeitpunkt der Erteilung der Zustimmung abläuft, den Arbeitnehmer bis zur Erteilung der Zustimmung weiter zu entlohnen hat (RAG. 4, 111). Die Einholung der Zustimmung darf der Arbeitgeber nicht nach seinem Belieben hinausschieben; er muß sie vielmehr spätestens vor Ablauf der Kündigungsfrist erbitten (RAG. 9. 7. 30, RAG. 24/1930).

5 Betriebsvertretung ist je nachdem Betriebs- oder Gesamtbetriebsrat oder eine Vertretung auf Grund Tarifvertrags (§ 98 Abs. 1 in Verb. mit §§ 62 f.); wegen der Betriebsobleute vgl. § 98 Abs. 2. — In den meisten Fällen wird der Betriebsrat erst tätig werden, wenn der Arbeitgeber um die Erteilung der Zustimmung nachgesucht hat. Es sind aber auch Fälle denkbar, in denen es der Betriebsrat aus sich heraus für angezeigt halten kann, dem Arbeitgeber die Zustimmung zu einer ausgesprochenen Kündigung eines Betriebsratsmitgliedes zu erteilen, noch ehe der Arbeitgeber selbst die Zustimmung nachgesucht hat. Das Gesetz erfordert einen Antrag des Arbeitgebers nicht ausdrücklich. Immer wird aber, wenn eine Kundgebung des Betriebsrates vorliegt, die nicht durch einen Antrag des Arbeitgebers veranlaßt ist, erfordert werden müssen, daß die Kundgebung klar erkennen läßt, daß damit eine Zustimmung zur Kündigung nach § 96 Abs. 1 BRG. hat erteilt werden sollen, wenn sie als solche mit den sich daraus ergebenden rechtlichen Folgen gewertet werden soll (RAG. 28. 6. 30, RAG. 39/1930).

Ist der Arbeitsvertrag nichtig, so bedarf es nicht des

Kündigungsschutzes, weil eine Kündigung nicht möglich ist (RAG. 23. 10. 29, RAG. 4, 222). Ebensowenig kommt § 96 in Frage, wenn das Betriebsratsmitglied vorbehaltlos seine Entlassungspapiere vom Arbeitgeber in Empfang nimmt (RAG. 16. 1. 29; 13. 3. 29, BenshSamml. 5, 160; RAG. 3, 302). Tariflich vorgesehene Veränderungen des Arbeitsvertrags muß sich das Betriebsratsmitglied gefallen lassen (RAG. 5. 12. 28, RAG. 3, 21). Ist das Betriebsratsmitglied Notstandsarbeiter, so bedarf es keiner Zustimmung der Betriebsvertretung, wenn es nach Ablauf der drei Monate entlassen wird, für welche der Notstandsarbeiter dem Arbeitgeber zugewiesen war (RAG. 6. 2. 29, RAG. 3, 162).

Eine aus einer fehlerhaften, angefochtenen und für ungültig erklärten Wahl hervorgegangene Betriebsvertretung hat in der Regel so lange die Rechte und Pflichten einer solchen, bis eine neue Betriebsvertretung ordnungsmäßig gewählt ist, genießt also auch bis zu diesem Zeitpunkt den Kündigungsschutz des § 96. Die Nichtigkeitserklärung einer Wahl beseitigt diesen Schutz nicht etwa rückwirkend. Diese Grundsätze finden aber ihre Grenze da, wo so erhebliche Verstöße gegen die Wahlordnung vorgekommen sind, daß von einem Wahlakt im Sinne des BRG. und der Wahlordnung überhaupt nicht gesprochen werden kann. In solchem Falle sind die Gewählten niemals Betriebsratsmitglieder und niemals des Kündigungsschutzes teilhaftig geworden (RAG. 3, 100 ff.; RAG. 10. 7. 29, BenshSamml. 6, 405). Ein fehlerhaft zustandegekommener Angestelltenrat hat in der Regel so lange die Rechte und Pflichten eines Angestelltenrats, bis er durch einen ordnungsmäßig gewählten ersetzt ist (RG. 22. 10. 29, RGZ. 126, 53).

Die Wiedereinstellungsklausel bedeutet, daß das Arbeitsverhältnis als solches wieder aufleben soll. Sie kann in Verbindung mit der Wiedereinstellung auch dazu führen, daß eine einmal voll wirksam gewordene Betriebseigenschaft als fortbestehend anzusehen ist (RAG. 2, 259), aber sie kann nicht eine bereits erloschene oder noch nicht erworbene Eigenschaft als Mitglied des Betriebsrats wieder oder überhaupt wirksam werden lassen (RAG. 29. 5. 29, RAG. 4, 83).

Bei der allseitigen Prüfung der Interessen, die der Betriebsvertretung im Rahmen des § 96 Abs. 1 obliegt, sind auch vor dem Dienstbeginn liegende, dem Arbeitgeber unbekannt gebliebene Verfehlungen des Arbeitnehmers, die ihn für die Aufgabe des Arbeitsverhältnisses ungeeignet machen, zu berücksichtigen (RAG. 27. 11. 29, BenshSamml. 7, 347).

Wenn die Betriebsvertretung oder das nach § 97 angerufene Arbeitsgericht die Zustimmung versagt, so gilt die Kündigung als zurückgenommen (RAG. 8. 2. 28, RAG. 1, 157. — A. M. Mansfeld § 96 Anm. 3, der die Kündigung alsdann für unwirksam erachtet).

6 Art. 15 § 1 Nr. 1 der Personalabbauverordnung legt dem Reiche die gesetzliche Pflicht zur Entlassung aller Angestellten auf. Deshalb kann das Reich Angestellte, die Mitglieder einer Betriebsvertretung sind, ohne deren Zustimmung entlassen (RG. 11. 7. 24, RGZ. 108, 372; RAG. 12. 6. 29, BenshSamml. 6, 219).

7 Die Tatbestandsmerkmale einer „Stillegung des Betriebes" im Sinne des BetriebsräteG. sind lediglich diesem Gesetze zu entnehmen. Die Betriebsstillegung ist als eine Auflösung der Arbeits- und Produktionsgemeinschaft zu bezeichnen, die ihren Grund und ihre Rechtfertigung darin findet, daß der Unternehmer die Erzeugung von Sachwerten für eine wirtschaftlich nicht unerhebliche Zeitspanne einstellt und damit die Erreichung des Betriebszweckes unmöglich macht. Ihr Wesen besteht also in der Herbeiführung eines solchen Zustandes, dem zugleich eine gewisse Dauer innewohnen muß. Daraus folgt, daß unter dieser Voraussetzung die Stillegung eine nur zeitweise sein kann und sich auch nur auf einzelne Betriebsabteilungen zu erstrecken braucht, damit § 96 Abs. 2 Nr. 2 Anwendung finden kann (RG. 16. 2. 26, RGZ. 113, 87; RAG. 8. 5. 28, RAG. 2 S. 186, 196; RAG. 2. 7. 30, RAG. 117/30). Stillegung liegt vor, wenn der Arbeitgeber die Warenerzeugung in der ernstlichen Absicht einstellt, auf die weitere Verfolgung des bisherigen gemeinsamen Betriebszwecks dauernd oder für einen seiner Dauer nach unbestimmten, wirtschaftlich aber nicht unbedeutenden Zeitraum zu verzichten; der Wille, nach Wegfall der Stillegungsgründe den Betrieb wieder zu eröffnen, und die Hoffnung auf baldigen Eintritt dieser Wiedereröffnungsmöglichkeit

sind mit dem Begriff der Stillegung durchaus vereinbar (RAG. 2. 7. 30, RAG. 117/1930). Die Stillegung enthält eine Auflösung der Betriebs- und Produktionsgemeinschaft. Entsprechend ist bei Teilstillegung Aufgabe eines von mehreren Produktionszwecken zu fordern, sonst liegt eine bloße Betriebseinschränkung vor (RGZ. 106, 275; RAG. 8. 5. 29, RAG. 578/28). Bei Kündigung und Entlassung wegen Teilstillegung, selbst wenn diese zeitlich nicht unbeschränkt ist, genießen die Mitglieder des Betriebsrats an sich keinen Vorzug vor den übrigen Arbeitnehmern (RAG. 27. 2. 29, RAG. 3, 268).

Teilstillegung liegt nicht vor, wenn der Inhaber einer Brikettfabrik auf der zugehörigen Braunkohlengrube die Abraumarbeiten wegen Frostes auf unbestimmte Zeit einstellen läßt (RAG. 26. 3. 30, RAG. 5, 259).

Es entspricht dem Wesen der Kurzarbeit, den Betrieb — wenn auch in beschränkter Form — fortzuführen. Durch ihre Einführung soll also weder der Betrieb als ganzer noch ein Teil desselben stillgelegt werden. Stillegung und Kurzarbeit sind zwei voneinander völlig verschiedene Begriffe (RAG. 30. 10. 29, RAG. 4, 236). Die Konkurseröffnung als solche ist keine Betriebsstillegung (RAG. 12. 2. 30, RAG. 443/29).

Ob es sich bei der Verpachtung des Betriebs mit Änderung des Fabrikationszweiges bloß um eine Fortsetzung des bisherigen Betriebs (eine Umstellung) handelt oder ob der Betrieb der Pächterin als neuer Betrieb und folgeweise der frühere Betrieb als endgültig stillgelegt anzusehen ist, beurteilt sich nach der Verkehrsauffassung (RAG. 3. 7. 29, BenshSamml. 6, 331).

Erfolgt die Kündigung nicht in dem Zeitpunkte der Stillegung, sondern folgt die Stillegung der Kündigung erst nach, so finden in diesem Falle nicht die Grundsätze Anwendung, die für den Fall, daß die Zustimmung der Kündigung nachfolgt oder durch das Arbeitsgericht ersetzt wird (RAG. 1, 151 ff.) anwendbar sind; denn es handelt sich im Falle des späteren Einsetzens der Stillegung nicht um die bloße Ergänzung einer Willenserklärung durch Zustimmung, sondern es liegt eine sachliche Änderung der Rechtslage vor, die entweder eine erneute Kündigung fordert oder zum mindesten die Wirkung der ausgesprochenen

Kündigung und damit den Lauf der Kündigungsfrist erst in diesem Zeitpunkt, dem Beginn der Stillegung, anfangen läßt (RAG. 26. 1. 29, RAG. 591/28).

Der Betriebsratschutz fällt nicht fort, wenn die Kündigung zu Zwecken des Wirtschaftskampfes an das Betriebsratsmitglied gleichzeitig mit der Kündigung an die Belegschaft erfolgt, somit nicht der Fall der Stillegung eintritt. Kommt der Betrieb zum Stilliegen, so wird die an das Betriebsratsmitglied ohne Zustimmung der Betriebsvertretung ausgesprochene Kündigung nicht von Anfang an wirksam (RAG. 24. 10. 28, RAG. 2, 341).

Ein Rechtssatz des Inhalts, daß im Baugewerbe der Arbeitgeber der Zustimmung der Belegschaft auch dazu bedürfe, daß er den Baudelegierten witterungshalber mit der Arbeit vorübergehend aussetzen läßt, ist aus § 96 BRG. nicht zu begründen (RAG. 10. 8. 28, RAG. 2, 143).

8 Den Betriebsratsmitgliedern ist eine Schweigepflicht hinsichtlich amtlicher Äußerungen anderer Gruppenvertreter oder hinsichtlich der Vorgänge in Betriebsratssitzungen nicht auferlegt. Auch dort gefallene, den Arbeitgeber oder seine Vertreter beleidigende Äußerungen dürfen daher als wichtiger Kündigungsgrund verwertet werden. Die Ansicht, daß Betriebsratsmitglieder für ihre in dieser Eigenschaft getanen Äußerungen ähnlich wie Reichstags- und Landtagsabgeordnete (vgl. Art. 36 RVerf.) nicht zur Verantwortung gezogen werden dürfen, ist mit Wort, Sinn und Zweck des BRG. unverträglich (RG. 29. 6. 26, RGZ. 114, 176).

9 Also bei fristloser Kündigung aus einem wichtigen Grunde.

10 In diesem Falle wird also die Zustimmung durch das Einspruchsrecht, wie es allen Arbeitnehmern nach §§ 84 f. zusteht, ersetzt. Vgl. Anm. 9 zu § 84 oben S. 116.

Die Zurückweisung eines vom Arbeitnehmer gemäß § 96 Abs. 3 BRG. erhobenen Einspruches kann nicht ohne weiteres auch als Zustimmung gemäß § 96 Abs. 1 BRG. gedeutet werden (RAG. 23. 1. 1929, RAG. 3, 96; RAG. 28. 6. 30, RAG. 39/1930).

11 Hier besteht also nicht mehr die Wahl nach § 87 Abs. 3. Wird die zu einer Kündigung erforderliche Zustimmung der Betriebsvertretung von ihr versagt, dann aber durch Spruch des Arbeitsgerichts ersetzt, so wirkt dieser Spruch auf den Tag der

Kündigung zurück (RAG. 8. 2. 28, RAG. 1, 151). Die ordentliche Kündigung an Betriebsratsmitglieder beendigt das Arbeitsverhältnis jedenfalls nicht vor dem Zeitpunkt der Zustimmung der Betriebsvertretung, wenn die Zustimmung auch für den Lauf der Kündigungsfrist zurückwirkt (RAG. 19. 6. 29, RAG. 4, 109).

Wenn das Arbeitsgericht die Zustimmung versagt, so gilt die Kündigung als zurückgenommen (RAG. 8. 2. 28, RAG. 1, 151. — A. M. Mansfeld § 96 Anm. 3, der Unwirksamkeit der Kündigung annimmt).

Eine entsprechende Anwendung des § 124 a der GewO. allgemein auf Betriebsratsmitglieder, auch wenn ihr Arbeitsverhältnis einer geringeren als vierzehntägigen Kündigungsfrist unterliegt, erscheint weder geboten noch auch im Sinne und Zwecke des Gesetzes liegend. Der Gesichtspunkt, der für die allgemeine Anwendung des § 124 a der GewO. auf das Arbeitsverhältnis der Schwerbeschädigten maßgebend ist (RAG. 15. 2. 28, BenshSamml. 2, 128), trifft bei Betriebsratsmitgliedern nicht zu (RAG. 26. 9. 28, RAG. 2, 245).

12 Das Mitglied der Betriebsvertretung hat damit, wenn es inzwischen einen neuen Arbeitsvertrag abgeschlossen hat, das Recht, die Weiterbeschäftigung im Betrieb zu verweigern.

§ 97[1].

Ist die Zustimmung der Betriebsvertretung erforderlich und wird sie versagt, so ist der Arbeitgeber berechtigt, das Arbeitsgericht anzurufen, das durch seinen Spruch die fehlende Zustimmung der Betriebsvertretung ersetzen kann[2]. Es darf die Zustimmung nicht ersetzen, wenn es feststellt, daß die Kündigung als ein Verstoß gegen die im § 95[3] auferlegten Pflichten anzusehen ist. Bis zur Entscheidung ist der Arbeitgeber verpflichtet, den Arbeitnehmer weiter in seinem Betriebe zu beschäftigen[4].

1 In der Fassung nach § 112 des Arbeitsgerichtsgesetzes vom 23. 12. 1926 (RGBl. I S. 507).

2 § 97 behandelt die sog. Ersatzzustimmung. Wird die zu einer Kündigung erforderliche Zustimmung der Betriebsvertretung von ihr versagt, dann aber durch Spruch des Arbeitsgerichts ersetzt, so wirkt dieser Spruch auf den Tag der Kündigung zurück (RAG. 8. 2. 28, RAG. 1, 151).

Die Feststellung, daß ein der Betriebsvertretung bei einem Nebenzeugamt angehörender Arbeitnehmer einer politischen Organisation angehört, die sich den Umsturz der verfassungsmäßigen Staatsform des Deutschen Reiches zum Ziele gesetzt hat, oder daß er doch zum mindesten durch Wort oder Tat hat erkennen lassen, daß er die Ziele einer derartigen Organisation billige, rechtfertigt die Ersetzung der Zustimmung zur Kündigung. Art. 118 der RVerf. steht dem nicht entgegen (RAG. 11. 7. 28, RAG. 2, 106).

Es bestehen keine grundsätzlichen Bedenken dagegen, die Zustimmung auch unter Bedingungen (Voraussetzungen) zu erteilen, sofern nur dadurch die Kündigungswirkung nicht ins Unbestimmte gerückt wird. Zulässig ist insbesondere im Fall einer Kündigung zwecks Vertragsänderung die Bedingung der Fortsetzung des Arbeitsverhältnisses durch neuen Vertrag (RAG. 11. 12. 29, RAG. 39/29).

Die Frage der Kündigung eines Mitglieds der Betriebsvertretung ist in § 96 Abs. 1 BRG. erschöpfend geregelt. Wie die danach erforderliche Zustimmung der Betriebsvertretung zustandegekommen ist, entzieht sich der richterlichen Nachprüfung. Die nach § 97 BRG. dem Arbeitsgericht obliegende Ersatzzustimmung zu einer Kündigung kann begrifflich nicht weitergehen als die ordentliche, von der Betriebsvertretung zu erteilende Zustimmung. Aus § 97 Satz 2 BRG. ist daher zu schließen, daß auch die Betriebsvertretung bei ihrer Zustimmung den § 95 zu berücksichtigen hat. Dies erscheint auch berechtigt, weil die Kündigung neben der Entlassung die größte Benachteiligung ist, die einem Arbeitnehmer bei der Ausübung der gesetzlichen Betriebsvertretung zuteil werden kann (RAG. 11. 1. 28, RAG. 1, 136).

3 § 95 untersagt den Arbeitgebern und ihren Vertretern, ihre Arbeitnehmer in der Ausübung des Wahlrechts zu den Betriebsvertretungen oder in der Übernahme und Ausübung der gesetzlichen Betriebsvertretung zu beschränken oder sie deswegen zu benachteiligen.

4 Damit ist gegeben, daß der Arbeitnehmer im allgemeinen zugleich auch Mitglied der Betriebsvertretung bleibt. Ob Versagen der Zustimmung und Verbleiben die Möglichkeit zur Auflösung des Betriebsrats wegen gröblicher Verletzung seiner gesetzlichen Pflichten nach § 41 bieten würde, kann nur im Einzelfall entschieden werden. Im ganzen bietet § 97 eine Gewähr gegen Amtsmißbrauch.

Wird gegen einen die Zustimmung der Betriebsvertretung nach § 97 BRG. ersetzenden Beschluß des Arbeitsgerichts die Rechtsbeschwerde eingelegt, so hat die im § 85 Abs. 3 ArbGG. ausgesprochene aufschiebende Wirkung nicht die Bedeutung, daß im Falle der Zurückweisung der Rechtsbeschwerde der arbeitsgerichtliche Beschluß erst vom Tage des Erlasses des die Zurückweisung aussprechenden Beschlusses ab seine Wirkung ausübt; es tritt vielmehr bis zur Entscheidung über die Rechtsbeschwerde ein Schwebezustand ein, in welchem es ungewiß bleibt, ob der arbeitsgerichtliche Beschluß in Wirksamkeit getreten ist oder nicht. Die aufschiebende Wirkung hat nicht zur Folge, daß die im § 97 Satz 3 BRG. ausgesprochene Verpflichtung des Arbeitgebers, den Arbeitnehmer weiter in seinem Betriebe zu beschäftigen, über den Zeitpunkt der Entscheidung des Arbeitsgerichts hinaus fortdauert. Eine solche Fortdauer ist auch der Bestimmung des § 97 Satz 3 BRG. selbst nicht zu entnehmen (RAG. 13. 11. 29, RAG. 4, 269).

§ 98.

Auf die in den §§ 62, 63[1] bezeichneten Vertretungen finden die Bestimmungen der §§ 95 bis 97 entsprechende Anwendung[2].

Auf die Betriebsobleute[3] finden sie mit der Maßgabe Anwendung, daß an die Stelle der Betriebsvertretung die Mehrheit der wahlberechtigten[4] Arbeitnehmer des Betriebs tritt.

1 Es handelt sich um Sondervertretungen auf Grund von allgemein verbindlich erklärten Tarifverträgen; s. auch Anm. 5 zu § 96.

2 Die Schutzbestimmungen gegen Entlassung von Mitgliedern der Betriebsvertretung.

3 Vgl. §§ 2, 4, 7.

4 § 20.

§ 99[1].

Arbeitgeber oder ihre Vertreter, die der Vorschrift des § 95[2], auch soweit sie im § 98 für anwendbar erklärt ist[3], vorsätzlich zuwiderhandeln, werden mit Geldstrafe bis zu zweitausend Mark[4] oder mit Haft bestraft[5].

Die gleiche Strafe trifft Arbeitgeber oder ihre Vertreter, die den Vorschriften des § 23 Abs. 2 und 3[6] vorsätzlich zuwiderhandeln.

Ebenso werden Arbeitgeber oder ihre Vertreter bestraft, die es vorsätzlich unterlassen, der Betriebsvertretung gemäß den §§ 71, 72[7] Aufschluß zu geben, Bericht zu erstatten, die Lohnbücher, die zur Durchführung von bestehenden Tarifverträgen erforderlichen Unterlagen, die Bilanz oder die Gewinn- und Verlustrechnung vorzulegen oder zu erläutern, oder die diesen Verpflichtungen vorsätzlich nicht rechtzeitig[8] nachkommen.

Wer unter Verletzung der ihm nach den §§ 71, 72 obliegenden Pflichten zum Zwecke der Täuschung und in der Absicht[9], den Arbeitnehmern Schaden zuzufügen, in den Darstellungen, Berichten und Übersichten über den Vermögensstand des Unternehmens bestimmte falsche Tatsachen angibt oder bestimmte richtige Tatsachen unterdrückt, wird mit Gefängnis bis zu einem Jahre und mit Geldstrafe bis zu zehntausend Mark[4] oder mit einer dieser Strafen bestraft.

Die Strafverfolgung tritt nur auf Antrag der Betriebsvertretung ein. Ist eine Betriebsvertretung nicht vorhanden, so ist der Gewerbeaufsichtsbeamte oder, sofern der Betrieb der Gewerbeaufsicht nicht unterliegt, die von der obersten Landesbehörde bestimmte Behörde antragsberechtigt. Die Zurücknahme des Antrags ist zulässig[10].

1 In der Fassung nach Art. 3 des Gesetzes vom 28. 2. 1928 (RGBl. I S. 46).

2 Der in §§ 95, 99 zum Ausdruck gekommene Grundsatz, daß das Betriebsratsamt dem Inhaber keine Nachteile, insbesondere

keine Lohnminderung bringen soll, findet auch Anwendung, wenn der Arbeitgeber infolge der durch das Betriebsratsamt bedingten notwendigen häufigen Arbeitsversäumnis des Betriebsratsmitglieds betriebstechnisch gezwungen ist, ihm eine weniger gut bezahlte Arbeit zuzuweisen (RAG. 30. 4. 28, RAG. 1, 336).

3 § 98 läßt die Schutzvorschrift des § 95 auch auf die tarifmäßigen Vertretungen und die Betriebsobleute Anwendung finden.

4 Wegen der Höhe der Geldstrafen vgl. Art. I, IV der VO. vom 6. 2. 1924 (RGBl. I S. 44) in Verbindung mit § 2 der VO. vom 12. 12. 1924 (RGBl. I S. 735).

5 Nach der Höhe der Strafe (§ 1 StGB.) handelt es sich um Vergehen. Umwandlung in Freiheitsstrafe (die nach § 28 StGB. nur Gefängnis sein könnte) kommt nicht in Frage.

6 Der ursprüngliche Wortlaut „Abs. 2 und 3" ist bei der Neufassung des Paragraphen versehentlich stehen geblieben; es müßte, da der frühere Abs. 3 des § 23 jetzt Abs. 4 geworden ist, in § 99 heißen: „Abs. 2 und 4". Da diese Änderung aber unterblieben sti, ist ein Verstoß gegen § 23 Abs. 4 nicht strafbar (Mansfeld § 99 Anm. 2 b).

7 §§ 71 f. ordnen an, daß die Betriebsvertretung in Betrieben mit wirtschaftlichen Zwecken vom Arbeitgeber Aufschluß über alle den Dienstvertrag und die Tätigkeit der Arbeitnehmer berührenden Betriebsvorgänge erhält (soweit dadurch keine Betriebs- oder Geschäftsgeheimnisse gefährdet werden), Lohnbücher vorlegt, Berichte erstattet; daß ferner in den großen Betrieben Bilanz sowie Gewinn- und Verlustrechnung vorgelegt wird. Vorsätzliche Verletzung dieser Pflichten ist strafbar.

8 Rechtzeitig: bezieht sich vor allem auf die Terminbestimmungen in § 71 Abs. 2, § 72.

9 Der Vorsatz reicht also nicht aus, um die verschärfte Strafbestimmung des Abs. 4 zu rechtfertigen. Die absichtliche auf Täuschung der Arbeitnehmer berechnete Bilanzverschleierung würde hierher gehören. Mittäterschaft (Beihilfe) von Betriebsvertretungsmitgliedern kann trotz Abs. 5 in Frage kommen. Ideal- oder Realkonkurrenz mit Betrug ist möglich.

10 Vgl. §§ 61 ff. StGB.

§ 100.

Wer unbefugt[1] vertrauliche Angaben, Betriebs- oder Geschäftsgeheimnisse[2] offenbart[3], die ihm als Angehörigen einer Betriebsvertretung bekannt geworden und als solche bezeichnet worden sind, wird mit Geldstrafe bis zu fünfzehnhundert Mark[4] oder mit Haft bestraft.

Wer die Tat in der Absicht[5] begeht, sich oder einem anderen einen Vermögensvorteil zu verschaffen[6] oder dem Arbeitgeber Schaden zuzufügen, wird mit Gefängnis bis zu einem Jahre bestraft. Neben der Gefängnisstrafe kann auf Geldstrafe bis zu dreitausend Mark[4] erkannt werden. Sind mildernde Umstände vorhanden, so tritt ausschließlich die Geldstrafe ein. Neben der Strafe kann auf die Einziehung der durch die strafbare Handlung erlangten Vorteile erkannt werden.

Die Verfolgung tritt nur auf Antrag des Unternehmers ein. Die Zurücknahme des Antrags ist zulässig[7].

1 Unbefugt: ohne Ermächtigung, deren Vorliegen auch aus den Umständen geschlossen werden kann.

2 Vgl. § 71, Anm. 4 und 9.

3 Daß es sich um Vorsatz handeln muß, ist nicht ausdrücklich gesagt und muß nicht unbedingt angenommen werden.

4 Wegen der Höhe der Geldstrafen vgl. Art. I, XIV der VO. vom 6. 2. 1924 (RGBl. I S. 44) in Verbindung mit § 2 der VO. vom 12. 12. 1924 (RGBl. I S. 775).

5 S. Anm. 9 zu § 99.

6 Der Vermögensvorteil braucht (anders als in § 253 StGB.) an sich nicht rechtswidrig zu sein. Er braucht auch nicht wirklich eingetreten zu sein.

7 S. Anm. 10 zu § 99.

VI. Ausführungs- und Übergangsbestimmungen.

§ 101.

Der Reichsarbeitsminister ist befugt, mit Zustimmung des Reichsrats und eines aus achtundzwanzig Mitgliedern bestehen-

den Ausschusses des Reichstags Ausführungsbestimmungen zu diesem Gesetze zu erlassen[1].

1 Vgl. die VO. vom 5. 6. 1920, unten Nachtrag Nr. 4.

§ 102[1].

Bei der ersten Wahl, die spätestens sechs Wochen nach Inkrafttreten dieses Gesetzes[2] einzuleiten ist, erfüllt die im § 23 Abs. 1 dem Betriebsrat zugewiesene Aufgabe der Arbeiterausschuß, der die Bestellung des Wahlvorstandes in einer von seinem Vorsitzenden anzuberaumenden gemeinsamen Sitzung mit dem etwa vorhandenen Angestelltenausschusse vorzunehmen hat. Ist ein Arbeiterausschuß nicht vorhanden, so tritt an seine Stelle der Angestelltenausschuß.

Kommt der Arbeiterausschuß oder Angestelltenausschuß seiner Verpflichtung nicht nach oder ist ein Arbeiterausschuß oder Angestelltenausschuß nicht vorhanden, so ist das im § 23 Abs. 2 bezeichnete Verfahren einzuschlagen.

Für die erste Wahl des Betriebsobmanns hat der Arbeitgeber den ältesten wahlberechtigten Arbeitnehmer zum Wahlleiter zu bestellen (§ 58 Abs. 2).

1 Die Vorschrift ist jetzt gegenstandslos.

2 Das BRG. ist am 9. 2. 1920 in Kraft getreten.

§ 103.

[Aufgehoben durch § 112 des Arbeitsgerichtsgesetzes vom 23. 12. 1926 (RGBl. I S. 507).]

§ 104[1].

Gleichzeitig mit dem Inkrafttreten dieses Gesetzes[2] treten folgende Änderungen in Kraft:

I. **Die §§ 7 bis 14 der Verordnung über Tarifverträge, Arbeiter- und Angestelltenausschüsse und Schlichtung von Arbeitsstreitigkeiten vom 23. Dezember 1918 (RGBl. S. 1456) werden aufgehoben.**

II. [ist weggefallen].

III.[3] Die §§ 20 ff. der zu I genannten Verordnung werden dahin geändert, daß überall an die Stelle der Arbeiterausschüsse und Angestelltenausschüsse in Betrieben, die unter § 1 dieses Gesetzes fallen, die Betriebsräte oder nach Maßgabe der §§ 6 und 78 die Arbeiterräte oder Angestelltenräte und in Betrieben, die unter § 2 fallen, die Betriebsobleute, sowie daß an die Stelle der Vertretungen nach § 12 der Verordnung die nach §§ 62, 63 des Gesetzes treten.

IV. [4]Der § 134a Abs. 2 und der § 134b Abs. 3 der Gewerbeordnung werden dahin geändert, daß als derjenige, der die Arbeitsordnung und Nachträge zu derselben erläßt, der Arbeitgeber zusammen mit dem Betriebsrat gilt. Als Unterschrift des Betriebsrats gilt diejenige des Vorsitzenden.

V. Die §§ 134d und 134h der Gewerbeordnung werden aufgehoben.

VI. Der § 134e Abs. 1 der Gewerbeordnung erhält folgende Fassung:

> Die Arbeitsordnung sowie jeder Nachtrag zu derselben ist binnen drei Tagen nach dem Erlaß in zwei Ausfertigungen der unteren Verwaltungsbehörde einzureichen.

VII. Der § 13 Satz 1 der Verordnung, betreffend eine vorläufige Landarbeitsordnung, vom 24. Januar 1919 (RGBl. S. 111) erhält folgende Fassung:

> In Betrieben, in denen ein Betriebsrat besteht, ist eine Arbeitsordnung zu erlassen und an sichtbarer Stelle auszuhängen.

VIII. Soweit in anderen Gesetzen und Verordnungen und in Tarifverträgen[5] Arbeiterausschüsse und Angestelltenausschüsse genannt werden, treten an ihre Stelle in Betrieben, die unter § 1 dieses Gesetzes fallen, die Betriebsräte oder nach Maßgabe der §§ 6 und 78 die Arbeiterräte oder Angestelltenräte, in Betrieben, die unter § 2 fallen, die Betriebsobleute sowie

in Betrieben, die unter §§ 62, 63 fallen, die dort genannten Vertretungen.

1 In der Fassung nach Art. III § 3 Nr. 2 der VO. vom 30. 10. 1923 (RGBl. I S. 1043).

2 In Kraft getreten am 9. 2. 1920.

3 Ziff. III ist gegenstandslos geworden, da durch Art. III § 3 Abs. 1 der Schlichtungsverordnung der III. Abschnitt der VO. über Tarifverträge vom 23. 12. 1918 außer Kraft gesetzt worden ist.

4 Die in Ziff. IV bis VI vorgesehenen Änderungen der GewO. sind dadurch nötig geworden, daß die Arbeitsordnung nicht mehr einseitig vom Arbeitgeber erlassen, sondern von diesem und der Betriebsvertretung vereinbart wird (Feig-Sitzler § 104 Anm. 5).

5 Nicht nur in allgemeinverbindlich erklärten Tarifverträgen.

§ 105[1].

Wenn bis zum 31. Januar 1921 das im § 72 vorgesehene Gesetz über die Betriebsbilanz nicht besteht[2], ist dem Betriebsrat eine den Bestimmungen des Handelsgesetzbuchs entsprechende Bilanz und Gewinn- und Verlustrechnung vorzulegen.

1 In der Fassung nach dem Ges. vom 31. 12. 1920 (RGBl. 1921 S. 81).

2 Das Gesetz über die Betriebsbilanz (s. unten Nachtrag Nr. 5) ist am 5. 2. 1921 mit Rückwirkung auf den 1. 2. 1921 ergangen. § 105 ist daher gegenstandslos geblieben.

§ 106.

Das Gesetz tritt mit dem Tage der Verkündung in Kraft[1]. Gleichzeitig treten die Landesgesetze über die Betriebsräte außer Kraft.

Mit Vollziehung der ersten Wahl nach Inkrafttreten dieses Gesetzes hören die vorhandenen Betriebsräte, die für Betriebe errichteten Arbeiterräte und die Arbeiter- und Angestelltenausschüsse zu bestehen auf[2].

1 Das Gesetz ist am 9. 2. 1920 verkündet worden und an diesem Tage in Kraft getreten.

2 Es handelte sich um die reichs- und landesrechtlichen Verordnungen; erstere bestanden besonders im Bergbau, letztere in Bayern, Anhalt, Braunschweig. Die landesrechtlichen Betriebsratsordnungen sahen ihr Erlöschen mit dem Augenblick des Zustandekommens eines reichsrechtlichen Betriebsrätegesetzes vor.

Anhang.

I. Reichsrechtliche Gesetze und Verordnungen.

1. Wahlordnung zum Betriebsrätegesetze[1] [2].

Vom 5. Februar 1920 (RGBl. S. 175).

Auf Grund des § 25 des Betriebsrätegesetzes vom 4. Februar 1920 (RGBl. S. 147) wird mit Zustimmung eines aus achtundzwanzig Mitgliedern bestehenden Ausschusses der verfassunggebenden Deutschen Nationalversammlung folgende Wahlordnung erlassen:

I. Die Wahl des Betriebsrats, Arbeiter- und Angestelltenrats.

(§§ 15 bis 25 des Gesetzes.)

A. Allgemeine Bestimmungen.

§ 1.

Leitung der Wahl. Fristberechnung.

Der Betriebsrat wird in der Weise gewählt, daß die Arbeiter und Angestellten ihre Vertreter im Betriebsrat je besonders wählen.

Die Arbeiter- und Angestelltenräte werden in der Weise gebildet, daß zu den Arbeiter- und Angestelltenmitgliedern der Betriebsräte Ergänzungsmitglieder hinzutreten. Die Zahl der Mitglieder der einzelnen Arbeiter- und Angestelltenräte wird nach den gleichen Grundsätzen bestimmt, nach denen sich die Zahl der Mitglieder des Betriebsrats bemißt (§§ 15, 16 des Gesetzes).

Die Leitung der Wahl liegt in der Hand des Wahlvorstandes (§§ 23, 102 des Gesetzes).

Die Vorschriften des Bürgerlichen Gesetzbuchs über die Berechnung von Fristen (§§ 186 bis 193) finden entsprechende Anwendung.

1 Die der WO. beigefügten „amtlichen" Anmerkungen sind nachstehend durch andere Schriftart hervorgehoben.

2 *Nach § 18 Abs. 1 des Gesetzes über Betriebsräte sind die Mitglieder der Betriebsräte in unmittelbarer und geheimer Wahl nach den Grundsätzen der Verhältniswahl zu wählen. Über die Grundsätze und die Durchführung einer solchen Wahl finden sich kurze Ausführungen in den Vorbemerkungen zu den Musterwahlordnungen für die Organe der Krankenkassen (Zentralblatt für das Deutsche Reich 1913 S. 259, 333). Ausführlichere Darlegungen finden sich z. B. in: Dr. Schulz „Die Wahl, insbesondere die Verhältniswahl, in der sozialen Versicherung", Berlin 1913, Verlag von Franz Vahlen; Dr. Schulz „Die Ungültigkeit von Verhältniswahlen" Sonderabdruck aus der Monatsschrift für Arbeiter- und Angestelltenversicherung, IV. Jahrgang, Heft 3, Berlin 1916, Verlag von Julius Springer. In Kürze erscheint: Dr. Schulz „Wahl und Aufgaben der Betriebsräte", Berlin 1920, Verlag von Julius Springer.*

Einigen sich die Wahlberechtigten auf eine gemeinsame Vorschlagsliste (§ 8 Abs. 2 Satz 1), die sie entsprechend dem Stärkeverhältnis etwa vorhandener Gruppen aufstellen können, so werden alle Schwierigkeiten, die im Wesen der Verhältniswahl liegen, vermieden. Eine Stimmabgabe findet dann überhaupt nicht statt (§ 8 Abs. 2). In diesem Falle ist aber das Nachrücken von Ersatzmännern bei Fortfall der zunächst gewählten erschwert.

B. Vorbereitung der Wahl.

§ 2.

Wählerlisten.

Der Wahlvorstand hat für jede Wahl eine Liste der Wahlberechtigten, getrennt nach den Gruppen der Arbeiter und Angestellten, aufzustellen. Vorhandene Listen (Krankenkassenlisten, Lohnlisten) können benutzt werden.

§ 3.

Wahlausschreiben[1].

Der Wahlvorstand hat spätestens 20[2] Tage vor dem letzten Tage der Stimmabgabe (§ 10 Abs. 1) ein Wahlausschreiben zu erlassen.

Im Wahlausschreiben ist die Zahl der von jeder Arbeitnehmergruppe (Arbeiter und Angestellte) zu wählenden Betriebsratsmitglieder und Ergänzungsmitglieder zu veröffentlichen, anzugeben, wo die Wählerliste zur Einsicht ausliegt, daß Einsprüche gegen die Wählerliste zur Vermeidung des Ausschlusses binnen 3 Tagen nach dem ersten Tage des Aushanges (Abs. 3)[3] beim Vorsitzenden des Wahlvorstandes anzubringen sind, und zur Einreichung von Vorschlagslisten für jede Gruppe von Betriebsratsmitgliedern mit dem Hinweis darauf aufzufordern, daß nur solche Vorschlagslisten berücksichtigt werden, die spätestens eine Woche nach dem ersten Tage des Aushanges (Abs. 3)[3] bei dem Wahlvorstand eingehen und daß die Stimmabgabe an die zugelassenen Vorschlagslisten gebunden ist. Ferner ist anzugeben, wo die Vorschlagslisten nach ihrer Zulassung (§ 6) zur Einsicht der Wähler ausliegen, wo die Wähler den Wahlumschlag (§ 9 Abs. 2) empfangen sowie wann[4] und wo (§ 10 Abs. 1) sie den Wahlumschlag mit ihrem Stimmzettel abgeben können. Endlich ist im Wahlausschreiben mitzuteilen, wo die Wahlordnung zur Einsicht ausliegt. Das Wahlausschreiben muß die Adresse des Vorsitzenden angeben.

Eine Abschrift oder ein Abdruck des Wahlausschreibens ist an einer oder mehreren geeigneten, allen Wahlberechtigten zugänglichen Stellen, die der Wahlvorstand bestimmt, bis zum letzten Tage der Stimmabgabe (§ 10 Abs. 1) oder bis zu dem Tage, an dem bekanntgemacht wird, daß eine Stimmabgabe nicht stattfindet (§ 8 Abs. 2), auszuhängen und in lesbarem Zustand zu erhalten.

1 *Ein Muster für das Wahlausschreiben ist im Anhang unter Nr. 1 abgedruckt.*

2 *Mit Einschluß des letzten Tages der Stimmabgabe steht hiernach für die eigentliche Wahl ein Zeitraum von drei Wochen zur Verfügung. Diese Zeit reicht aber auch bequem aus. Beispiel für die Fristberechnung: Letzter Tag der Stimmabgabe: 23. März 1920, Aushang des Wahlausschreibens: 2. März 1920.*

3 *Beispiele für die Fristberechnung: Erster Tag des Aushanges: 2. März 1920,*
Ende der Einspruchsfrist: 5. März 1920,
Ende der Listeneinreichungsfrist: 9. März 1920.

4 *Die Wahl ist Fristwahl und kann an mehreren Tagen stattfinden. In Betrieben, in denen ein Teil der Arbeiter regelmäßig werktags auswärts arbeitet, aber über den Sonntag im Orte des Betriebs anwesend ist, empfiehlt es sich, die Wahl auf mehrere Tage in der Weise zu verlegen, daß darunter ein Sonntag ist.*

§ 4.

Entscheidung von Einsprüchen gegen die Wählerliste.

Über Einsprüche gegen die Wählerliste (§§ 2, 3 Abs. 2) ist vom Wahlvorstand mit tunlicher Beschleunigung zu entscheiden. Wird der Einspruch für begründet erachtet, so ist die Wählerliste entsprechend zu berichtigen. Die Entscheidung ist dem Beschwerdeführer vor dem Beginne der für die Stimmabgabe gesetzten Frist (§ 10 Abs. 1) mitzuteilen; sie kann nur mit einer Anfechtung der Wahl im ganzen angefochten werden.

§ 5.

Vorschlagslisten[1]. Listenvertreter.

Jede Vorschlagsliste soll wenigstens doppelt soviel wählbare Bewerber nennen, wie von der in Betracht kommenden Arbeitnehmergruppe (Arbeiter, Angestellte) Betriebsratsmitglieder und Ergänzungsmitglieder zu wählen sind[2]. Hierbei sollen die verschiedenen Berufsgruppen der im Betriebe beschäftigten männlichen und weiblichen Arbeitnehmer nach Möglichkeit berücksichtigt werden. Die einzelnen Bewerber sind unter fortlaufender Nummer oder in sonst erkennbarer Reihenfolge aufzuführen und nach Familien- und Vor- (Ruf-) namen, Beruf und Wohnort zu bezeichnen. Ihre schriftliche Zustimmung zur Aufnahme in die Liste ist beizufügen.

Die Vorschlagslisten müssen von mindestens drei Wahlberechtigten unterschrieben sein[3]. Ist nicht einer der Unterzeichner ausdrücklich als Vertreter der Vorschlagsliste bezeichnet, so kann jeder Unterzeichner als Listenvertreter angesehen werden. Der Listenvertreter ist berechtigt und verpflichtet, dem Vorsitzenden des Wahlvorstandes die zur Beseitigung von Anständen erforderlichen Erklärungen abzugeben. Unterzeichnet ein Wähler mehr als eine Vorschlagsliste, so wird sein Name nur auf der zuerst eingereichten Vorschlagsliste gezählt und auf den übrigen Listen gestrichen. Sind mehrere Vorschlagslisten, die von demselben Wahlberechtigten unterzeichnet sind, gleichzeitig eingereicht, so gilt die Unterschrift auf derjenigen Liste, welche der Unterzeichner binnen einer ihm gesetzten Frist von höchstens zwei Tagen bestimmt. Unterläßt dies der Unterzeichner, so entscheidet das Los. Weist eine Vorschlagsliste infolge der Streichung nicht mehr die vorgeschriebene Zahl von Unterschriften auf, so ist dem Listenvertreter die Beschaffung der fehlenden Unterschriften binnen einer ihm zu setzenden Frist anheimzugeben. Sind alle Unterschriften gestrichen, so ist die Vorschlagsliste ungültig (§ 7 Abs. 1).

Eine Verbindung von Vorschlagslisten ist unzulässig.

1 *Ein Muster für die Vorschlagsliste ist im Anhang unter Nr. 3 abgedruckt.*

2 Im Fall der gemeinsamen Wahl von Arbeitern und Angestellten wird eine Vorschlagsliste nicht dadurch unzulässig, daß sie nur eine Gruppe der Arbeitnehmer enthält (RAG. 19. 12. 28, RAG. 3, 58).

3 Die Erfüllung des Erfordernisses, daß die Vorschlagsliste 3 Unterschriften tragen muß, wird nicht dadurch vernichtet, daß Unterzeichner ihre Unterschriften nach Einreichung der Liste „zurückziehen" (RAG. 11. 9. 29, RAG. 4, 170).

§ 6.

Bezeichnung und Prüfung der Vorschlagslisten.

Der Wahlvorstand hat die eingereichten Vorschlagslisten nach der Reihenfolge ihres Einganges mit Ordnungsnummern und Namen[1] zu versehen, sie zu prüfen[3] und, soweit die Listen nicht ungültig sind (§ 7 Abs. 1 Satz 1), Anstände umgehend dem Listenvertreter (§ 5 Abs. 2 Satz 2 und 3) mitzuteilen. Zur Beseitigung der Anstände ist eine Frist zu setzen. Spätestens drei Tage vor dem Beginne der für die Stimmabgabe gesetzten Frist[2] sind die zugelassenen Vorschlagslisten in geeigneter Weise zur Einsicht der Beteiligten auszulegen oder auszuhängen[4]. Solange dies nicht geschehen ist, kann eine Vorschlagsliste durch eine von allen Unterzeichnern der Liste unterschriebene Erklärung zurückgenommen werden[5].

Wird eine Zustimmungserklärung trotz Beanstandung (Abs. 1 Satz 1, 2) seitens des Wahlvorstandes nicht oder nicht rechtzeitig vorgelegt, so wird der Name des betreffenden Bewerbers auf der Liste gestrichen.

1 *In der Regel ist der erste Name in der Liste zu verwenden. Wo dieser mit dem Namen einer anderen Liste übereinstimmt, sind ein oder mehrere, jeden Zweifel ausschließende Namen zu verwenden.*

2 *Beispiel für die Fristberechnung: Erster Tag der Stimm-*

abgabe: 21. März 1920, Auslegung der Vorschlagslisten: Spätestens 18. März 1920 früh mit Betriebsbeginn.

3 Der Wahlvorstand ist lediglich zur Prüfung, nicht aber zur Zurückweisung der eingereichten Vorschlagslisten befugt. Durch die Nichtzulassung einer eingereichten Vorschlagsliste wird den zur Entscheidung über die Gültigkeit der Wahl berufenen Stellen unbefugterweise vorgegriffen und eine wesentliche Vorschrift über das Wahlverfahren im Sinne des § 20 verletzt (RAG. 16. 10. 29, BenshSamml. 7, 130).

4 Die Vorschrift (§ 6 Abs. 1 Satz 3) über die Auslegung und den Aushang der Vorschlagslisten ist eine Mußvorschrift, ihre Verletzung macht die Wahl ungültig; denn die Auslegung oder der Aushang soll den Wahlberechtigten die Möglichkeit geben, sich über den Inhalt der Vorschlagslisten und die Namen der auf ihnen verzeichneten Bewerber zuverlässige Kenntnis zu verschaffen. Dieser Zweck wird vereitelt, wenn Auslegung oder Aushang unterbleiben oder nicht gehörig erfolgen (RAG. 18. 12. 1929, RAG. 25/29); er wird auch nicht dadurch erreicht, daß die Wähler sich auf andere Weise über die eingereichten Vorschlagslisten unterrichten können oder wahrscheinlich unterrichtet haben (RAG. 7. 5. 30, RAG. 46/29).

5 Eine Zurücknahme der Vorschlagsliste bis zu dem in § 6 Satz 4 angegebenen Zeitpunkt kann von der Einreichung an nur nach Maßgabe des § 6 Satz 4, durch Einverständnis aller Unterzeichner, wirksam werden (RAG. 11. 9. 29, RAG. 4, 170).

§ 7.

Ungültige Vorschlagslisten.

Die Vorschlagslisten sind ungültig, wenn sie verspätet eingereicht werden, oder wenn sie nicht die erforderliche Zahl von Unterschriften tragen. Ungültig sind auch Vorschlagslisten, auf denen die Bewerber nicht in erkennbarer Reihenfolge (§ 5 Abs. 1 Satz 3) aufgeführt sind, wenn der Mangel nicht rechtzeitig (§ 6 Satz 2) beseitigt wird[1].

Ist ein vorgeschlagener Bewerber nicht in der im § 5 Abs. 1 Satz 3 bestimmten Weise bezeichnet, und kommt der

Listenvertreter der Aufforderung des Wahlvorstandes, die Liste zu ergänzen, nicht rechtzeitig nach (§ 6 Satz 2), so kann der Name des unvollständig Bezeichneten gestrichen werden.

1 Ist getrennte Wahl von Arbeitern und Angestellten vorgeschrieben, so erscheint zwar eine Zusammenstellung zweier Listen in einem Schriftsatz nicht unzulässig. Wenn aber Arbeiter und Angestellte in einer Folge aufgeführt sind, ohne daß die Berufsbezeichnung die Sonderung der Gruppen mit Sicherheit erkennen läßt, so liegt der Fall des § 7 Abs. 1 Satz 2 vor, daß die Bewerber (jeder Gruppe) nicht in erkennbarer Reihenfolge aufgeführt sind, und die Vorschlagsliste ist ungültig (RAG. 10. 4. 29, RAG. 3, 348).

§ 8.

Fehlen gültiger Vorschlagslisten. Wahl ohne Stimmabgabe.

Wird für die Wahl der Arbeiter- oder der Angestelltenmitglieder keine gültige Vorschlagsliste eingereicht, so hat der Wahlvorstand dies sofort bekanntzumachen (§ 3 Abs. 3) und zur Einreichung von Vorschlagslisten eine Nachfrist bis zum Ablauf des auf diese Bekanntmachung folgenden Tages zu setzen[1]. Wird auch dann eine gültige Vorschlagsliste nicht eingereicht, so hat der Wahlvorstand in derselben Weise, wie dies bei dem Wahlausschreiben geschehen ist (§ 3 Abs. 3), bekanntzumachen, daß eine Stimmabgabe nicht stattfindet.

Wird für die Wahl der Arbeiter- oder der Angestelltenmitglieder nur eine Vorschlagsliste zugelassen[2], so gelten die in ihr gültig verzeichneten Bewerber in der Reihenfolge der Liste als gewählt. Abs. 1 Satz 2 findet entsprechende Anwendung[3].

1 *Ein Muster für diese Bekanntmachung ist im Anhang unter Nr. 2 abgedruckt.*

2 Durch § 8 Abs. 2 wird nur geregelt, wer Mitglied des Betriebsrates werden soll, nicht aber, wann das Amt des Betriebsrates und seines so berufenen Mitglieds beginnt (RAG. 12. 6. 29, BensheimSamml. 6, 221).

Die bloße Einreichung nur einer Vorschlagsliste für die Wahl der Arbeiter oder Angestellten genügt nicht, um die in ihr gültig verzeichneten Bewerber als gewählt erscheinen zu lassen, vielmehr ist hierzu erforderlich, daß eine derartige Liste „zugelassen" wird (RAG. 16. 5. 28, RAG. 2, 18), und daß der Wahlvorstand bekannt macht, daß keine Stimmabgabe stattfindet (RAG. 17. 10. 28, BenshSamml. 4, 251).

3 Bei Einreichung und Zulassung nur einer Vorschlagsliste sind die in dieser Liste gültig verzeichneten Bewerber erst mit der gehörigen Bekanntmachung der erforderlichen Stimmabgabe gewählt und des Kündigungsschutzes des § 96 BRG. teilhaftig (RAG. 4, 85). Das folgt einmal daraus, daß ebenso wie bei Wahlen zu anderen öffentlich-rechtlichen Körperschaften auch der gleichfalls als öffentlich-rechtliche Körperschaft anzusehende Betriebsrat, und zwar gemäß § 18 WahlO. z. BRG. erst mit der Bekanntmachung (durch Aushang) nach außen hin als gewählt zu gelten hat. In zweiter Linie kommt der Wortlaut des § 8 Abs. 2 Satz 2 in Betracht. Wenn es hier heißt: „Abs. 1 Satz 2 findet entsprechende Anwendung" und dieser Abs. 1 Satz 2 vorschreibt: „wird ... nicht eingereicht, so hat der Wahlvorstand in derselben Weise, wie dies bei dem Wahlausschreiben geschehen ist (§ 3 Abs. 3), bekannt zu machen, daß eine Stimmabgabe nicht stattfindet", so ist darin klar und eindeutig erklärt, daß eine Bekanntmachung der bezeichneten Art erfolgen muß. Endlich könnte eine solche Kenntnis für das Verhalten des Arbeitgebers in der nach §§ 18, 19 Abs. 1 WahlO. z. BRG. erst mit der Bekanntmachung beginnenden Anfechtungsfrist erheblich sein. Bei Unterbleiben der Bekanntmachung ist die Wahlhandlung mit einem unheilbaren Mangel belastet (RAG. 22. 2. 30, RAG. 5, 211).

C. Stimmabgabe.

§ 9.

Stimmzettel und Wahlumschläge.

Der Wähler darf seine Stimme nur für eine der zugelassenen Vorschlagslisten (§ 6) abgeben. Der Stimmzettel muß die Ordnungsnummer der zugelassenen Vorschlagslisten enthalten. An Stelle oder neben der Ordnungsnummer können in den Stimmzetteln ein oder mehrere[1] Namen der in einer zugelassenen Vorschlagsliste eingetragenen Bewerber aufgeführt werden; Stimmzettel, die unterschrieben sind, die Namen aus verschiedenen Vorschlagslisten enthalten oder deren Inhalt zweifelhaft ist, oder die eine Verwahrung oder einen Vorbehalt gegenüber allen Bewerbern enthalten oder die mit einem Kennzeichen versehen sind, sind ungültig.

Der Wähler hat seinen Stimmzettel in einem Wahlumschlag abzugeben. Die Wahlumschläge sind vom Arbeitgeber zu beschaffen und mit der Aufschrift oder dem Vordruck zu versehen: „Wahl zum Betriebsrat für (Bezeichnung des Betriebs)." Die Wahlumschläge sind den Wahlberechtigten nach näherer Bestimmung des Wahlvorstandes zur Verfügung zu stellen.

Befinden sich in einem Wahlumschlage mehrere Stimmzettel, so werden sie, wenn sie vollständig übereinstimmen, nur einfach gezählt, andernfalls als ungültig angesehen.

1 *Enthält ein Stimmzettel nur Namen, die auf mehreren Vorschlagslisten wiederkehren, so läßt sich nicht erkennen, für welche Liste der Stimmzettel abgegeben ist, der Stimmzettel wäre daher ungültig.*

§ 10.

Abgabe der Stimmzettel[1].

Der Wähler hat den seinen Stimmzettel enthaltenden Wahlumschlag verschlossen oder offen an einem der für die Stimmabgabe festgesetzten Tage bei der von dem Wahlvorstande bezeichneten Stelle unter Nennung seines Namens abzugeben.

Die mit der Entgegennahme der Wahlumschläge und Stimmzettel betraute Person hat den Wahlumschlag in Gegenwart des Wählers in einen dazu aufgestellten Kasten zu stecken und die Stimmabgabe in der Wählerliste zu vermerken.

Der Stimmzettelkasten muß dem Wahlvorstande verschlossen und so eingerichtet sein, daß die hineingeschobenen Umschläge mit den Stimmzetteln nicht herausgenommen werden können, ohne daß der Kasten geöffnet wird.

Sind Arbeiter- und Angestelltenmitglieder zu wählen, so hat die Abgabe der Stimmzettel getrennt für beide Arbeitnehmergruppen zu erfolgen.

1 *Vgl. § 3 Anmerkung 4.*

D. Feststellung des Wahlergebnisses.

§ 11.

Im allgemeinen.

Das Wahlergebnis wird durch den Wahlvorstand spätestens am dritten Tage nach dem Abschluß der Stimmabgabe festgestellt.

§ 12.

Berechnung der jeder Vorschlagsliste zugefallenen Stimmenzahl.

Nach Öffnung des Stimmzettelkastens oder der mehreren Kästen durch den Wahlvorstand werden die Stimmzettel aus den Wahlumschlägen entnommen und die auf jede Vorschlagsliste entfallenen Stimmen zusammengezählt. Dabei ist die Gültigkeit der Stimmzettel zu prüfen.

§ 13.

Verteilung der Mitgliederstellen auf die Vorschlagslisten.

Die den einzelnen Vorschlagslisten zugefallenen Stimmenzahlen (§ 12) werden in einer Reihe nebeneinandergestellt und sämtlich durch 1, 2, 3, 4 usw. geteilt. Die ermittelten Teilzahlen sind nacheinander reihenweise unter den Zahlen der ersten Reihe aufzuführen. Die Teilung ist fortzuführen, bis anzunehmen ist, daß höhere Zahlen als aus den früheren Reihen für die Zuweisung von Sitzen in Betracht kommen, nicht mehr entstehen.

Unter den so gefundenen Zahlen werden so viele Höchstzahlen ausgesondert und der Größe nach geordnet, als Betriebsrats- und Ergänzungsmitglieder zu wählen sind. Jede Vorschlagsliste erhält so viele Mitgliedersitze zugeteilt, als Höchstzahlen auf sie entfallen. Wenn eine Höchstzahl auf mehrere Vorschlagslisten zugleich entfällt, so entscheidet das Los darüber, welcher dieser Vorschlagslisten die nächste Stelle zukommt.

Wenn eine Vorschlagsliste weniger Bewerber enthält, als Höchstzahlen auf sie entfallen, so gehen die überschüssigen Stellen auf die Höchstzahlen der anderen Vorschlagslisten über.

§ 14.

Verteilung der Bewerber innerhalb der Vorschlagslisten.

Die Reihenfolge der Bewerber innerhalb der einzelnen Vorschlagslisten bestimmt sich nach der Reihenfolge ihrer Benennung. Würde eine Person wegen ihrer Benennung auf mehreren Vorschlagslisten mehrfach gewählt sein, so gilt sie als gewählt auf Grund der Liste, auf der ihr die größte Höchstzahl zufällt; bei gleichen Höchstzahlen entscheidet das Los. Bei den anderen Listen tritt an Stelle des bereits als gewählt geltenden Bewerbers der nächstbenannte Bewerber.

§ 15.

Ersatzmitglieder.

Als Ersatzmitglieder der gewählten Mitglieder gelten die auf den einzelnen Vorschlagslisten jeweilig den gewählten folgenden Bewerber mit der Maßgabe, daß die derselben Liste angehörenden Ergänzungsmitglieder zugleich für den Betriebsrat die ersten Ersatzmitglieder sind.

§ 16.

Niederschrift des Wahlvorstandes.

Soweit eine Stimmabgabe nach den §§ 9, 10 stattgefunden hat, stellt der Wahlvorstand in einer Niederschrift die Gesamtzahl der seitens jeder Arbeitnehmergruppe abgegebenen gültigen Stimmen, die jeder Liste zugefallene Stimmenzahl, die berechneten Höchstzahlen, deren Verteilung auf die Listen, die Zahl der für ungültig erklärten Stimmen und die Namen der von jeder Arbeitnehmergruppe gewählten Betriebsratsmitglieder und Ergänzungsmitglieder fest[1].

Entsprechend ist zu verfahren, wenn die Wahl nach § 8 Abs. 2 Satz 1 ohne Stimmabgabe stattgefunden hat.

Die Niederschrift ist vom Wahlvorstande zu unterschreiben.

1 *Ein Muster für die Niederschrift sowie Beispiele für die Ermittlung des Wahlergebnisses sind im Anhang unter Nr. 4 abgedruckt.*

§ 17.

Mitteilung an die Gewählten[1].

Der Wahlvorstand benachrichtigt die gewählten Betriebsratsmitglieder und Ergänzungsmitglieder schriftlich von der auf sie entfallenen Wahl. Erklärt der Gewählte nicht binnen einer Woche, daß er die Wahl ablehne, so gilt die Wahl als angenommen.

Lehnt ein Gewählter die Wahl ab, so gilt an seiner Stelle der in der gleichen Vorschlagsliste nach ihm vorgeschlagene noch nicht Gewählte als gewählt.

1 *Ein Muster für die Mitteilung ist im Anhang unter Nr. 6 abgedruckt.*

§ 18.

Bekanntmachung des Wahlergebnisses[1].

Sobald die Namen der Gewählten endgültig feststehen, hat der Wahlvorstand sie durch zweiwöchigen Aushang an derjenigen Stelle, an welcher das Wahlausschreiben angeheftet gewesen ist, bekanntzumachen[2].

1 *Ein Muster für diese Bekanntmachung ist im Anhang unter Nr. 7 abgedruckt.*

2 Nach den Erfordernissen der Betriebsratswahl als einer öffentlichen Wahl ist angesichts der notwendigen Klarstellung des Wahlergebnisses im Verhältnis der Betriebsvertretung zum Arbeitgeber und zu den Betriebsangehörigen die Bekanntmachung der für den Erwerb des Betriebsratsamtes und den Beginn des Schutzes entscheidende Zeitpunkt (RAG. 22. 2. 30, RAG. 5, 211; vgl. auch § 8 Anm. 3).

Die Streichung des Namens eines Bewerbers auf einer Vorschlagsliste ist, soweit sie die Wahlvorschriften nicht ausdrücklich für zulässig erklären, jedenfalls dann nicht mehr zulässig, wenn der vorgeschriebene Aushang der Vorschlagslisten zur Einsicht der Beteiligten erfolgt ist (RAG. 18. 12. 29, BenshSamml. 7, 439).

E. Anfechtung und Ungültigkeit der Wahl.

§ 19.

Im allgemeinen.

Die Gültigkeit der Wahlen kann während der Dauer des Aushanges (§ 18) angefochten werden[2]. Anfechtungen sind bei den in §§ 93, 94, 103 des Gesetzes angegebenen Stellen anzubringen[3].

Entscheidungen des Wahlvorstandes können nur mit einer Anfechtung der Wahl im ganzen angefochten werden.

Ist die ganze Wahl ungültig, so ist alsbald eine neues Wahlverfahren einzuleiten[4].

1 Abschnitt E der Wahlordnung bewegt sich durchaus im Rah-

men der nach § 25 BRG. durch den Reichsarbeitsminister mit Zustimmung eines Reichstagsausschusses zu erlassenden Ausführungsbestimmungen über das Wahlverfahren (RAG. 21. 12. 27, RAG. 1, 199).

2 Der Mangel der in § 20 Abs. 2 BRG. bestimmten sechsmonatlichen Betriebszugehörigkeit eines Arbeitnehmers als Voraussetzung für seine Wählbarkeit zum BR. kann dadurch geheilt werden, daß die Gültigkeit der Wahl während des in §§ 18, 19 WahlO. zum BRG. vorgeschriebenen zweiwöchigen Aushangs der Namen der Gewählten nicht angefochten wird (RAG. 21. 12. 27, RAG. 1, 199).

3 Die Ungültigkeit einer Betriebsratswahl wegen Verstoßes gegen wesentliche Wahlvorschriften kann nur gemäß § 19 der Wahlordnung zum BRG. geltend gemacht werden. — Die Geltendmachung des Fehlens der gesetzlichen Voraussetzungen für eine Betriebsvertretung oder eine bestimmte Tat der Betriebsvertretung ist von dem Ablauf der im § 19 der WahlO zum BRG. vorgesehenen Anfechtungsfrist nicht abhängig. Beruht, von den Ausnahmefällen der sog. vertretungslosen Betriebe abgesehen, die Errichtung des gemeinsamen Betriebsrats nicht auf Beschlüssen der Einzelbetriebsräte bzw. Einzelbetriebsobleute, so fehlt es an einer gesetzlichen Voraussetzung für die Existenz der Betriebsvertretung (RAG. 22. 2. 28, RAG. 1, 198).

4 Hat eine Betriebsratswahl unter Nichtbeachtung der vom Gesetze aufgestellten Wahlvorschriften in einem Umfange stattgefunden, daß das vorgeschriebene Wahlverfahren nicht eingehalten worden ist, so hat eine Wahl im Sinne des Betriebsrätegesetzes überhaupt nicht stattgefunden und es bedarf der Geltendmachung der einzelnen Anfechtungsgründe im Wege der Anfechtung nicht, um die Ungültigkeitserklärung der Wahlhandlung herbeizuführen (RAG. 5. 12. 1928, RAG. 3, 100).

Eine Wahl, bei der so grobe Verstöße gegen wesentliche Wahlvorschriften, wie der Bruch des Wahlgeheimnisses und die Berücksichtigung in Wirklichkeit nicht abgegebener Stimmzettel bei der Feststellung des Wahlgeheimnisses, festgestellt sind, kann durch eine nachträgliche Ergänzung nicht aufrechterhalten werden (RAG. 9. 3. 29, Bensh.Samml. 5, 320).

§ 20.

Ungültigkeit der Wahl.

Die Wahl ist ungültig, wenn gegen wesentliche Vorschriften über das Wahlverfahren verstoßen[1] und weder eine nachträgliche Ergänzung[2] möglich noch nachgewiesen ist, daß durch den Verstoß das Wahlergebnis nicht verändert werden konnte.

1 „Wesentliche" Vorschriften über das Wahlverfahren, deren Außerachtlassung die Wahl ungültig macht, sind solche Bestimmungen, deren unbedingte Befolgung durch eine sog. Mußvorschrift angeordnet ist (RAG. 2, 364). Die Vorschrift des § 6 Abs. 1 Satz 3 der WahlO. z. BRG. ist eine solche Mußvorschrift. Mit der Nichtbeachtung der Bestimmungen über die Auslegung oder den Aushang von Vorschlagslisten zu einer Betriebsratswahl und mit der Aufnahme von Wählern in die Wahllisten noch während des Wahlvorgangs wird gegen wesentliche Vorschriften über das Wahlverfahren verstoßen; bei derartigen Verstößen erscheint weder eine nachträgliche Ergänzung noch der Nachweis möglich, es hätte durch die Verstöße das Wahlergebnis nicht verändert werden können (RAG. 7. 5. 30, RAG. 46/29).

Die die Art der Bestellung des Wahlvorstandes regelnde Bestimmung des § 23 BRG. enthält eine das Wahlverfahren betreffende Vorschrift. Ein Verstoß gegen die Vorschrift hat nicht unbedingt absolute Nichtigkeit der Betriebsratswahl zur Folge. Es wird vielmehr von den Besonderheiten des Einzelfalls abhängen, ob Nichtigkeit anzunehmen ist. Solche wird beispielsweise dann anzunehmen sein, wenn die Bestellung des Wahlvorstandes nicht aus dem Betriebe selbst hervorgegangen ist (RAG. 20. 6. 28, RAG. 2, 162).

Ein Verstoß gegen wesentliche Vorschriften über das Wahlverfahren liegt dann nicht vor, wenn die Bestellung des Wahlvorstandes erfolgt ist, ohne daß die im § 23 Abs. 2 BRG. vorgesehene Voraussetzung, daß der Arbeitgeber seiner Verpflichtung nicht nachgekommen ist, vorgelegen hat (RAG. 11. 5. 29, RAG. 4, 43).

Die Vorschrift des § 12 Abs. 1 Satz 2 der Wahlordnung für die Betriebsvertretungen bei der Reichsbahngesellschaft vom 15. 12. 1929 (RMBl. 1925 S. 40), wonach an jedem Wahltag unmittelbar nach Ablauf der für die Stimmabgabe festgesetzten Zeit die Zahl der für jede Vorschlagsliste abgegebenen Stimmen vorläufig ermittelt und in einer Niederschrift eingetragen wird, ist keine wesentliche Vorschrift über das Wahlverfahren im Sinne des § 20 der WahlO. (RAG. 3. 10. 28, RAG. 2, 200).

2 Fälle, in denen eine Ergänzung nicht möglich ist, s. § 19 Anm. 4 sowie oben Anm. 1.

§ 21.

Ungültige Wahl einer Person.

Ungültig ist die Wahl einer Person, die zur Zeit der Wahl nicht wählbar war und auch die Wählbarkeit nicht inzwischen erlangt hat.

Ungültig ist die Wahl einer Person, von der oder zu deren Gunsten von Dritten die Wahl rechtswidrig (zu vergleichen insbesondere §§ 107 bis 109, 240, 339 des Reichsstrafgesetzbuchs) oder durch Gewährung oder Versprechung von Geschenken beeinflußt worden ist, es sei denn, daß dadurch das Wahlergebnis nicht verändert werden konnte.

§ 17 Abs. 2 gilt entsprechend.

F. Schlußbestimmung.

§ 22.

Aufbewahrung der Wahlakten. Kosten.

Die Wahlakten werden von den Betriebsräten und bis zur Beendigung ihrer Amtsdauer aufbewahrt.

Die sächlichen Kosten (Beschaffung der Wahlordnung, der Wahlumschläge, der erforderlichen Stimmzettelkästen usw.) trägt der Betriebsunternehmer.

G. Sonderbestimmungen für den Fall der Wahl des Betriebsrats in gemeinsamer Wahl aller Arbeitnehmer

(§ 19 des Gesetzes)[1].

§ 23.

Allgemeine Bestimmung.

Die §§ 1 bis 22 finden entsprechende Anwendung, soweit sich nicht aus den folgenden Bestimmungen Abweichungen ergeben.

1 *Ein Muster für die Niederschrift sowie Beispiele für die Berechnung des Wahlergebnisses in diesem Falle sind im Anhang unter Nr. 5 abgedruckt.*

§ 24.

Bildung des Betriebsrats.

Der Betriebsrat wird in der Weise gewählt, daß die Arbeiter und Angestellten die Mitglieder des Betriebsrats und die Ersatzmitglieder in gemeinsamer Wahl wählen.

§ 25.

Wahlausschreiben.

Im Wahlausschreiben (§ 3) ist auch hier die Zahl der zu wählenden Betriebsratsmitglieder und Ergänzungsmitglieder getrennt nach den Gruppen der Arbeiter und Angestellten zu veröffentlichen.

§ 26.

Vorschlagslisten.

Bei der Aufstellung der Vorschlagslisten (§ 5) ist zu beachten, daß jede Arbeitnehmergruppe im Betriebsrat gemäß §§ 15, 16 des Gesetzes vertreten sein muß.

§ 27.

Verteilung der Mitgliederstellen.

Auf die Vorschlagslisten werden zunächst die Arbeitersitze nebst Ergänzungsmitgliedern, sodann in gesonderter Rechnung die Angestelltensitze nebst Ergänzungsmitgliedern verteilt[1]. Jede Vorschlagsliste erhält so viel Mitgliedersitze von jeder Arbeitnehmergruppe zugeteilt, als bei der gesonderten Berechnung Höchstzahlen auf sie entfallen.

1 Bei der Verteilung der Sitze ist nach geschehener Verteilung der Arbeitersitze die Zuteilung an die Angestellten so vorzunehmen, daß die Höchstzahlen nach dem Stand vermerkt werden, die sie durch die vorangegangene Verteilung erhalten haben (RAG. 19. 12. 28, RAG. 3, 58). Bei der gemeinsamen Wahl beginnt die der Zuteilung der Arbeitersitze folgende Verteilung der Angestelltensitze nicht mit den ursprünglichen Höchstzahlen, sondern übernimmt die Restzahlen der vorangehenden Verteilung. Das ist auch dann durchzuführen, wenn einzelne Vorschlagslisten nur Arbeiter oder nur Angestellte enthalten (RAG. 18. 12. 29, RAG. 4, 346; ebenso RAG. 3, 58 und RAG. 27. 7. 29, RAG. 17/29).

§ 28.

Verteilung der Bewerber innerhalb der einzelnen Vorschlagslisten.

Bei Verteilung der Arbeitersitze sind nur die der Arbeitergruppe, bei der Verteilung der Angestelltensitze nur die der Angestelltengruppe der einzelnen Liste zugehörigen Bewerber zu berücksichtigen (§ 14 der Wahlordnung).

II. Die Wahl des Gesamtbetriebsrats

(§ 54 des Gesetzes).

§ 29.

Leitung der Wahl, Fristberechnung.

Der Gesamtbetriebsrat wird in der Weise gewählt, daß alle Arbeitermitglieder und alle Angestelltenmitglieder der einzelnen Betriebsräte zwecks Wahl ihrer Vertreter für den Gesamtbetriebsrat je einen Wahlkörper bilden.

Die Leitung der Wahl in jedem Wahlkörper liegt in der Hand des Wahlvorstandes (§ 54 des Gesetzes).

§ 1 Abs. 4 der Wahlordnung findet entsprechende Anwendung.

§ 30.

Wahlausschreiben.

Ort und Zeit der Wahl sind innerhalb jedes Wahlkörpers, etwa zwanzig Tage vor der Wahl, allen Wahlberechtigten schriftlich mitzuteilen. Die Mitteilung muß die Zahl der zu wählenden Mitglieder angeben sowie zur Einreichung von Vorschlagslisten mit dem Hinweis darauf auffordern, daß nur solche Vorschlagslisten berücksichtigt werden, die bis zu einem bestimmten, etwa eine Woche nach dem Absendungstage des Wahlausschreibens liegenden Tage, bei dem Vorsitzenden des Wahlvorstandes eingereicht werden und daß die Stimmabgabe an diese Vorschlagslisten gebunden ist. Das Wahlausschreiben muß die Adresse des Vorsitzenden des Wahlvorstandes enthalten.

§ 31.

Vorschlagslisten.

Die §§ 5 bis 8 der Wahlordnung finden entsprechende Anwendung, jedoch

§ 5 mit der Maßgabe, daß nur die einfache Zahl von Gesamtbetriebsratsmitgliedern zu benennen ist und zwei Unterschriften unter den Vorschlagslisten genügen,

§ 6 mit der Maßgabe, daß an die Stelle der Auslegung die schriftliche Mitteilung der Vorschlagslisten an die Wahlberechtigten tritt. Der Mitteilung ist der Wahlumschlag beizufügen.

§ 32.

Durchführung der Wahl.

Die §§ 9 bis 14, 16 bis 22 finden entsprechende Anwendung.

Für die Wahl ist ein Zeitpunkt festzusetzen. Zur Abstimmung berechtigt sind alle Wähler, die sich bis zum Abschluß der Stimmabgabe eingefunden haben.

Ersatzmitglieder (§ 15 der Wahlordnung) werden nicht gewählt.

Im Wahltermin kann jede Vorschlagsliste durch ihre Unterzeichner zurückgenommen werden, wenn keiner der im Wahltermin erschienenen Wähler widerspricht, und es können neue Vorschlagslisten aufgestellt und zurückgenommen werden. Auch über die neu aufgestellten Vorschlagslisten kann abgestimmt werden.

III. Die Wahl des Betriebsausschusses

(§ 27 des Gesetzes).

§ 33.

Die Wahl des Betriebsausschusses findet in der zu diesem Zwecke zusammenberufenen Betriebsratssitzung (§ 29 des Gesetzes) unter der Leitung des ältesten Betriebsratsmitglieds statt. Dieser hat in der Sitzung zur Einreichung von Vorschlagslisten mit dem Hinweis darauf aufzufordern, daß die Stimmabgabe an die Vorschlagslisten gebunden ist.

Es genügen zwei Unterschriften unter den Vorschlagslisten. Eingereichte Vorschlagslisten können von den Unterzeichnern wieder zurückgenommen werden.

Die Wahl ist öffentlich.

Die Verteilung der Gewählten auf die Vorschlagslisten findet nach §§ 13, 14 der Wahlordnung statt.

Die §§ 19, 20, 21 Abs. 1 und 2 finden entsprechende Anwendung; die Frist zur Anfechtung läuft von der Wahl ab.

IV. Die Wahl des Betriebsobmanns
(§ 58 des Gesetzes).

§ 34.

Der Betriebsobmann wird unter der Leitung des ältesten Arbeitnehmers des Betriebs als Wahlleiter in geheimer Wahl nach dem Grundsatz der Mehrheit gewählt. Bei Stimmengleichheit entscheidet das Los.

§§ 19, 20, 21 Abs. 1 und 2 finden entsprechende Anwendung. Die Frist zur Anfechtung läuft von der Wahl ab.

Sind zwei Betriebsobleute zu wählen, so ist Wahlleiter je der älteste Arbeitnehmer der betreffenden Gruppe.

Anhang.

Inwieweit der Wahlvorstand von den folgenden Mustern Gebrauch machen will, bleibt ihm überlassen.

1. **Muster** zum Wahlausschreiben (§ 3 der Wahlordnung).

Ausgehängt am ....

Abgenommen am ....

Wahlausschreiben

für die Wahl des Betriebsrats (Arbeiterrats und Angestelltenrats) für (Bezeichnung des Betriebs).

Gemäß § 1 des Betriebsrätegesetzes vom .... sind von den mindestens 18 Jahre alten im Besitze der bürgerlichen Ehrenrechte befindlichen männlichen und weiblichen Arbeitern und Angestellten des Betriebs zusammen .... Betriebsratsmitglieder zu wählen; hiervon entfallen auf die Arbeiter....... Mitglieder, auf die Angestellten....... Mitglieder.

Zwecks Bildung des Arbeiterrats treten zu den Arbeitermitgliedern des Betriebsrats.............. Ergänzungsmitglieder, zwecks Bildung des Angestelltenrats treten zu den Angestelltenmitgliedern des Betriebsrats...... Ergänzungsmitglieder hinzu.

Wählbar sind unter den Voraussetzungen der §§ 20, 21 des Betriebsrätegesetzes alle mindestens 24 Jahre alten reichsangehörigen Wahlberechtigten. Gemäß § 3 Abs. 1 der Wahlordnung werden die Wahlberechtigten aufgefordert, bis zum .... Vorschlagslisten für jede der beiden Gruppen von Betriebsratsmitgliedern (Arbeiter und Angestellte) bei dem unterzeichneten Vorsitzenden des Wahlvorstandes, ... (Name), ... (Ort), ... (Straße) einzureichen. Vorschlagslisten, die später eingehen oder die nicht von mindestens drei Wahlberechtigten unterzeichnet sind, sind ungültig.

Jede Vorschlagsliste soll mindestens doppelt soviel wählbare Bewerber benennen, wie Betriebsratsmitglieder und Ergänzungsmitglieder zu wählen sind. Die einzelnen Bewerber sind unter fortlaufender Nummer oder in sonst erkennbarer Reihenfolge aufzuführen und nach Familien- und Vor(Ruf-)namen, Beruf und Wohnort zu bezeichnen.

Die zugelassenen Vorschlagslisten werden vom .... bis zum .... täglich von .... bis .... Uhr in .... zur Einsicht der Wähler ausliegen.

Die Wählerliste liegt vom .... bis zum .... täglich von ..... bis ..... Uhr in .... zur Einsicht aus. Einsprüche gegen die Wählerliste sind zur Vermeidung des Ausschlusses spätestens am .... bei dem unterzeichneten Vorsitzenden des Wahlvorstandes anzubringen.

Die Stimmabgabe über die zugelassenen Vorschlagslisten findet an den Tagen vom .... bis zum .... in .... statt. Jeder Wahlberechtigte darf nur für eine der zugelassenen Vorschlagslisten stimmen. Der Wähler, der von seinem Wahlrecht Gebrauch machen will, hat seinen Stimmzettel an einem der oben bezeichneten Tage während der Zeit von .... bis .... Uhr in einem Wahlumschlag abzugeben, den er[1] .... erhält.

Ein Abdruck der Wahlordnung liegt bis zum Schlusse der Stimmabgabe täglich von .... bis .... Uhr in ...... zur Einsicht auf.

.........., den ....

Der Wahlvorstand

....

Vorsitzender 1. und 2. Beisitzer

1 *Z. B. an den Auslegungsstellen der Vorschlagslisten während der Zeit ihrer Auslegung.*

2. **Muster** für die Bekanntmachung nach § 8 Abs. 1 Satz 1 der Wahlordnung.

Ausgehängt am ....

Abgenommen am ....

Nachfrist

für die Einreichung von Vorschlagslisten zur Wahl des Betriebsrats (Arbeiterrats und Angestelltenrats) für ....

(Bezeichnung des Betriebs).

Durch Wahlausschreiben vom .... sind die Wahlberechtigten aufgefordert worden, für die Wahl des Betriebsrats (Arbeiterrats und Angestelltenrats) bis zum .... Vorschlagslisten bei dem unterzeichneten Vorsitzenden des Wahlvorstandes einzureichen.

Da eine gültige Vorschlagsliste bis zu dem oben angegebenen Tage nicht eingegangen ist, wird die Frist zur Einreichung von Vorschlagslisten gemäß § 8 Abs. 1 Satz 1 der Wahlordnung bis zum Ablauf des .... verlängert.

Der Wahlvorstand

....

Vorsitzender 1. und 2. Beisitzer

3. **Muster** zur Vorschlagsliste (§ 5 der Wahlordnung).

Vorschlagsliste.

Als Betriebsratsmitglieder und Ergänzungsmitglieder für .... (Bezeichnung des Betriebs), seitens der Arbeiter, Angestellten[1] werden vorgeschlagen:

Lfd. Nr.	Familien- und Vor(Ruf-)name	Beruf	Wohnort (bei größeren Orten Straße und Hausnummer)
1.	....	....	....
2.	....	....	....
3.	....	....	....
4.	....	....	....

Unterschriften { 1. .... Listenvertreter.
2. ....
3. .... }

1 *Das Unzutreffende ist durchzustreichen.*

4. **Muster** zur Berechnung des Wahlergebnisses und für die Niederschrift (§ 16 Abs. 1 und 3 der Wahlordnung).

..............., den .... 19..

Von dem unterzeichneten Wahlvorstande für die Wahl des Betriebsrats (Arbeiterrats und Angestelltenrats) für .... (Bezeichnung des Betriebs) wurde heute nach Öffnung des Stimmzettelkastens (der Stimmzettelkasten) auf Grund der aus den Wahlumschlägen entnommenen Stimmzettel folgendes festgestellt:

Es sind für die Arbeitergruppe (Angestelltengruppe)[1] insgesamt 240 gültige Stimmzettel abgegeben worden. 20 Stimmzettel wurden für ungültig erklärt. Von den 240 gültigen Stimmzetteln sind 120 auf Liste I, 80 auf Liste II,

40 auf Liste III entfallen. Zu wählen sind: 6 Betriebsratsmitglieder und 1 Ergänzungsmitglied[2]. Als Bewerber sind benannt auf

Liste I	Liste II	Liste III
1. A	1. L	1. R
2. B	2. M	2. S
3. C	3. N	3. T
4. D	4. O	4. U
5. E	5. P	5. V
6. F	6. Q	6. W
7. G	usw.	usw.
8. H		
9. J		
10. K		

Die auf die einzelnen Listen entfallenen Stimmenzahlen werden durch 1, 2, 3, 4 usw. geteilt[3]. Das Ergebnis zeigt folgende Tafel. In ihr sind die für die Stellenverteilung in Betracht kommenden 7 Höchstzahlen mit den rechtsstehenden, ihre Reihenfolge bezeichnenden Ziffern versehen.

	Liste I		Liste II		Liste III	
1.	**120**	1	**80**	2	**40**	4
2.	**60**	3	**40**	6	20	
3.	**40**	5	$26^2/_3$		$13^1/_3$	
4.	**30**	7	20		10	

Die Reihenfolge der auf allen Vorschlagslisten vorhandenen Höchstzahl 40 ist durch das Los (vgl. § 13 Abs. 2 Satz 3 der Wahlordnung) bestimmt worden. Zu diesem Zwecke sind gleiche Zettel mit den Aufschriften I, II, III geschnitten, vermengt und dann verdeckt gezogen worden. Bei Auslosung der Reihenfolge der Höchstzahl 40 wurde zuerst der Zettel mit der Zahl III, dann mit der Zahl I und schließlich der mit der Zahl II gezogen[4]. Hiernach sind gewählt:

aus Liste I: 3 Betriebsratsmitglieder (A, B, C) und das Ergänzungsmitglied für den Arbeiterrat (D),
" " II: 2 Betriebsratsmitglieder (L, M),
" " III: 1 Betriebsratsmitglied (R).

Die auf die gewählten Mitglieder jeder Liste folgenden Bewerber treten der Reihenfolge nach als Ersatzmitglieder für die auf ihrer Liste jetzt oder später ausfallenden Mitglieder ein.

..............., den .... 19....

Der Wahlvorstand

....

Vorsitzender 1. und 2. Beisitzer

1 *Unzutreffendes ist zu durchstreichen. Ist nur eine Arbeitnehmergruppe vorhanden, so ist eine entsprechende Änderung geboten. — Sind beide Arbeitnehmergruppen vorhanden, so ist für die Berechnung je 1 Formular für jede Gruppe zu benutzen.*

2 *Dies ist möglich, z. B. wenn vorhanden sind 280 Arbeitnehmer, darunter 25 Angestellte, der Rest Arbeiter. Dann besteht der Betriebsrat aus 7 Mitgliedern, darunter 6 Arbeitern, der Arbeiterrat aus 7 Mitgliedern. Es ist also für den Arbeiterrat ein Ergänzungsmitglied zu wählen.*

3 *Die Teilung ist fortzusetzen, bis anzunehmen ist, daß höhere Zahlen, als aus den früheren Reihen für die Stellenverteilung in Betracht kommen, nicht mehr entstehen.*

4 *Die an 2. oder 3. Stelle ausgeloste Liste fällt mit der auf mehrere Listen entfallenen gleichen Höchstzahl nicht ohne weiteres aus, sondern tritt nur hinter die zuvor ausgeloste Liste. Dies ist hier der Fall, wo alle 3 Höchstzahlen 40 unter die Zahl der zu wählenden Personen fallen. Die später ausgeloste Liste fällt dann aus, wenn alle Mitgliederstellen verteilt sind.*

5. **Muster** zur Berechnung des Wahlergebnisses und für die Niederschrift bei gemeinsamer Wahl des Betriebsrats (§§ 23 bis 28 der Wahlordnung).

................, den .... 19....

Von dem unterzeichneten Wahlvorstande für die Wahl des Betriebsrats (Arbeiterrats und Angestelltenrats) für .... (Bezeichnung des Betriebs) wurde heute nach Öffnung des Stimmzettelkastens auf Grund der aus den Wahlumschlägen entnommenen Stimmzettel folgendes festgestellt:

Es sind insgesamt 260 gültige Stimmzettel abgegeben[1] worden. 10 Stimmzettel wurden für ungültig erklärt. Von den 260 gültigen Stimmzetteln sind 130 auf Liste I, 80 auf Liste II, 50 auf Liste III entfallen.

Zu wählen sind 7 Betriebsratsmitglieder, davon:

6 Arbeitermitglieder und 1 Angestelltenmitglied,

ferner für den Arbeiterrat:

1 Ergänzungsmitglied,

für den Angestelltenrat:

2 Ergänzungsmitglieder.

Als Bewerber sind benannt auf

Liste I	Liste II	Liste III
1. A Angestellter,	1. G Arbeiter,	1. N Angestellter,
2. B Arbeiter,	2. H Angestellter,	2. O Arbeiter,
3. C „	3. J Arbeiter,	3. P „
4. D „	4. K „	4. Q „
5. E „	5. L „	
6. F Angestellter,	6. M „	
usw.		

Die auf die einzelnen Listen entfallenden Stimmzahlen werden durch 1, 2, 3, 4 usw. geteilt. Das Ergebnis zeigt folgende Tafel. In ihr sind die für die Stellenverteilung in Betracht kommenden 7 Höchstzahlen mit den rechtsstehenden, ihre Reihenfolge bezeichnenden Ziffern versehen.

Liste I			Liste II			Liste III		
1.	**130**	1	1.	**80**	2	1.	**50**	4
2.	**65**	3	2.	**40**	6	2.	25	
3.	**$43^1/_3$**	5	3.	$26^2/_3$		3.	$16^2/_3$	
4.	**$32^1/_2$**	7	4.	20		4.	$12^1/_2$	

Die 6 Arbeitermitglieder des Betriebsrats und das Ergänzungsmitglied für den Arbeiterrat werden entsprechend den Höchstzahlen zunächst auf die Listen verteilt, ebenso in gesonderter Rechnung das eine Angestelltenmitglied des Betriebsrats und die 2 Ergänzungsmitglieder für den Angestelltenrat.

Es entfallen daher:

auf Liste I: 3 Arbeitermitglieder des Betriebsrats und das Ergänzungsmitglied für den Arbeiterrat,
„ „ II: 2 Arbeitermitglieder des Betriebsrats,
„ „ III: 1 Arbeitermitglied des Betriebsrats.

Es entfallen ferner:

auf Liste I das eine Angestelltenmitglied des Betriebsrats,
„ „ II und I je ein Ergänzungsmitglied für den Angestelltenrat.

Gewählt sind mithin:

als Arbeitermitglieder:
von Liste I: die Arbeiter B, C, D,
„ „ II: die Arbeiter G, J,
„ „ III: der Arbeiter O;
als Angestelltenmitglied:
von Liste I: der Angestellte A.

Als Ergänzungsmitglied für den Arbeiterrat ist als der Höchstzahl nach folgend gewählt:
von Liste I: der Arbeiter E.

Als Ergänzungsmitglieder für den Angestelltenrat sind gewählt:

von Liste I: der Angestellte F,

" " II: der Angestellte H.

Die auf die gewählten Mitglieder jeder Liste folgenden Bewerber treten der Reihenfolge nach als Ersatzmitglieder für die auf ihrer Liste jetzt oder später ausfallenden Mitglieder ein.

.............., den .... 19...

Der Wahlvorstand

....

Vorsitzender Beisitzer

1 *Dem Beispiel liegt folgende Berechnung zugrunde: Der Betrieb hat 280 Arbeitnehmer, davon 25 Angestellte und 255 Arbeiter. Der Betriebsrat zählt daher 7 Mitglieder, darunter einen Angestellten. Der Arbeiterrat hat ebenfalls 7 Mitglieder, der Angestelltenrat 3 Mitglieder. (§§ 15, 16 des Gesetzes.)*

6. **Muster** zur Mitteilung an die Gewählten (§ 17 der Wahlordnung).

.............., den .... 19..

Sie sind zum Mitglied des Betriebsrats und zugleich des Arbeiterrats (Angestelltenrats) zum Ergänzungsmitglied für den Arbeiterrat (Angestelltenrat)[1] für .... (Bezeichnung des Betriebs) gewählt.

Falls Sie nicht binnen einer Woche nach Empfang dieser Mitteilung dem Unterzeichneten die Erklärung einreichen, daß Sie die Wahl ablehnen, gilt die Wahl als angenommen.

Der Wahlvorstand

....

1 *Unzutreffendes ist durchzustreichen, z. B. „zum Mitglied des Betriebsrats und zugleich des Arbeiterrats" oder „zum Ergänzungsmitglied für den Angestelltenrat".*

7. **Muster** zur Bekanntmachung des Wahlergebnisses (§ 18 der Wahlordnung).

Fassung 1. (Nur eine gültige Vorschlagsliste, sowohl seitens der Arbeiter als auch seitens der Angestellten, liegt vor.)

Ausgehängt am ....
Abgenommen am ....

Bekanntmachung.

Für die Wahl des Betriebsrats, des Arbeiterrats und des Angestelltenrats für .... (Bezeichnung des Betriebs) ist von jeder Arbeitnehmergruppe nur je eine gültige Vorschlagsliste eingereicht worden. Gemäß § 8 Abs. 2 Satz 1 der Wahlordnung gelten daher als gewählt:

Als Betriebsratsmitglieder:

und zwar als Arbeitermitglieder

1. .... in ....
2. .... in ....
usw. bis 5. ....

als Angestelltenmitglieder

1. .... in ....
usw.

Als Ergänzungsmitglieder:

für den Arbeiterrat:

....

für den Angestelltenrat:

....

Die Arbeitermitglieder des Betriebsrats bilden mit den Ergänzungsmitgliedern für den Arbeiterrat den Arbeiterrat.

Die Angestelltenmitglieder des Betriebsrats bilden mit den Ergänzungsmitgliedern für den Angestelltenrat den Angestelltenrat.

Als Ersatzmitglieder für die Mitglieder treten die auf der Vorschlagsliste jeweilig folgenden Bewerber ein.

..............., den .... 19....

Der Wahlvorstand

....

Vorsitzender 1. und 2. Beisitzer

Fassung 2. (Mehrere gültige Vorschlagslisten liegen vor.)

Ausgehängt am ....

Abgenommen am ....

Bekanntmachung.

I. Bei der Wahl des Betriebsrats für .... (Bezeichnung des Betriebs) sind für die Arbeitervertreter 240 gültige Stimmen abgegeben worden.

Von diesen Stimmen sind entfallen auf:

Liste I .... 120 Stimmen
„ II .... 80 „
„ III .... 40 „

Zu wählen sind:

6 Betriebsratsmitglieder und
1 Ergänzungsmitglied für den Arbeiterrat.

Es sind hiernach gewählt:

aus Liste I 3 Betriebsratsmitglieder, nämlich:

1. .... in ....
2. .... in ....
3. .... in ....

aus Liste II 2 Betriebsratsmitglieder, nämlich:

1. .... in ....
2. .... in ....

aus Liste III 1 Betriebsratsmitglied, nämlich:

1. .... in ....

Ferner ist gewählt:

aus Liste I 1 Ergänzungsmitglied, nämlich:

1. .... in ....

Die 6 Arbeitermitglieder des Betriebsrats und das Ergänzungsmitglied bilden zusammen den Arbeiterrat.

II. Bei der Wahl des Betriebsrats für .... (Bezeichnung des Betriebs) sind für die Angestelltenvertreter 30 gültige Stimmen abgegeben worden.

Von diesen Stimmen entfallen auf:

(wie zu I)

III. Die Betriebsratsmitglieder zu I und II bilden zusammen den Betriebsrat für .... (Bezeichnung des Betriebs).

Dessen Mitglieder sind somit

....

usw.

IV. Als Ersatzmitglieder für die Mitglieder treten die auf der Vorschlagsliste jeweilig folgenden Bewerber ein.

.................., den .... 19....

Der Wahlvorstand

....	....
Vorsitzender	1. und 2. Beisitzer

2. Verordnung zur Ausführung des Betriebsrätegesetzes vom 4. Februar 1920.

Vom 14. April 1920 (RGBl. S. 522).

Zu den §§ 13, 61, 65 und 104 Ziffer II des Betriebsrätegesetzes vom 4. Februar 1920 (RGBl. S. 147) wird folgendes verordnet:

Art. 1.

Zu § 13. 1. Für die öffentlichen Behörden und die Betriebe des Reichs sowie für die öffentlich-rechtlichen Körperschaften, die hinsichtlich der Dienstverhältnisse ihrer Beamten der Reichsaufsicht unterstehen, wird die Befugnis, Bestimmungen nach Abs. 1 und Abs. 4 des § 13 zu treffen, von den zuständigen obersten Reichsbehörden innerhalb ihres Geschäftsbereichs ausgeübt.

2. Bei der Durchführung von § 13 Abs. 1 sind in der Regel nur solche Beamte und Beamtenanwärter den Arbeitern oder Angestellten gleichzustellen, welche die gleiche Tätigkeit ausüben wie in Privatbetrieben derselben Art Privatarbeiter oder Privatangestellte und ferner solche Beamte und Beamtenanwärter, die als einzelne dauernd mit einer großen Anzahl von Arbeitnehmern zusammenarbeiten.

3. Bei der Durchführung von § 13 Abs. 4 sind in der Regel nur solche Arbeitnehmer den Beamten gleichzustellen, die Aussicht auf Übernahme in das Beamtenverhältnis haben oder die in den Behörden mit gleichen oder ähnlichen Arbeiten wie die Beamten oder Beamtenanwärter beschäftigt werden, sofern sie als einzelne dauernd mit einer großen Zahl von Beamten zusammenarbeiten.

Art. 2.

Zu § 61. Bei den Unternehmungen und Verwaltungen des Reichs, die sich über einen größeren Teil des Reichsgebiets erstrecken, sind die Bestimmungen zur Ausführung der Abs. 1 und 3 des § 61 nach Verhandlung mit den beteiligten wirtschaftlichen Vereinigungen der Arbeitnehmer gesondert für die einzelnen Zweige der Reichsverwaltung zu treffen. Diese Befugnis kann nach näherer Bestimmung der Reichsregierung durch die oberste Reichsbehörde für ihren Geschäftsbereich ausgeübt werden. Mangels besonderer Bestimmung finden die Vorschriften des Gesetzes Anwendung.

Art. 3.

Zu § 65. Für die öffentlichen Behörden und die Betriebe des Reichs sowie für die öffentlich-rechtlichen Körperschaften, die hinsichtlich der Dienstverhältnisse ihrer Beamten der Reichsaufsicht unterstehen, wird folgendes bestimmt:

1. Sofern eine Beamtenvertretung, die in den Betrieben besteht, keinen gewählten Vorsitzenden besitzt, hat sie im Hinblick auf die Vorschrift im Abs. 2 des § 65 des Betriebsrätegesetzes für die gemeinsamen Beratungen mit dem Betriebsrat aus ihrer Mitte einen Vorsitzenden zu wählen.

2. Betriebsrat und Beamtenvertretung können zu gemeinsamer Beratung zusammentreten. Führt die gemeinsame Beratung des Betriebsrats und der Beamtenvertretung zu einer Beschlußfassung, so muß getrennt abgestimmt und eine Mehrheit innerhalb jeder der beiden Vertretungen festgestellt werden. Für die Abstimmung in jeder der beiden Vertretungen gilt § 32 des Gesetzes. Die weitere Vertretung der Beschlüsse ist Sache der einzelnen Gruppen, wobei für den Betriebsrat das Betriebsrätegesetz und für die Beamtenvertretung die für diese geltenden Vorschriften maßgebend sind.

3. Auf die Geschäftsführung in den gemeinsamen Beratungen finden die Vorschriften im § 29 Abs. 2, §§ 30, 31, 33 des Gesetzes sinngemäß Anwendung.

Art. 4.

[Aufgehoben durch Art. III § 3 Ziff. 2 der VO. über das Schlichtungswesen vom 30. 10. 1923, RGBl. I S. 1043.]

3. Verordnung zur Ausführung des Betriebsrätegesetzes vom 4. Februar 1920.

Vom 21. April 1920 (RGBl. S. 563).

(In der Fassung der Verordnung vom 7. Juni 1927 — RGBl. I S. 174.)

Auf Grund des § 3 des Betriebsrätegesetzes .... werden .... folgende Bestimmungen getroffen:

§ 1.

Errichtung.

Auf die Errichtung des besonderen Betriebsrats für die Hausgewerbetreibenden nach § 3 des Betriebsrätegesetzes finden das Betriebsrätegesetz und die Wahlordnung zum Betriebsrätegesetz entsprechende Anwendung, soweit sich nicht aus den folgenden Bestimmungen etwas anderes ergibt.

§ 2.

Erste Wahl.

In Betrieben, die mindestens 20 Hausgewerbetreibende (§ 119 b der Gewerbeordnung) beschäftigen, welche in der Hauptsache für denselben Betrieb arbeiten und selbst keine Arbeitnehmer beschäftigen, bestellt der Arbeitgeber zur Vornahme der ersten Wahl binnen vier Wochen nach Inkrafttreten dieser Verordnung einen aus den drei ältesten (Dienstalter im Betriebe) wahlberechtigten Hausgewerbetreibenden bestehenden Wahlvorstand. Die Mitglieder des Wahlvorstandes sollen möglichst in der Gemeinde des Betriebs wohnen. Der Wahlvorstand bestimmt seinen Vorsitzenden selbst.

Das gleiche gilt, wenn ein Betrieb neu errichtet wird oder wenn die für die Errichtung des besonderen Betriebsrats für die Hausgewerbetreibenden vorgeschriebene Mindestzahl von Arbeitnehmern erreicht wird.

Kommt der Arbeitgeber der Verpflichtung zur Bestellung des Wahlvorstandes nicht nach, so bestellt diesen an seiner Statt der zuständige Fachausschuß und, soweit ein solcher nicht besteht, die von der obersten Landesbehörde für ihn bestimmte Stelle.

Die Wahl ist durch den Wahlvorstand unverzüglich nach seiner Bestellung einzuleiten und soll spätestens nach zwei Monaten stattfinden.

§ 3.
Künftige Wahlen.

Für die künftigen Wahlen bestellt der jeweilig vorhandene Betriebsrat für die Hausgewerbetreibenden sechzig Tage vor Ablauf seiner Wahlzeit mit einfacher Stimmenmehrheit einen aus drei Wahlberechtigten bestehenden Wahlvorstand und einen der Gewählten zum Vorsitzenden.

Kommt der Betriebsrat seiner Verpflichtung nicht nach, so findet § 2 Abs. 3 dieser Verordnung entsprechende Anwendung.

§ 2 Abs. 4 dieser Verordnung findet entsprechende Anwendung.

§ 4.
Wahlausschreiben.

Das Wahlausschreiben (§ 3 Abs. 1 der Wahlordnung) ist spätestens sechzig Tage vor dem letzten Tage der Stimmabgabe zu erlassen.

Einsprüche gegen die Wählerliste (§ 3 Abs. 2 der Wahlordnung) sind binnen zwei Wochen nach dem ersten Tage des Aushanges beim Vorsitzenden des Wahlvorstandes anzubringen.

Die Frist für die Einreichung der Vorschlagslisten (§ 3 Abs. 2 der Wahlordnung) beträgt drei Wochen von dem ersten Tage des Aushanges an berechnet.

Für die Stimmabgabe (§ 3 Abs. 2 und Anmerkung 4 der Wahlordnung) ist ein Zeitraum von zwei Wochen vorzusehen.

§ 5.
Vorschlagslisten.

Die zugelassenen Vorschlagslisten sind zwei Wochen vor Beginn der für die Stimmabgabe gesetzten Frist (§ 6 Abs. 1 Satz 3 der Wahlordnung) auszulegen oder auszuhängen.

§ 6.

Fehlen gültiger Vorschlagslisten.

Die Nachfrist des § 8 Satz 1 der Wahlordnung beträgt eine Woche von der Bekanntmachung ab.

§ 7.

Aushänge.

Das Wahlausschreiben (§ 3 Abs. 3 der Wahlordnung), die Vorschlagslisten (§ 6 Abs. 1 Satz 3 der Wahlordnung) und das Wahlergebnis (§ 18 der Wahlordnung) sind an den Stellen des Betriebs, an denen die Hausgewerbetreibenden ihre Aufträge in Empfang nehmen und ihre Arbeit abgeben, auszuhängen und in lesbarem Zustand zu erhalten.

§ 8.

Schlußbestimmung.

Diese Verordnung tritt mit dem Tage der Verkündung in Kraft.

4. Verordnung zur Ausführung des Betriebsrätegesetzes vom 4. Februar 1920.

Vom 5. Juni 1920 (RGBl. S. 1139).

(In der Fassung des Arbeitsgerichtsgesetzes vom 23. Dezember 1926 — RGBl. I S. 507.)

Auf Grund der §§ 90, 101 des Betriebsrätegesetzes .... werden ...... folgende Ausführungsbestimmungen erlassen:

§ 1.

Die Wiedereinsetzung in den vorigen Stand findet unter den Voraussetzungen des § 90 des Betriebsrätegesetzes durch

Beschluß des Arbeitsgerichts oder des vereinbarten Schiedsgerichts statt.

§ 2.

Der Antrag auf Wiedereinsetzung muß innerhalb einer zweiwöchigen Frist gestellt werden.

Die Frist beginnt mit dem Tage, an welchem das Hindernis gehoben ist.

Nach Ablauf von einem Monat, von dem Ende der versäumten Frist an gerechnet, kann die Wiedereinsetzung nicht mehr beantragt werden.

§ 3.

Der Antrag auf Wiedereinsetzung muß enthalten:

1. die Angabe der die Wiedereinsetzung begründenden Tatsachen,
2. die Angabe der Mittel für deren Glaubhaftmachung,
3. im Falle des § 82 Abs. 3 und des § 86 Abs. 1 die versäumte Anrufung.

§ 4.

Wird dem Antrag auf Wiedereinsetzung stattgegeben, so ist in dem Falle des § 3 Ziff. 3 dieser Verordnung zugleich das Verfahren selbst fortzuführen. In den übrigen Fällen ist die versäumte Erklärung binnen zwei Tagen abzugeben, soweit sie nicht bereits abgegeben ist; eine Wiedereinsetzung gegen eine nochmalige Versäumung findet nicht statt.

§ 5.

Diese Verordnung tritt mit dem Tage der Verkündung in Kraft.

5. Gesetz über die Betriebsbilanz und die Betriebsgewinn- und -verlustrechnung.

Vom 5. Februar 1921 (RGBl. S. 159).

§ 1.

Die nach § 72 des Betriebsrätegesetzes vom 4. Februar 1920 (RGBl. S. 147) vorzulegende Betriebsbilanz muß nach den für das Unternehmen geltenden gesetzlichen Bilanzgrundsätzen die Bestandteile des Vermögens und der Schulden des Unternehmens derart ersehen lassen, daß sie für sich allein und unabhängig von anderen Urkunden eine Übersicht über den Vermögensstand des Unternehmens gewährt. Das dem Unternehmen nicht gewidmete Vermögen des Unternehmers bleibt hierbei außer Betracht.

§ 2.

Zur Erläuterung der Betriebsbilanz ist über die Bedeutung und die Zusammenhänge der einzelnen Bilanzposten Auskunft zu geben. Die Auskunft muß sich auf die Unterlagen der Bilanz, wie Inventar, Rohbilanz, Kontokorrentkonto, Betriebs- und Handlungsunkosten, gründen. Eine Verpflichtung zur Vorlegung von Bilanzunterlagen besteht nicht. Auf wesentliche Veränderungen, die im Geschäftsjahr vorgekommen sind, ist hinzuweisen. Sind Aktiva oder Passiva im Laufe des Geschäftsjahrs aus dem Betriebsvermögen dem Nichtbetriebsvermögen oder aus dem Nichtbetriebsvermögen dem Betriebsvermögen zugeführt worden, so sind sie bei Vorlegung der Betriebsbilanz in einer besonderen Aufstellung auszuweisen.

Gehören zu einem Unternehmen mehrere Betriebe, so muß bei Vorlegung der Betriebsbilanz, soweit es die Eigenart des Unternehmens und der dazugehörigen Betriebe gestattet, die Geschäftslage der einzelnen Betriebe erläutert werden.

§ 3.

Das Recht, die Vorlegung und Erläuterung der Betriebsbilanz (§§ 1, 2) zu verlangen, steht neben den Einzelbetriebsräten auch dem Gesamtbetriebsrate zu.

§ 4.

Auf die nach § 72 des Betriebsrätegesetzes vorzulegende Betriebsgewinn- und -verlustrechnung finden die Vorschriften der §§ 1 bis 3 entsprechende Anwendung.

§ 5.

Die Vorlegung und Erläuterung einer Betriebsbilanz sowie einer Betriebsgewinn- und -verlustrechnung können erstmalig für das letzte vor dem 1. Januar 1921 abgelaufene Geschäftsjahr verlangt werden.

§ 6.

Dieses Gesetz tritt mit Wirkung vom 1. Februar 1921 in Kraft.

6. Gesetz über die Entsendung von Betriebsratsmitgliedern in den Aufsichtsrat.

Vom 15. Februar 1922 (RGBl. S. 209).

§ 1.

Aufsichtsrat im Sinne des § 70 des Betriebsrätegesetzes ist ohne Rücksicht auf die Bezeichnung im Gesellschaftsvertrage das

im Handelsgesetzbuch,

im Gesetze, betreffend die Gesellschaften mit beschränkter Haftung,

im Gesetze, betreffend die Erwerbs- und Wirtschaftsgenossenschaften,
im Gesetze über die privaten Versicherungsunternehmungen,
in den Berggesetzen,

als Aufsichtsrat bezeichnete Organ der Aktiengesellschaft, der Kommanditgesellschaft auf Aktien, der Gesellschaft mit beschränkter Haftung, der eingetragenen Genossenschaft, des Versicherungsvereins auf Gegenseitigkeit und der bergrechtlichen Gewerkschaft.

§ 2.

Bestehen bei einer der im § 1 genannten Körperschaften für die von ihr beschäftigten Arbeitnehmer ein oder mehrere Betriebsräte oder Gesamtbetriebsräte, so regelt sich die im § 70 des Betriebsrätegesetzes vorgeschriebene Entsendung von Betriebsratsmitgliedern in den Aufsichtsrat nach den folgenden Bestimmungen.

§ 3.

Soweit nicht im Betriebsrätegesetz und im folgenden etwas anderes bestimmt ist, finden auf die in den Aufsichtsrat entsandten Betriebsratsmitglieder die gesetzlichen Bestimmungen Anwendung, welche für die übrigen Aufsichtsratsmitglieder gelten.

§ 4.

Zwei Betriebsratsmitglieder sind zu entsenden, wenn nach dem zur Zeit der Anberaumung der Wahl geltenden Gesellschaftsvertrage (Statut, Satzung) mehr als drei Aufsichtsratsmitglieder gewählt werden können oder beide Arbeitnehmergruppen (Arbeiter und Angestellte) im Wahlkörper (§ 5) vertreten sind. In allen übrigen Fällen ist eines zu entsenden.

Zum Ersatz ausscheidender Mitglieder sollen für jedes in

den Aufsichtsrat zu entsendende Mitglied zwei Ersatzmitglieder gewählt werden.

§ 5.

Wahlkörper für die Entsendung der Betriebsratsmitglieder ist bei Körperschaften mit einem Einzelbetriebsrat oder einem Gesamtbetriebsrate dieser, in solchen mit mehreren Einzelbetriebsräten die Gesamtheit dieser, auch wenn sie zum Teil zu einem Gesamtbetriebsrate zusammengeschlossen sind.

Wählbar sind alle Mitglieder des Wahlkörpers, die am Tage der Wahl ein Jahr von der Körperschaft beschäftigt und nicht in den letzten zwei Jahren durch Beschluß gemäß § 39 des Betriebsrätegesetzes abgesetzt worden sind. Das Erfordernis der einjährigen Beschäftigung entfällt, soweit nicht wählbare Personen in vierfacher Zahl der zu wählenden Mitglieder vorhanden sind.

Bei eingetragenen Genossenschaften gilt § 9 Abs. 2 des Gesetzes, betreffend die Erwerbs- und Wirtschaftsgenossenschaften, für die in den Aufsichtsrat zu entsendenden Betriebsratsmitglieder nur, sofern ihnen der Erwerb der Mitgliedschaft freisteht und billigerweise zugemutet werden kann.

§ 6.

Die Wahl findet geheim und mit Stimmenmehrheit einheitlich durch den ganzen Wahlkörper statt.

Sind zwei Mitglieder zu wählen, so kann die Minderheitsgruppe der Arbeitnehmer (§ 16 des Betriebsrätegesetzes), sofern ihr mindestens zwei Mitglieder des Wahlkörpers angehören, mit Stimmenmehrheit oder Stimmengleichheit die Entsendung eines Vertreters ihrer Gruppe beschließen; alsdann findet eine getrennte Wahl durch jede der beiden Arbeitnehmergruppen statt.

Wiederwahl ist zulässig.

Das Nähere über das Wahlverfahren bestimmt der Reichsarbeitsminister[1].

1 Vgl. Wahlordnung zum Ges. über die Entsendung von Betriebsratsmitgliedern in den Aufsichtsrat, vom 23. März 1922, RGBl. I S. 307 (abgedr. unten Nr. 7).

§ 7.

Die Mitgliedschaft im Aufsichtsrat endet ausschließlich durch Rücktritt oder durch Verlust der Zugehörigkeit zum Betriebsrat, dem das Mitglied angehört.

§ 8.

Scheidet ein Betriebsratsmitglied aus dem Aufsichtsrat aus, so tritt ein Ersatzmitglied nach den Bestimmungen der Wahlordnung ein. Ist kein Ersatzmitglied des Ausgeschiedenen mehr vorhanden, so findet eine Neuwahl statt.

§ 9.

Soweit die gegründete, aber noch nicht eingetragene Körperschaft bereits einen Aufsichtsrat hat, finden die §§ 1 bis 8 Anwendung.

§ 10.

Das Gesetz findet auch auf die im § 62 des Betriebsrätegesetzes bezeichneten Betriebsvertretungen Anwendung, wenn die Vertretung für die Betriebe nur einer Körperschaft errichtet ist und aus Arbeitnehmern dieser Körperschaft besteht.

§ 11.

Das Gesetz tritt am 1. Februar 1922 in Kraft. Die ersten Wahlen sind binnen drei Monaten nach Inkrafttreten einzuleiten.

7. Wahlordnung zum Gesetz über die Entsendung von Betriebsratsmitgliedern in den Aufsichtsrat.

Vom 23. März 1922 (RGBl. I S. 307).

Auf Grund des § 6 Abs. 4 des Gesetzes über die Entsendung von Betriebsratsmitgliedern in den Aufsichtsrat vom 15. Februar 1922 (RGBl. S. 209) wird folgende Wahlordnung erlassen:

A. Allgemeine Bestimmungen.

§ 1.

Leitung der Wahl, Fristberechnung.

Wahlleiter ist in Körperschaften mit einem Betriebsrat oder einem Gesamtbetriebsrate dessen Vorsitzender, in Körperschaften mit mehreren Betriebsräten der Vorsitzende des Betriebsrats der Hauptverwaltung.

Bei Verhinderung des Vorsitzenden ist dessen Stellvertreter, bei Verhinderung auch des Stellvertreters das nach Lebensjahren älteste Betriebsratsmitglied Wahlleiter.

Als Tag der Wahl im Sinne des § 5 Abs. 2 des Gesetzes gilt der letzte Tag der Wahlfrist (§ 3 Abs. 2).

Dem Wahlleiter liegt es ob, im Falle des Ausscheidens eines Betriebsratsmitglieds aus dem Aufsichtsrate das Ersatzmitglied und den Vorstand der Körperschaft von dem Eintritt des Ersatzmitglieds in den Aufsichtsrat zu benachrichtigen.

§ 2.

Vorbereitung der Wahl.

Der Wahlleiter hat unverzüglich, nachdem die gesetzlichen Voraussetzungen gegeben sind, zu prüfen, ob ein Betriebsratsmitglied oder zwei Betriebsratsmitglieder in den Aufsichtsrat zu entsenden sind (§ 4 Abs. 1 des Gesetzes), und die Wahl einzuleiten.

Ist nur ein Betriebsratsmitglied zu entsenden, so richtet sich die Wahl nach den §§ 3 bis 8, sind zwei Betriebsratsmitglieder zu entsenden, so richtet sich die Wahl nach den §§ 9 bis 12.

B. Entsendung eines Betriebsratsmitglieds in den Aufsichtsrat.

§ 3.

Wahlausschreiben.

Der Wahlleiter hat spätestens vier Wochen vor dem letzten Tage der Stimmabgabe mittels eingeschriebenen Briefes ein Wahlausschreiben an die Vorsitzenden der Einzelbetriebsräte des Wahlkörpers zu senden mit der Aufforderung, es den Wahlberechtigten unverzüglich in geeigneter Weise bekanntzugeben.

Der Wahlleiter teilt in dem Wahlausschreiben mit, daß ein den gesetzlichen Bestimmungen (§ 5 Abs. 2 des Gesetzes) entsprechendes Betriebsratsmitglied nebst zwei Ersatzmitgliedern zu wählen ist, bestimmt den Endpunkt der Frist, innerhalb deren die Stimmzettel einzusenden sind (Wahlfrist) und fordert die Berechtigten auf, den verschlossenen Wahlumschlag mit dem Stimmzettel in einem Briefumschlage bis zum Ablauf der Wahlfrist an den Wahlleiter einzusenden. Dem Schreiben an die Vorsitzenden der Einzelbetriebsräte ist die erforderliche Zahl von Briefumschlägen und Wahlumschlägen beizufügen, die beide mit der Aufschrift oder mit dem Vordruck „Wahl zum Aufsichtsrat für (Bezeichnung der Unternehmung)" zu versehen sind. Zugleich sind die Vorsitzenden der Betriebsräte zu ersuchen, dem Wahlleiter ein vom Vorsitzenden des Betriebsrats oder seinem Stellvertreter zu unterschreibendes Verzeichnis der Mitglieder ihres Einzelbetriebsrats (Wählerverzeichnis), getrennt nach Arbeitern und Angestellten in zwei Ausfertigungen zu übersenden.

Befindet sich der Wahlkörper in einer Gemeinde oder in wirtschaftlich zusammenhängenden, nahe beieinander liegenden Gemeinden (§ 9 Abs. 2 des Betriebsrätegesetzes), so tritt an die Stelle der vierwöchigen Frist des Abs. 1 eine solche von zwei Wochen.

In besonderen Fällen (wesentliche Veränderung im Wahlkörper, Postsperre usw.) kann der Wahlleiter die Wahlfrist nachträglich verlängern.

§ 4.

Stimmzettel und Wahlumschläge. Veränderungen im Wahlkörper.

Der Wähler hat seinen Stimmzettel, der drei Namen in erkennbarer Reihenfolge und unter Angabe des Wohnorts enthalten soll, in den Wahlumschlag und diesen — verschlossen — in den Briefumschlag zu stecken, der an den Wahlleiter unter deutlicher Angabe des Absenders mittels eingeschriebenen Briefes zu übersenden ist. Befindet sich ein Einzelbetriebsrat in der gleichen Gemeinde wie der Betriebsrat des Wahlleiters oder in einer mit dieser Gemeinde wirtschaftlich zusammenhängenden, nahe dabeiliegenden Gemeinde (§ 9 Abs. 2 des Betriebsrätegesetzes), so können, sofern dies ohne einen unverhältnismäßigen Zeit- und Kostenaufwand möglich ist, die Mitglieder dieses Betriebsrats ihren Briefumschlag dem Wahlleiter persönlich gegen Empfangsbestätigung übergeben. Gleiches gilt für die Mitglieder des Betriebsrats, dem der Wahlleiter angehört.

Stimmzettel, die unterschrieben oder mit einem Kennzeichen versehen sind oder deren Inhalt zweifelhaft ist, sind ungültig. Die Namen auf dem Stimmzettel sollen nach Möglichkeit mit einer von der Schrift auf dem Briefumschlage verschiedenen Schrift geschrieben werden.

Treten während der Wahlfrist Veränderungen des Wahlkörpers ein, so ist für die Wahlberechtigung der letzte Tag der Wahlfrist maßgebend. Stimmzettel der danach nicht Wahlberechtigten sind ungültig.

§ 5.

Feststellung des Wahlergebnisses.

Der Wahlleiter öffnet unverzüglich nach dem Ablauf der Wahlfrist (§ 3 Abs. 2) die verschlossenen Briefumschläge in Gegenwart des stellvertretenden Vorsitzenden des Betriebsrats (im Behinderungsfalle des an Lebensjahren ältesten Betriebsratsmitglieds) sowie möglichst eines weiteren Mitglieds des Betriebsrats, steckt die in den Briefumschlägen enthaltenen, verschlossenen Wahlumschläge in einen Kasten und vermerkt zugleich die Stimmabgabe in den übersandten Wählerverzeichnissen (§ 3 Abs. 2 Satz 3). Briefumschläge, deren Absender nicht angegeben ist, werden hierbei nicht berücksichtigt. Alsdann wird der Kasten geschüttelt und geöffnet, die Stimmzettel werden aus den Wahlumschlägen entnommen, und die auf jeden Bewerber entfallenden Stimmen, und zwar gesondert für jede Stelle des Stimmzettels, zusammengezählt. Dabei ist die Gültigkeit der Stimmzettel zu prüfen.

Befinden sich in einem Wahlumschlage mehrere Stimmzettel, so werden sie, wenn sie völlig übereinstimmen, nur einfach gezählt, andernfalls als ungültig angesehen.

Derjenige Bewerber, auf den an erster Stelle des Stimmzettels die meisten Stimmen entfallen, ist als Mitglied, derjenige Bewerber, auf den, an erster und zweiter Stelle zusammengerechnet, die meisten Stimmen entfallen, als erstes Ersatzmitglied, derjenige Bewerber, auf den, an erster, zweiter und dritter Stelle zusammengerechnet, die meisten Stimmen entfallen, als zweites Ersatzmitglied gewählt. Bei Stimmengleichheit entscheidet das Los.

§ 6.

Niederschrift und Benachrichtigung.

Der Wahlleiter stellt in einer Niederschrift die Gesamtzahl der abgegebenen Stimmen, die Stimmenzahl, die auf jeden Bewerber an jeder Stelle des Stimmzettels entfallen ist, die Zahl der für ungültig erklärten Stimmen und Namen und Wohnort nebst Wohnung des gewählten Mitglieds und der Ersatzmitglieder fest, unterschreibt die Niederschrift und benachrichtigt die Gewählten schriftlich von der auf sie entfallenen Wahl. Ferner teilt er eine Abschrift der Niederschrift den Wahlberechtigten in der im § 3 Abs. 1 angegebenen Weise sowie dem Vorstand der Körperschaft mit; der Mitteilung an die Wahlberechtigten ist die zweite Ausfertigung des Wählerverzeichnisses ihres Betriebsrats (§ 3 Abs. 2 Satz 3) mit den Vermerken über die Stimmabgabe (§ 5 Abs. 1 Satz 1) beizufügen.

§ 7.

Anfechtung und Ungültigkeit der Wahl.

Auf die Anfechtung der Wahl finden die §§ 19 bis 21 der Wahlordnung zum Betriebsrätegesetz entsprechende Anwendung. Die Anfechtung hat binnen einem Monat nach Ablauf der Wahlfrist zu erfolgen.

§ 8.

Aufbewahrung der Wahlakten, Kosten.

Die Wahlakten werden von dem Betriebsrat der Hauptverwaltung bis zur Beendigung der Amtsdauer des in den Aufsichtsrat gewählten Mitglieds und der Ersatzmitglieder aufbewahrt.

Die sächlichen Kosten (Versendung des Wahlausschreibens, Beschaffung und Versendung der Briefumschläge und Wahlumschläge, Beschaffung des erforderlichen Stimmzettelkastens usw.) trägt die Unternehmung.

C. Entsendung von zwei Betriebsratsmitgliedern in den Aufsichtsrat.

§ 9.

Notwendige gemeinsame Wahl.

Gehört der Minderheitsgruppe der Arbeitnehmer im Wahlkörper nur ein Mitglied an, so finden auf die gleichzeitige Wahl der beiden Mitglieder und ihrer Ersatzmitglieder die §§ 3 bis 8 mit der Maßgabe Anwendung, daß jeder Stimmzettel sechs wählbare Bewerber in erkennbarer Reihenfolge enthalten soll (§ 4 Abs. 1).

Derjenige Bewerber, auf den an erster Stelle des Stimmzettels die meisten Stimmen entfallen, ist als erstes, derjenige, auf den, an erster und zweiter Stelle zusammengerechnet, die meisten Stimmen entfallen, als zweites Mitglied, diejenigen, auf die, an erster bis dritter, erster bis vierter, erster bis fünfter, erster bis sechster Stelle zusammengerechnet, die meisten Stimmen entfallen, sind als erstes, zweites, drittes und viertes Ersatzmitglied gewählt. Bei Stimmengleichheit entscheidet das Los.

Ist infolge Ausscheidens von Mitgliedern und Ersatzmitgliedern nur noch ein Mitglied übrig, so hat die Neuwahl eines zweiten Mitgliedes und von vier Ersatzmitgliedern zu erfolgen.

§ 10.

Gemeinsame oder getrennte Wahl.

Gehören der Minderheitsgruppe der Arbeitnehmer zwei oder mehr Mitglieder des Wahlkörpers an und hat die Wahl der beiden Mitglieder und ihrer Ersatzmitglieder gleichzeitig zu erfolgen, so hat der Wahlleiter die Zahl der Arbeiter-

und Angestelltenmitglieder der dem Unternehmen zugehörigen Betriebsräte festzustellen und in der im § 3 Abs. 1 angegebenen Weise den Wahlberechtigten eine Frist von drei Wochen — gerechnet vom Tage des Abganges des Schreibens — für die Einreichung eines Beschlusses aus § 6 Abs. 2 des Gesetzes zu setzen.

Geht ein solcher Beschluß fristgemäß ein, so findet die Wahl je eines Mitglieds und zweier Ersatzmitglieder getrennt durch die Gruppe der Arbeiter und der Angestellten des Wahlkörpers unter entsprechender Anwendung der §§ 3 bis 8 statt.

Geht der Beschluß nicht ein, so findet eine gemeinsame Wahl der beiden Mitglieder und von vier Ersatzmitgliedern nach Maßgabe des § 9 Abs. 1 und 2 statt.

§ 11.

Neuwahl nach vorangehender getrennter Wahl.

Der Beschluß auf getrennte Wahl (§ 10 Abs. 2) bleibt wirksam, bis beide Mitglieder und die Ersatzmitglieder ausgeschieden sind.

Kommt es alsdann nicht zur gleichzeitigen Neuwahl zweier Mitglieder und geht der Beschluß auf getrennte Wahl ein, so wählt diejenige Arbeitnehmergruppe, deren Vertreter das zuletzt ausgeschiedene Mitglied war.

Geht ein solcher Beschluß nicht ein, so ist das fehlende Mitglied nebst Ersatzmitgliedern gemäß § 9 in gemeinsamer Wahl zu wählen.

§ 12.

Neuwahl nach vorangehender gemeinsamer Wahl.

Ist nach vorangegangener gemeinsamer Wahl (§ 10 Abs. 3) infolge Ausscheidens von Mitgliedern und Ersatzmitgliedern nur noch ein Mitglied übrig, und geht ein Beschluß auf getrennte Wahl ein, so wählt die Arbeitnehmergruppe, der das vorhandene Mitglied nicht angehört, das zweite Mitglied und zwei Ersatzmitglieder; § 11 Abs. 1 findet entsprechende Anwendung.

Geht ein solcher Beschluß nicht ein, so hat die Neuwahl eines zweiten Mitglieds und von vier Ersatzmitgliedern gemäß § 9 Abs. 3 in gemeinsamer Wahl zu erfolgen.

8. Ausführungsverordnung zu § 61 des Betriebsrätegesetzes.

Vom 30. April 1924 (RABl. S. 183).

Auf Grund des Artikels 2 der Verordnung der Reichsregierung zur Ausführung des Betriebsrätegesetzes vom 14. April 1920 (RGBl. S. 522) hat die Reichsregierung beschlossen:

Die Befugnis zum Erlaß von Bestimmungen zur Ausführung der Abs. 1 und 3 des § 61 des Betriebsrätegesetzes für die einzelnen Zweige der Reichsverwaltung wird durch die zuständige oberste Reichsbehörde für ihren Geschäftsbereich ausgeübt.

9. Sonstige reichsrechtliche Ausführungsverordnungen.

a) Verordnung über die Bildung von Betriebsvertretungen im Bereiche der Deutschen Reichsbahngesellschaft, vom 15. 12. 1924 (RMinBl. 1925 S. 30), nebst Wahlordnung dazu vom 15. 12. 1924 (RMinBl. 1925 S. 40), mit Änderungen vom 23. 3. 1926 (RMinBl. S. 94), 21. 6. und 21. 12. 1927 (RMinBl. S. 197 und 1927) und 7. 5. 1928 (RMinBl. S. 280).

b) Verordnung über die Bildung von Betriebsvertretungen im Bereich der Reichsfinanzverwaltung, vom 12. 8. 1921 (RGBl. S. 1199), mit Änderungen durch die Verordnungen vom 4. 11. 1924 (RGBl. I S. 733) und 18. 11. 1927 (RGBl. I S. 330).

c) Verordnung über die Bildung von Betriebsvertretungen im Bereich der Reichswasserstraßenverwaltung, vom 22. 8. 1922 (Reichsverkehrsbl. Abt. B S. 215) mit Änderungen vom 23. 5. 1924 (Reichsverkehrsbl. Abt. B S. 95) und 29. 7. 1927 (Reichsverkehrsbl. S. 151), nebst Wahlordnung dazu vom 22. 8. 1922 (Reichsverkehrsbl. Abt. B S. 245) mit Änderung vom 20. 5. 1925 (Reichsverkehrsbl. S. 19).

d) Verordnung über die Bildung von Betriebsvertretungen im Bereiche der Reichspost- und Telegraphenverwaltung, vom 18. 1. 1923 (RGBl. I S. 68); Ausführungsbestimmungen zur Wahlordnung zum Betriebsrätegesetz für die Wahl der Betriebsvertretungen bei der Reichspost- und Telegraphenverwaltung, vom 18. 1. 1923 (RGBl. I S. 70) mit Ergänzung vom 7. 4. 1924 (RGBl. I S. 409).

e) Verordnung über die Bildung von Betriebsräten im Bereich des Reichsarbeitsministeriums vom 26. 3. 1924 (RGBl. I S. 383) mit Ergänzung vom 23. 5. 1925 (RGBl. I S. 80).

II. Ausführungsverordnungen der Länder.

10. Preußen.

a) Verordnung zur Ausführung des Betriebsrätegesetzes vom 4. Februar 1920.

Vom 8. März 1920 (Preuß. Gesetzsamml. S. 57).

Die Preußische Staatsregierung verordnet hiermit, was folgt:

Artikel 1.

Zu § 13. 1. Für die öffentlichen Behörden und die Betriebe des Staates, der Gemeinden und der Gemeindeverbände und für die öffentlich-rechtlichen Körperschaften, die hinsichtlich der Dienstverhältnisse ihrer Beamten der Staatsaufsicht unterstehen, wird die Befugnis, Bestimmungen nach Abs. 2 und Abs. 4 des § 13 zu treffen

a) für die öffentlichen Behörden und die Betriebe des Staates
   dem zuständigen Minister,

b) für die öffentlichen Behörden und die Betriebe der Gemeinden und Gemeindeverbände
   dem Vorstande der Gemeinde oder des Gemeindeverbandes,

c) für die öffentlich-rechtlichen Körperschaften, die hinsichtlich der Dienstverhältnisse ihrer Beamten der Staatsaufsicht unterstehen,
   dem Vorstande der Körperschaft

übertragen.

Für die Anordnungen der Vorstände zu b und c ist die vorherige Zustimmung der Staatsaufsichtsbehörde erforderlich. Dabei tritt in der allgemeinen Staatsverwaltung in den Fällen, in welchen eine untere Verwaltungsbehörde Staatsaufsichtsbehörde ist, an deren Stelle der Regierungspräsident, in Berlin der Oberpräsident. Wird die Zustimmung versagt, so entscheidet auf Antrag eines der Beteiligten der zuständige Minister endgültig. Dieser ist auch befugt, die betreffenden Anordnungen der Vorstände jederzeit außer Kraft zu setzen.

2. In der Regel sind bei der Durchführung des Abs. 2 des § 13 nur solche Beamte und Beamtenanwärter den Arbeitern oder Angestellten gleichzustellen, welche die gleiche Tätigkeit ausüben wie in Privatbetrieben derselben Art Privatarbeiter oder Privatangestellte, und ferner solche Beamte und Beamtenanwärter, die als einzelne dauernd mit einer großen Anzahl von Arbeitnehmern zusammen arbeiten.

Artikel 2.

Zu § 61. Bei den Unternehmungen und Verwaltungen des Staates, die sich über einen größeren Teil des Staatsgebiets oder über mehrere Gemeindebezirke erstrecken, sind die Bestimmungen zur Ausführung der Abs. 1 und 3 des § 61 nach Verhandlung mit den beteiligten gewerkschaftlichen oder sonstigen wirtschaftlichen Vereinigungen der Arbeitnehmer gesondert für die einzelnen Zweige der Staatsverwaltung zu treffen. Zum Erlasse dieser Bestimmungen ist das Staatsministerium zuständig, sofern es nicht im Einzelfalle seine Zuständigkeit an die Minister für den Bereich ihrer Verwaltung überträgt.

Bei den Unternehmungen und Verwaltungen der Gemeindeverbände, die sich über einen größeren Teil des Staatsgebiets oder über mehrere Gemeindebezirke erstrecken, wird die Befugnis, Bestimmungen der bezeichneten Art zu treffen, dem Vorstande des Gemeindeverbandes übertragen. Die Bestimmungen bedürfen nach der Verhandlung mit den betreffenden Vereinigungen der Arbeitnehmer der Zustimmung des zuständigen Ministers.

Artikel 3.

Zu § 65. Für die öffentlichen Behörden und die Betriebe des Staates, der Gemeinden und Gemeindeverbände sowie für die öffentlich-rechtlichen Körperschaften, die hinsichtlich der Dienstverhältnisse ihrer Beamten der Staatsaufsicht unterstehen, wird folgendes bestimmt:

1. Sofern eine auf Grund der Verordnung vom 24. März 1919 bestellte Beamtenvertretung keinen gewählten Vorsitzenden besitzt, hat sie im Hinblick auf die Vorschrift im Abs. 2 des § 65 des Betriebsrätegesetzes für die gemeinsamen Beratungen mit dem Betriebsrat aus ihrer Mitte einen Vorsitzenden zu wählen.

2. Betriebsrat und Beamtenvertretung treten nur zu gemeinsamer Beratung zusammen. Führt die gemeinsame Beratung des Betriebsrats und der Beamtenvertretung zu einer Beschlußfassung, so muß getrennt abgestimmt und eine Mehrheit innerhalb jeder der beiden Vertretungen festgestellt sein. Für den Betriebsratsbeschluß gilt § 32 des Gesetzes. Die weitere Vertretung der Beschlüsse gegenüber der Behörde ist Sache der einzelnen Gruppen, wobei für die Arbeitnehmer das Betriebsrätegesetz und für die Beamten vorbehaltlich anderweitiger Regelung die Verordnung vom 24. März 1919 maßgebend ist.
3. Für die Geschäftsführung finden die Vorschriften in § 29 Abs. 2, § 30, § 31, § 33 des Gesetzes sinngemäße Anwendung.

Artikel 4.

Zu § 103. [Infolge des § 103 BRG. gegenstandslos geworden.]

Artikel 5.

Zu § 104 Ziffer II. [Infolge Aufhebung des § 104 Ziffer II BRG. gegenstandslos geworden.]

b) Ausführungsbestimmungen des Preußischen Ministeriums für Handel und Gewerbe.

Vom 8. März 1920 (HandMinBl. S. 86).

Zu den §§ 14, 103 des Betriebsrätegesetzes vom 4. Februar 1920 (Reichs-Gesetzbl. S. 147) erlasse ich zugleich im Namen der mitbeteiligten Ministerien folgende Ausführungsbestimmungen.

Zu § 14.

1. Als Vorstand der Dienststelle (Abs. 1 Nr. 2) wird bei

den bürokratisch eingerichteten Behörden des Staates, der Gemeindeverbände, der Gemeinden und der anderen Körperschaften des öffentlichen Rechts der Vorsteher bestimmt. Dieser ist befugt, für die Ausübung seiner Rechte und Pflichten einen Beamten der Behörde oder Körperschaft als besonderen Vertreter zu bestellen.

2. Bei kollegialisch eingerichteten Behörden und Körperschaften der bezeichneten Art ist durch Beschluß des Kollegiums ein angestellter Beamter zu bestimmen, der die Rechte und Pflichten des Vorstandes auszuüben hat. Zugleich ist ein angestellter Beamter als dessen Stellvertreter zu bestimmen.

3. Ist bei Unternehmungen oder Verwaltungen des Staates gemäß § 61 ein Gesamtbetriebsrat für mehrere Dienststellen errichtet, so bestimmt der zuständige Minister unter den Vorständen dieser Dienststellen denjenigen, welcher die Pflichten und Rechte des Arbeitgebers nach dem Betriebsrätegesetz ausübt.

Zu § 103. [Infolge Aufhebung des § 103 BRG. gegenstandslos geworden.]

c) Sonstige Verordnungen.

Verordnung des Ministers für Handel und Gewerbe. Vom 25. 3. 1920 (HMBl. vom 6. 4. 1920). Zu §§ 11, 12, 13 des BRG.

Erlaß des Ministers für Volkswohlfahrt über Betriebsrätegesetz und Dienststellung der Beamten und Angestellten der Krankenkassen. Vom 15. 5. 1920 (HMBl. vom 7. 6. 1920).

Verordnung des Staatsministeriums zur Ausführung des § 61 des Betriebsrätegesetzes in den dem Finanzminister und dem Minister des Innern unterstellten Zweigen der Staatsverwaltung. Vom 7. 2. 1921 (GS. S. 271 und RABl. 21, 413), abgeändert am 8. 4. 1922 (GS. S. 81), nebst Wahlordnung vom 18. 2. 1921.

Ausführungsbestimmungen nebst Wahlordnung zur Durchführung des § 61 des BRG. in den dem Finanzministerium und dem Ministerium des Innern unterstellten Zweigen der Staatsverwaltung. Vom 18. 2. 1921 (FinanzMinBl. S. 151).

Verordnung zur Ausführung des § 61 BRG. vom 4. 2. 1920 in den dem Minister für Wissenschaft, Kunst und Volksbildung unterstellten Behörden und Anstalten vom 3. 7. 1925 (GS. S. 85).

Verordnung zur Ausführung des § 61 BRG. bei den dem Minister für Handel und Gewerbe unterstellten Behörden, Schulen und Anstalten vom 21. 7. 1926 (GS. S. 222) nebst WO. vom 24. 7. 1926 (HMBl. S. 177).

11. Bayern.

a) Vollzugsvorschriften des Bayerischen Staatsministeriums für Soziale Fürsorge zum Betriebsrätegesetz vom 4. Februar 1920.

Vom 20. Februar 1920 (Bayerischer Staatsanzeiger Nr. 45).

Zum Vollzuge des Betriebsrätegesetzes in Bayern wird im Einvernehmen mit den übrigen Staatsministern bestimmt:

1. Die Bekanntmachung des Ministeriums für Soziale Fürsorge vom 22. April 1919 betr. Errichtung von Betriebsräten („Bayer. Staatsanz." Nr. 118), die Bekanntmachung des Gesamtministeriums vom 31. Mai 1919 betr. Betriebsräte in staatlichen, gemeindlichen und Betrieben der öffentlichen Selbstverwaltung („Bayer. Staatsanz." Nr. 141), die Bekanntmachung des Ministeriums für Soziale Fürsorge vom 27. Mai 1919 über Wahl der Betriebsräte („Bayer. Staatsanzeiger" Nr. 137) und die Bekanntmachung des Ministeriums für Soziale Fürsorge vom 17. August 1919 über die Wahl von Betriebsobmännern („Bayer. Staatsanz." Nr. 204) sind außer Kraft getreten.

Die auf Grund der Verordnung vom 22. April 1919 und 17. August 1919 gewählten Betriebsräte und Betriebsobmänner bleiben ebenso wie die auf Grund der Reichsverordnung vom 23. Dezember 1918 (RGBl. S. 1456, „Bayer. Staatsanz." Nr. 9) bestehenden Arbeiter- und Angestellten-Ausschüsse so lange im Amte, bis auf Grund des Betriebsrätegesetzes neue Betriebsvertretungen gewählt sind (vgl. Ziff. 9). Die bestehenden Vertretungen der öffentlichen Beamten und Beamtenanwärter werden durch das Gesetz nicht geändert und bestehen fort.

2. Die Wahl von besonderen Betriebsräten für Hausgewerbetreibende gemäß § 3 des Gesetzes ist zu verschieben, bis die vom Reichsarbeitsminister zu treffenden näheren Bestimmungen darüber erlassen sind.

3. Als ständige Arbeitnehmer in der Landwirtschaft (§ 4) sind alle Arbeitnehmer anzusehen, die mindestens ein Jahr ohne wesentliche Unterbrechung in einem landwirtschaftlichen Betriebe beschäftigt sind. Als ständige Arbeitnehmer in der Forstwirtschaft (§ 4) sind alle Arbeitnehmer anzusehen, die regelmäßig je hundert Tage mindestens zwei Jahre lang in einem forstwirtschaftlichen Betriebe beschäftigt sind.

4. Verordnungen gemäß § 13 darüber, welche Gruppen von Beamten und Beamtenanwärtern etwa als Angestellte oder Arbeiter im Sinne des Gesetzes, oder welche Gruppen von Arbeitnehmern mit Aussicht auf Übernahme in das Beamtenverhältnis oder mit gleichen Arbeiten wie Beamte und Beamtenanwärter nicht als Arbeitnehmer im Sinne des Gesetzes zu betrachten sind, erläßt jedes Ministerium für seinen Geschäftsbereich.

5. Wer als Vorstand der einzelnen Dienststelle die Rechte und Pflichten des Arbeitgebers in öffentlich-rechtlichen Betrieben gemäß § 14 ausübt, bestimmt jedes Ministerium für seinen Geschäftsbereich.

6. Die gemäß § 25 vom Reichsarbeitsminister erlassene Wahlordnung vom 5. Februar ist veröffentlicht im RGBl. S. 175.

7. Die in § 61 vorgesehenen Verordnungen über die Bildung von Einzel- und Gesamtbetriebsräten, die Abgrenzung ihrer Befugnisse gegeneinander und die Bestimmung der besonderen Betriebe im Sinne des § 9 Abs. 2 erläßt jedes Ministerium für seinen Geschäftsbereich.

8. Zu näheren Vorschriften über gemeinsame Beratungen der Betriebsräte mit Beamtenvertretungen des gleichen Betriebes in gemeinsamen Angelegenheiten ist jedes einzelne Ministerium für seinen Geschäftsbereich ermächtigt (§ 65).

9. Bei der ersten Wahl, die bis spätestens zum 22. März einzuleiten und unverzüglich durchzuführen ist, erfüllt die in § 23 Abs. 1 dem Betriebsrat zugewiesene Aufgabe der auf Grund der bayer. Verordnung vom 22. April 1919 gewählte Betriebsrat; wo ein solcher nicht vorhanden ist, der auf Grund der Reichsverordnung vom 23. Dezember 1918 errichtete Arbeiterausschuß oder, wenn dieser nicht vorhanden ist, der Angestelltenausschuß.

Wahlleiter für die erste Wahl des Betriebsobmannes ist der auf Grund der bayer. Verordnung vom 17. August 1919 gewählte Betriebsobmann, wo ein solcher nicht vorhanden ist, der vom Arbeitgeber zu bestellende dienstälteste wahlberechtigte Arbeitnehmer (§ 102).

10.–12. [Durch VO. vom 16. 1. 1924 aufgehoben bzw. infolge Wegfalls des § 94 BRG. gegenstandslos geworden.]

b) Sonstige Verordnungen.

Vollzugsvorschriften des Bayerischen Staatsministeriums der Justiz vom 24. 3. 1920 (Bayer. Staatsanzeiger Nr. 72

vom 26. 3. 1920). Zu §§ 10, 13 Abs. 4, §§ 14, 104 Ziff. II des BRG.

Verordnung der Bayerischen Staatsministerien des Innern, für Verkehrsangelegenheiten und für Landwirtschaft über die Bildung von Betriebsvertretungen nach dem Betriebsrätegesetz im Bereiche der staatlichen Bauverwaltung. Vom 7. 4. 1920 (Bayer. Staatsanzeiger Nr. 82 vom 9. 4. 1920). Zu §§ 13, 14, 61, 102 des BRG.

Entschließung der Bayerischen Ministerien des Innern und für Soziale Fürsorge über die Bildung von Betriebsvertretungen nach dem Betriebsrätegesetz. Vom 27. 4. 1920 (Bayer. Staatsanzeiger Nr. 100 vom 30. 4. 1920). Zu § 14 des BRG.

Bekanntmachung des Staatsministeriums für Landwirtschaft über den Vollzug des Betriebsrätegesetzes. Vom 29. 3. 1920 (Bayer. Staatsanzeiger Nr. 78 vom 2. 4. 1920). Zu §§ 13 Abs. 4 und 14 des BRG.

Verfügung des Staatsministeriums der Finanzen, Ministerial-Forstabteilung. Vom 4. 11. 1920 Nr. 60 453 (Bayer. Staatsanzeiger Nr. 261 vom 9. 11. 1920).

Entschließung des Ministeriums für Soziale Fürsorge über Vollzug des Betriebsrätegesetzes bei den Krankenkassen. Vom 5. 11. 1920 (Bayer. Staatsanzeiger Nr. 262 vom 10. 11. 1920).

12. Sachsen.

a) Verordnung des Sächsischen Arbeitsministeriums zur Ausführung des Betriebsrätegesetzes vom 4. Februar 1920.

Vom 18. März 1920 (Sächsische Staatszeitung Nr. 64).

(In der unter Berücksichtigung der Abänderungsverordnung vom 30. Oktober 1920 [Sächsische Staatszeitung Nr. 253] geltenden Fassung.)

Zur Ausführung des Betriebsrätegesetzes vom 4. Februar

1920 wird in Sachsen im Einvernehmen mit den übrigen Ministerien folgendes bestimmt:

§ 1. Artikel 1 der Verordnung des Arbeitsministeriums und des Wirtschaftsministeriums zur Ausführung der Verordnung über Tarifverträge, Arbeiter- und Angestelltenausschüsse und Schlichtung von Arbeitsstreitigkeiten vom 23. Dezember 1918 (RGBl. S. 1456), vom 14. Januar 1919 (Sächs. Staatszeitung Nr. 11 vom 15. Januar 1919), die hierzu erlassenen weiteren Verordnungen des Arbeitsministeriums vom 31. Januar 1919 (Sächs. Staatszeitung Nr. 28 vom 4. Februar 1919), vom 18. Februar 1919 (Sächs. Staatszeitung Nr. 40 vom 18. Februar 1919), vom 19. Februar 1919 (Sächs. Staatszeitung Nr. 44 vom 22. Februar 1919), vom 12. Juni 1919 (Sächs. Staatszeitung Nr. 131 vom 13. Juni 1919) und vom 22. November 1919 (Sächs. Staatszeitung Nr. 270 vom 25. November 1919) sowie die an die Kreishauptmannschaften, Amtshauptmannschaften, Stadträte in Städten mit Revidierter Städteordnung, das Bergamt, die Handels- und Gewerbekammern ergangene Verfügung des Arbeitsministeriums vom 25. Februar 1919 — 436 a III J — sind außer Kraft getreten.

Die auf Grund der Reichsverordnung vom 23. Dezember 1918 (RGBl. S. 1456) bestehenden Arbeiter- und Angestelltenausschüsse bleiben so lange im Amte, bis auf Grund des Betriebsrätegesetzes neue Betriebsvertretungen gewählt sind. Die bestehenden Vertretungen der öffentlichen Beamten und Beamtenanwärter werden durch das Gesetz nicht geändert und bestehen fort.

§ 2. Die Wahl von besonderen Betriebsräten für Hausgewerbetreibende nach § 3 des Gesetzes ist zu verschieben, bis die vom Reichsarbeitsminister zu treffenden näheren Bestimmungen darüber erlassen sind.

§ 3. Verordnungen nach § 13 des Gesetzes darüber,

welche Gruppen von Beamten und Beamtenanwärtern etwa als Angestellte oder Arbeiter oder welche Gruppen von Arbeitnehmern mit Aussicht auf Übernahme in das Beamtenverhältnis oder mit gleichen Arbeiten wie Beamte und Beamtenanwärter nicht als Arbeitnehmer zu betrachten sind, erlassen bei Bedarf von Fall zu Fall selbständig oder auf entsprechenden Antrag der betreffenden Gruppen das Ministerium des Innern für seinen Geschäftsbereich und für den Geschäftsbereich des Wirtschaftsministeriums und des Arbeitsministeriums, sowie das Finanzministerium, das Justizministerium und das Ministerium des Kultus und öffentlichen Unterrichts je für seinen Geschäftsbereich.

§ 4. Bestehen Zweifel darüber, wer als Vorstand der einzelnen Dienststellen die Rechte und Pflichten des Arbeitgebers in öffentlich-rechtlichen Betrieben nach § 14 des Gesetzes auszuüben hat, so entscheidet hierüber jedes Ministerium für seinen Geschäftsbereich. Vgl. auch unten § 7 Abs. 2.

§ 5. Die in § 61 des Gesetzes vorgesehenen Verordnungen über die Bildung von Einzel- und Gesamtbetriebsräten, die Abgrenzung ihrer Befugnisse gegeneinander und die Bestimmung der besonderen Betriebe im Sinne des § 9 Abs. 2 des Gesetzes erlassen bei Bedarf das Ministerium des Innern für seinen Geschäftsbereich und für den Geschäftsbereich des Wirtschaftsministeriums und des Arbeitsministeriums, sowie das Finanzministerium, das Justizministerium und das Ministerium des Kultus und öffentlichen Unterrichts je für seinen Geschäftsbereich.

§ 6. Die näheren Vorschriften über gemeinsame Beratungen der Betriebsräte mit Beamtenvertretungen des gleichen Betriebes in gemeinsamen Angelegenheiten nach § 65 des Gesetzes erlassen bei Bedarf das Ministerium des Innern für seinen Geschäftsbereich und für den Geschäftsbereich des Wirtschaftsministeriums und des Arbeitsministeriums, sowie das Finanzministerium, das Justizministerium und das Ministerium des Kultus und öffentlichen Unterrichts je für seinen Geschäftsbereich.

§ 7. Zu § 102 des Gesetzes:

Die erste Wahl ist spätestens zum 22. März 1920 einzuleiten und ist unverzüglich durchzuführen.

Für die im Ministerium des Innern, Wirtschaftsministerium und Arbeitsministerium beschäftigten Arbeitnehmer ist eine einzige Betriebsvertretung zu bilden; die Rechte und Pflichten des Arbeitgebers dieser Arbeitnehmer übt der Minister des Innern oder sein Bevollmächtigter aus.

§ 8 } [Infolge Wegfalls der §§ 103, 104 II BRG. gegen-
§ 9 } standslos geworden.]

§ 10. Grundsätzliche Entscheidungen zur Auslegung des Betriebsrätegesetzes, die von den Schlichtungsausschüssen und den nach § 103 des Betriebsrätegesetzes mit der Anwendung dieses Gesetzes betrauten Stellen (vgl. § 8 dieser Verordnung) getroffen werden, sind in drei Ausfertigungen beim Arbeitsministerium einzureichen. Der Reichsarbeitsminister beabsichtigt, diese Entscheidungen zu sammeln und durch Rundschreiben, die von Zeit zu Zeit ergehen werden, bekanntzugeben, um hierdurch auf eine Vereinheitlichung in der Anwendung des Gesetzes hinzuwirken.

b) Sonstige Verordnungen.

Verordnung des Finanzministeriums über die Errichtung von Betriebsräten in den Betrieben der staatlichen Hüttenverwaltungen. Vom 30. 3. 1920 (Sächs. Staatszeitung Nr. 77). Zu § 61 des BRG.

Verordnung des Finanzministeriums über die Errichtung eines Betriebsrats bei der Staatlichen Münze zu Muldenhütten. Vom 1. 10. 1925 (Sächs. Staatszeitung Nr. 231 vom 3. 10. 1925). Zu § 61 des BRG.

Verordnung des Finanzministeriums über die Errichtung eines Gesamtbetriebsrats für die Staatliche Straßenbauverwaltung. Vom 24. 11. 1924 (FinanzMinBl. S. 92). Zu § 61 des BRG.

Verordnung des Finanzministeriums über die Errichtung eines Gesamtbetriebsrats für die Staatsforstverwaltung. Vom 28. 10. 1924 (Sächs. Staatszeitung Nr. 259) mit Nachtrag vom 24. 12. 1924 (Sächs. Staatszeitung Nr. 299). Zu § 61 des BRG.

Verordnung des Ministeriums der Justiz über die Errichtung von Betriebsräten bei den Justizbehörden. Vom 23. 6. 1923 (JMBl. 1923 S. 94). Abgeändert durch die Verordnungen vom 1. 3. 1925 (JMBl. S. 16) und vom 5. 11. 1925 (JMBl. S. 100). Zu § 61 des BRG.

Ausführungsbestimmungen des Ministeriums der Justiz zur Wahlordnung zum Betriebsrätegesetz für die Wahl der Betriebsvertretungen bei den Justizbehörden. Vom 23. 6. 1923 (JMBl. S. 96). Zu § 61 des BRG.

Verordnung des Ministeriums der Justiz zur Ausführung des § 13 des BRG. Vom 16. 10. 1926 (JMBl. S. 121).

13. Württemberg.

a) Verfügung des Württembergischen Arbeitsministeriums zur Ausführung des Betriebsrätegesetzes vom 4. Februar 1920 (RGBl. S. 147).

Vom 9. März 1920 (Staats-Anzeiger für Württemberg Nr. 58).

1. Die Wahl besonderer Betriebsräte für die in solchen Betrieben beschäftigten Hausgewerbetreibenden, die mindestens 20 Hausgewerbetreibende zählen — § 2 BRG. —, ist zu verschieben, bis die vom Reichsarbeitsministerium mit Zustimmung eines aus 28 Mitgliedern bestehenden Ausschusses

des Reichstags zu treffenden näheren Bestimmungen erlassen sind.

2. Ständige Arbeitnehmer in der Landwirtschaft sind solche, die mindestens ein Jahr ohne wesentliche Unterbrechung in einem landwirtschaftlichen Betrieb gearbeitet haben. Ständige Arbeitnehmer in der Forstwirtschaft sind solche, die regelmäßig je 100 Tage mindestens zwei Jahre lang in einem forstwirtschaftlichen Betrieb beschäftigt waren. (Zu vgl. Ausführungsbestimmungen zum Reichssiedlungsgesetz vom 11. August v. J. — RGBl. S. 1429; siehe Zentralblatt für das Deutsche Reich Nr. 37/19 S. 1143.)

3. Nach § 106 BRG. tritt dieses mit dem Tage der Verkündung in Kraft. Da das das Gesetz enthaltende Reichs-Gesetzblatt Nr. 26 in Berlin am 9. v. M. ausgegeben ist, sind die ersten Betriebsrätewahlen spätestens am 22. d. M. einzuleiten. Als Ersatz für die Bezirkswirtschaftsräte, welche die in § 93 BRG. genannten Streitigkeiten zu entscheiden haben, werden, solange Bezirkswirtschaftsräte nicht bestehen, auf Grund des § 103 BRG. die Schlichtungsausschüsse in Württemberg bestimmt.

4. Weitere Bestimmungen für die Betriebe, Geschäfte und Verwaltungen des öffentlichen Rechts bleiben vorbehalten.

b) Sonstige Verordnungen.

Verordnung des Staatsministeriums zur Ausführung des Betriebsrätegesetzes. Vom 14. 6. 1920 (Regierungsblatt für Württemberg Nr. 32 vom 2. 7. 1920).

Verfügung des Ministeriums des Innern zur Ausführung des Betriebsrätegesetzes für den Bereich der staatlichen Straßen- und Wasserbauverwaltung vom 2. 5. 1921 (Amtsblatt des Ministeriums des Innern S. 103).

Verfügung des Finanzministeriums zur Ausführung des Betriebsrätegesetzes im Bereich der Staatsforstverwaltung vom 31. 10. 1921 (Amtsblatt des Finanzministeriums S. 109).

Verfügung des Arbeitsministeriums zur Ausführung des Betriebsrätegesetzes für den Verwaltungsbereich des Arbeitsministeriums. Vom 23. 11. 1920 (Württembergischer Staatsanzeiger Nr. 270 vom 25. 11. 1920), in der Fassung vom 4. 7. 1924 und vom 6. 11. 1926 (Regierungsblatt für Württemberg S. 239).

14. Sonstige Länder.

Baden: Verordnung des Badischen Staatsministeriums zur Ausführung des Betriebsrätegesetzes. Vom 9. 6. 1921 (Badisches Gesetz- und Verordnungs-Blatt S. 141), geändert durch Verordnung vom 31. 10. 1923 (Gesetz- und Verordnungs-Blatt S. 341). Zu §§ 13, 14, 61 und 65 des BRG.

Thüringen: Verordnung des Thüringischen Staatsministeriums zur Ausführung der §§ 13, 61 und 65 des BRG. Vom 9. 5. 1922 (Gesetzsammlung Nr. 16).

Hessen: Verordnung des Hessischen Gesamtministeriums zur Ausführung des Betriebsrätegesetzes. Vom 19. 5. 1920 (Hessisches Regierungsblatt Nr. 13 vom 26. 5. 1920 — Hauptteil — S. 92). Zu §§ 13, 61, 65.

Hamburg: Bekanntmachung des Senats in Hamburg über die Wahlen zum Betriebsrat in den Behörden und Betrieben des hamburgischen Staates, der Städte Bergedorf und Cuxhaven und der hamburgischen Landgemeinden. Vom 24. 3. 1920 (Amtsblatt Nr. 67). Zu §§ 13, 14 des BRG.

Mecklenburg-Schwerin: Bekanntmachung des Mecklenburg-Schwerinschen Staatsministeriums zur Ausführung des Betriebsrätegesetzes. Vom 27. 9. 1927 (Regierungsblatt für Mecklenburg-Schwerin Nr. 60 S. 197). Zu §§ 13, 14, 61 und 65 des BRG.

Oldenburg: Verordnung des Oldenburgischen Staatsministeriums zur Ausführung des Betriebsrätegesetzes. Vom 23. 3. 1920 (Gesetzbl. f. d. Freistaat Oldenburg, Landesteil Oldenburg XL. Bd. 76. Stück). Zu §§ 13, 14, 61 des BRG.

Verordnungen des Oldenburgischen Staatsministeriums zur Ausführung des Betriebsrätegesetzes, betreffend die Bildung gemeinsamer Betriebsräte. Vom 14. 4. 1920, 6. 8. 1920, 4. 4. 1921. Zu §§ 14, 61 des BRG.

Braunschweig: Bekanntmachung des Braunschweigischen Staatsministeriums, Abteilungen für Arbeit und Inneres, über Betriebsräte. Vom 24. 3. 1920 (Gesetz- und Verordnungs-Sammlung Nr. 59). Zu § 104 II des BRG. Bekanntmachung des Braunschweigischen Staatsministeriums, Abteilungen für Inneres und Arbeit, über Bildung von Betriebsräten. Vom 7. 7. 1920 (Gesetz- und Verordnungs-Sammlung Nr. 101), abgeändert am 29. 5. 1923. Zu §§ 13, 61 des BRG.

Anhalt: Verordnung des Staatsrats von Anhalt zur Ausführung des Betriebsrätegesetzes. Vom 23. 3. 1920 (Amtsblatt für Anhalt Nr. 27), abgeändert am 5. 7. 1921. Zu §§ 13, 14, 61, 65, 103, 104 Ziff. II. Verordnung des Staatsrats von Anhalt über die Bildung von Betriebsräten. Vom 13. 12. 1921 (Amtsblatt für Anhalt Nr. 105). Zu § 14 BRG.

Bremen: Verordnung des Senats in Bremen zur Ausführung des Betriebsrätegesetzes. Vom 31. 3. 1920 (Gesetzblatt der Freien Hansestadt Bremen Nr. 28). Zu § 13 des BRG. Verordnung des Senats in Bremen wegen Abänderung der Verordnungen, betreffend die Ausführung des Betriebsrätegesetzes vom 31. 3. 1920. Vom

5. 5. und 6. 7. 1924 (Gesetzblatt der Freien Hansestadt Bremen Nr. 34 und 54).

Lippe: Verordnung des Lippischen Landespräsidiums zur Ausführung des Betriebsrätegesetzes. Vom 12. 4. 1920 (Lippischer Staatsanzeiger Nr. 36). Zu §§ 65, 103 des BRG.

Lübeck: Verordnung des Senats in Lübeck, betreffend die Anwendung des Betriebsrätegesetzes auf die staatlichen Angestellten. Vom 20. 3. 1920 (Sammlung der Lübeckischen Gesetze und Verordnungen Nr. 33). Zu § 13 des BRG.

Mecklenburg-Strelitz: Bekanntmachung des Mecklenburgisch-Strelitzschen Staatsministeriums zur Ausführung des Betriebsrätegesetzes. Vom 12. 4. 1920 (Mecklenburg-Strelitzscher Amtlicher Anzeiger Nr. 57 vom 26. 4. 1920), ergänzt am 24. 3. 1925 (Amtl. Anz. vom 3. 4. 1925). Zu §§ 13, 14, 61, 103, 104 II des BRG.

Schaumburg-Lippe: Ausführungsbestimmungen der Schaumburg-Lippischen Landesregierung zum Betriebsrätegesetz. Vom 13. 2. 1920 (Schaumburg-Lippische Landes-Anzeigen vom 18. 2. 1920). Zu § 13 Abs. 5, § 103 des BRG.

Sachregister.

(Die Zahlen verweisen auf die Seiten.)

A.

C.

D.

E.

F.

G.

H.

M.

N.

O.

T.

Z.

Nachweis
wichtiger Gesetzesausgaben

mit und ohne Erläuterungen, größere und kleinere Kommentare, Lehrbücher, Sammelwerke, Entscheidungssammlungen, Zeitschriften

Zusammengestellt vom Verlage Walter de Gruyter & Co., Berlin W 10
Herbst 1930

Inhaltsübersicht

I. Allgemeines, Sammelwerke.

Handwörterbuch der Rechtswissenschaft. Unter Mitberatung von Reichsgerichtspräsident Dr. E. Bumke, L. Busch, Oberreichsanwalt Dr. L. Ebermayer, Geh. Justizrat Professor Dr. Fr. Endemann, Geh. Justizrat Professor Dr. E. Heymann, Senatspräsident am Reichsgericht Dr. O. Strecker, Präsident des Bayrischen Obersten Landesgerichts Staatsrat Dr. K. v. Unzner herausgegeben von Dr. jur. Fritz **Stier-Somlo,** o. Professor an der Universität Köln, und Dr. jur **Alex. Elster,** Berlin. 6 Bände. Lexikon-Oktav. 1926/29.
In Halbleder geb. RM. 304.—

Ein Ergänzungsband, der das Handwörterbuch bis auf den letzten Stand von Wissenschaft und Praxis fortführt, befindet sich im Druck.

„Es zeigt sich doch jetzt immer mehr, daß Ihr Handwörterbuch ein ganz großer Wurf war. Wie ich höre, wird es auch in der Praxis in steigendem Maße benutzt." Professor Dr. Nipperdey, Köln.

Die Reichsgerichtspraxis im deutschen Rechtsleben. Festgabe der juristischen Fakultäten zum 50jährigen Bestehen des Reichsgerichts (1. Oktober 1929). unter Mitwirkung der Professoren Gerhard Anschütz, Heidelberg, Ernst Heymann, Berlin, Theodor Kipp, Berlin, Wilhelm Kisch, München, Alfred Schultze, Leipzig, Heinrich Siber, Leipzig, herausgegeben von Otto Schreiber, weiland Professor in Königsberg i. Pr. 6 Bde. Groß-Oktav. 1929.
Geh. RM. 110.—, in Halbfranz geb. RM. 134.—

I. Band: Öffentliches Recht. II. Band: Zivil- und Handelsrecht. III. Band: Zivil- und Handelsrecht (Fortsetzung). IV. Band: Handels- und Wirtschaftsrecht. V. Band: Strafrecht und Strafprozeß. VI. Band: Zivilprozeßrecht.

Die Bände werden einzeln abgegeben.

Mit dieser umfangreichen Festgabe wird eine große, systematisch geordnete Reihe hervorragender Monographien veröffentlicht, die durchweg besonders wichtige und schwierige Fragen aus allen Teilen des Rechts behandeln.

Fünfzig Jahre Reichsgericht am 1. Oktober 1929. Von Dr. Adolf **Lobe,** Senatspräsident am Reichsgericht i. R., M. d. R. unter Mitarbeit von Mitgliedern und Beamten des Reichsgerichts, der Reichsanwaltschaft und der Rechtsanwaltschaft am Reichsgericht. Mit 14 Porträts und 15 Abbildungen. Lexikon-Oktav. VI, 436 Seiten. 1929.
RM. 20.—, in Halbfranz RM. 24.—

Von den beiden Festschriften „Lobe, Fünfzig Jahre Reichsgericht" und der Festgabe der juristischen Fakultäten gibt die vorliegende ein Bild der organisatorischen Gestaltung des Reichsgerichts und seiner Einrichtungen, in deren Schutz sich seine Aufgaben und seine Arbeit gestalten. Ausführlicher Prospekt mit Inhaltsverzeichnis kostenlos.

Bürgerliches Rechtslexikon. (Nach dem Bürgerlichen Gesetzbuch, dem Handelsgesetzbuch und sonstigen Reichs- und Landesgesetzen.) Von E. **Christiani,** weil. Amtsgerichtsrat. Vierte, durchgearbeitete und verbesserte Auflage von Dr. Alexander **Elster,** Rechtsanwalt Dr. Hugo Hoormann, Amtsgerichtsrat Georg Krause, Lexikon-Oktav. IV, 474 Seiten. 1930 . . . . Geb. RM. 15.—

Christianis „Bürgerliches Rechtslexikon" erscheint nach seinen großen Erfolgen vor dem Kriege nunmehr in vierter Auflage. Die besondere Art der Stichwortaufteilung und die verständliche Darstellung haben es in alle Kreise gelangen lassen, die stets eine Gelegenheit zu zuverlässiger Rechtsbelehrung haben müssen.

Hedemann, J. W., **Einführung in die Rechtswissenschaft.** Zweite, erweiterte und umgestaltete Auflage. Oktav. XXII, 566 Seiten. 1927. (Lehrbücher und Grundrisse der Rechtswissenschaft Bd. IX.)
RM. 14.—, geb. RM. 16.—

„. . . Das Buch Hedemanns, welches die Aufgabe einer Einführung am reichsten und umfassendsten auffaßt und löst . . .“
Juristische Wochenschrift.

Sternberg, Theodor, **Einführung in die Rechtswissenschaft.**
I. Teil: Methoden- und Quellenlehre. Zweite, neugestaltete Auflage. Verbesserter Neudruck. 190 Seiten. 1927. (Sammlung Göschen Bd. 169.)
Geb. RM. 1.80
II. Teil: Das Rechtssystem. Erste Hälfte: Grundbegriffe und Privatrecht. Zweite, vermehrte Auflage. 133 Seiten. 1922. (Sammlung Göschen Bd. 170.) . . . . Geb. RM. 1.80
Eine in ihrer Knappheit ganz ausgezeichnete Darstellung der juristischen Begriffe und Probleme.

Schröder, Richard, und **Glitsch**, Heinrich, **Deutsche Rechtsgeschichte.** Sechste, verbesserte Auflage. Groß-Oktav. Mit einer Abbildung im Text, fünf Tafeln und einem Bildnis. 1124 Seiten. 1922.
RM. 26.—, in Halbleder geb. RM. 30.—
Dieses bekannte Lehrbuch hat sich seit langen Jahren bestens bewährt.

Fehr, Hans, **Deutsche Rechtsgeschichte.** Zweite, verbesserte und ergänzte Auflage. Oktav. 416 Seiten. 1925. (Lehrbücher und Grundrisse der Rechtswissenschaft Bd. X.) RM. 13.—, geb. RM. 14.50
Das Buch gibt eine plastische Darstellung der deutschen Rechtsgeschichte, die eine Anhäufung von Stoff ausdrücklich vermeidet, vielmehr das Schwergewicht auf eine mehr ideengeschichtliche Behandlung des Gegenstandes legt.

Schröder, Richard, und **Glitsch**, Heinrich, **Deutsche Rechtsgeschichte.** Zweite Auflage. Neudruck.
I. Bis zum Ende des Mittelalters. 160 Seiten. 1929. (Sammlung Göschen Bd. 621.) . . . . Geb. RM. 1.80
II. Die Neuzeit. 90 Seiten. 1929. (Sammlung Göschen Bd. 664.)
Geb. RM. 1.80
Eine gemeinverständliche kurze Darstellung der deutschen Rechtsgeschichte.

Giese, Friedrich, **Preußische Rechtsgeschichte.** Übersicht über die Rechtsentwicklung der preußischen Monarchie und ihrer Landesteile. Ein Lehrbuch für Studierende. Groß-Oktav. 256 Seiten. 1920.
RM. 5.—, geb. RM. 6.50
„Das Buch ist nicht ein, sondern das (bisher fehlende) Lehrbuch der preußischen Rechtsgeschichte.“
Dr. Karl Strupp im „Verwaltungsarchiv“.

von Mayr, Robert, **Römische Rechtsgeschichte.** I. Buch. Die Zeit des Volksrechtes. 1. Hälfte: Das öffentliche Recht. 150 Seiten. 1912. (Sammlung Göschen Bd. 577.) . . . . Geb. RM. 1.80
2. Hälfte: Das Privatrecht. 117 Seiten. 1912. (Sammlung Göschen Bd. 578.) . . . . Geb. RM. 1.80
II. Buch: Die Zeit des Amts- und Verkehrsrechtes. 1. Hälfte: Das öffentliche Recht. 158 Seiten. 1912. (Sammlung Göschen Bd. 645.)
Geb. RM. 1.80
2. Hälfte: Das Privatrecht I. 122 Seiten. 1913. (Sammlung Göschen Bd. 646.) . . . . Geb. RM. 1.80
Das Privatrecht II. 150 Seiten. 1913. (Sammlung Göschen Bd. 647.)
Geb. RM. 1.80

III. Buch. Die Zeit des Reichs- und Volksrechtes. 111 Seiten. 1913. (Sammlung Göschen Bd. 648.) . . . . Geb. RM. 1.80
IV. Buch. Die Zeit der Orientalisierung des römischen Rechtes. 155 Seiten. 1913. (Sammlung Göschen Bd. 697.) . . . . Geb. RM. 1.80

Stammler, Rudolf, **Lehrbuch der Rechtsphilosophie.** Dritte, vermehrte Auflage. Groß-Oktav. XVI, 396 Seiten. 1928.
RM. 13.—, geb. RM. 15.—

„. . . Ein Werk aus einem Gusse, ein herbes Werk von größter wissenschaftlicher Strenge, eine Schule, durch die jeder gehen muß, der mit den rechtsphilosophischen Problemen der Gegenwart ringt." Schweizerische Juristenzeitung.

Stammler, Rudolf, **Rechts- und Staatstheorien der Neuzeit.** Leitsätze zu Vorlesungen. Zweite, vermehrte und verbesserte Auflage. Oktav. IV, 116 Seiten. 1925. . . . . RM. 3.50, geb. RM. 4.50

Ein unentbehrlicher Führer durch die Rechts- und Staatstheorien der Neuzeit.

Stammler, Rudolf, **Wirtschaft und Recht** nach der materialistischen Geschichtsauffassung. Eine sozialphilosophische Untersuchung. Fünfte, durch einen Nachtrag ergänzte Auflage. Oktav. VIII, 704 Seiten. 1924. . . . . RM. 14.—, geb. RM. 16.—

„Das Werk Stammlers darf den Ruhm in Anspruch nehmen, unter allen Büchern, die in der letzten Zeit auf dem hier in Betracht kommenden Gebiet erschienen sind, die stärkste Wirkung hervorgebracht zu haben." Historische Zeitschrift.

Friedrichs, Karl, **Der Allgemeine Teil des Rechts.** Eine Darstellung der gemeinsamen Lehren des öffentlichen und des privaten Rechts. Groß-Oktav. X, 306 Seiten. 1927. . . . . . RM. 12.—, geb. RM. 13.50

„Eine solche Arbeit fehlte bisher in der juristischen Literatur. Friedrichs ist wie kein anderer berufen, eine grundlegende Arbeit über dieses Gebiet zu schreiben." Mitteilungen des Preuß. Richtervereins.

Maas, Georg, und **Magnus,** Julius, **Abkürzungsverzeichnis der Rechtssprache.** Abkürzungen der Bezeichnungen von Rechtsquellen, Behörden, Entscheidungen usw. des deutschen und österreichischen Rechts. Oktav. IV, 140 Seiten. 1929. . . . . RM. 4.—

„Bis jetzt fehlte eine Zusammenstellung, die in zuverlässiger Weise die gebräuchlichsten Abkürzungen wiedergab. Diese Lücke füllt das neue Buch in glücklicher Weise aus." Der junge Rechtsgelehrte.

Endemann, Friedrich, **Grundriß des römischen Privatrechts.** Oktav. X, 256 und 30 Seiten. 1925. (Lehrbücher und Grundrisse der Rechtswissenschaft Bd. XII.) . . . . RM. 9.—, geb. RM. 10.50

„. . . ein nach jeder Richtung hochstehendes Werk." Der junge Rechtsgelehrte.

Stammler, Rudolf **Aufgaben aus dem römischen Recht.** Der „Institutionenübungen für Anfänger" vierte Auflage. Oktav. IV, 92 Seiten. Mit Figuren im Text. 1919 . . . . Geb. RM. 5.—

Zum selbständigen Einarbeiten in das System des römischen Privatrechts.

II. Bürgerliches Recht

1. Bürgerliches Gesetzbuch

Lehmann, Heinrich, **Allgemeiner Teil des Bürgerlichen Gesetzbuches.** Dritte, vermehrte und verbesserte Auflage (9. bis 12. Tausend). Oktav. XIV, 439 Seiten. 1928. (Lehrbücher und Grundrisse der Rechtswissenschaft Bd. I.) . . . . RM. 12.—, geb. RM. 13.50

„Es liegt ein großer pädagogischer Wert in diesem Buch. Es wird sich unter den Studenten rasch großer Beliebtheit erfreuen."

Das Recht.

Leonhard, R., **Der Allgemeine Teil des Bürgerlichen Gesetzbuches** in seinem Einflusse auf die Fortentwicklung der Rechtswissenschaft. Groß-Oktav. XVI, 537 Seiten. 1900. (Recht des Bürgerlichen Gesetzbuches in Einzeldarstellungen Nr. X.) . . . . RM. 10.—

Die Sammlung „Recht des Bürgerlichen Gesetzbuches" umfaßt systematische Darstellungen des BGB. aus der Feder erster Juristen der Wissenschaft und Praxis.

Oertmann, Paul, **Allgemeiner Teil des Bürgerlichen Gesetzbuches.**
I. Einleitung. Lehre von den Personen und von den Sachen. Dritte, verbesserte Auflage. 136 Seiten. 1926. (Sammlung Göschen Bd. 447.) Geb. RM. 1.80
II. Erwerb und Verlust, Geltendmachung und Schutz der Rechte. Dritte, verbesserte Auflage. 147 Seiten. 1928. (Sammlung Göschen Bd. 448.) . . . . Geb. RM. 1.80

Nach der die Vorgeschichte des BGB. und einzelne für seine Bedeutung und Anwendung wichtige Hauptfragen behandelnden Einleitung bespricht der Verfasser die Lehre von den Personen und von den Sachen. Er verarbeitet den Inhalt der einzelnen Gesetzesparagraphen wissenschaftlich und erörtert dabei auch mehrfach Fragen, die im BGB. selbst nicht geregelt, höchstens gestreift werden.

Plancks Kommentar zum Bürgerlichen Gesetzbuch nebst Einführungsgesetz. Bisher herausgegeben von E. Strohal. Bearbeitet von E. Brodmann, L. Busch, J. Ebbecke, F. Flad, M. Greiff, K. Gunkel, P. Knoke, M. Landois, A. Lobe, Fr. Oegg, H. Siber, O. Strecker, K. von Unzner. Vierte, völlig neubearbeitete Auflage. Lexikon-Oktav. Bisher sind erschienen:
I. Band: Allgemeiner Teil. 606 Seiten. 1913. RM. 15.—, geb. RM. 17.—
II. Band, 1. Hälfte: Recht der Schuldverhältnisse. (Allgemeiner Teil.) 640 Seiten. 1914 . . . . RM. 15.—, geb. RM. 17.—
II. Band, 2. Hälfte: Recht der Schuldverhältnisse. (Besonderer Teil.) 1296 Seiten. 1928 . . . . RM. 49.—, geb. RM. 52.—
III. Band: Sachenrecht. 1464 Seiten. 1920. RM. 30.—, geb. RM. 33.—
IV. Band: Familienrecht. 1. Hälfte §§ 1297—1588. 701 Seiten. 1928. RM. 26.—, geb. RM. 28.—
V. Band: Erbrecht. Vierte, völlig neubearbeitete Auflage. Groß-Oktav. XII, 1136 Seiten. 1930 . . RM. 51.—, geb. RM. 54.—

„Für jeden Praktiker, der tiefer in den Rechtsstoff eindringen muß, um die zur Entscheidung stehende Frage zu prüfen, ist Plancks Kommentar immer ein zuverlässiger Ratgeber und seine Erläuterung und Meinung von hohem Wert und Gewicht, stets sorgfältiger Beachtung wert." *Zentralblatt für freiwillige Gerichtsbarkeit.*

Das Bürgerliche Gesetzbuch mit besonderer Berücksichtigung der Rechtsprechung des Reichsgerichts. Erläutert von Dr. Busch, Erler, Dr. Lobe, Michaelis, Oegg, Sayn, Schliewen und Seyffarth, Reichsgerichtsräten und Senatspräsidenten am Reichsgericht. Siebente, unveränderte Auflage. 5 Bände. §§ 1—2385. Lexikon-Oktav. 3182 Seiten. 1928 . . . . RM. 125.—, in Halbleder geb. RM. 150.—
I. Band: Allgemeiner Teil. Recht der Schuldverhältnisse I. (Allgemeiner Teil.) — II. Band: Recht der Schuldverhältnisse II. (Einzelne Schuldverhältnisse.) — III. Band: Sachenrecht. — IV. Band: Familienrecht. — V. Band: Erbrecht. Alphabetisches Sachverzeichnis.

(Das Werk wird nur komplett abgegeben.)

„Eine neue Auflage dieses für die Praxis wertvollsten Kommentars ist ein Ereignis für die Juristenwelt."

Blätter für Rechtspflege im Bezirk des Kammergerichts.

Achilles-Greiff, Bürgerliches Gesetzbuch nebst Einführungsgesetz. Mit Einleitung, Anmerkungen und Sachregister. Nach dem Tode des ersten Herausgebers Dr. A. Achilles in Verbindung mit J. Altstötter, Oberamtsrichter in Sonthofen, O. Meyer, Oberlandesgerichtspräsident in Celle, Dr. J. Kieckebusch, Land- und Amtsgerichtsrat in Kassel, Dr. O. Strecker, Senatspräsident am Reichsgericht i. R. in Leipzig, herausgegeben von Dr. M. Greiff, Wirkl. Geh. Oberjustizrat, Oberlandesgerichtspräsident i. R. in Berlin. Dreizehnte, vermehrte und verbesserte Auflage. Mit Erläuterungen der Verordnung über das Erbbaurecht, des Gesetzes über die religiöse Kindererziehung und des Gesetzes für Jugendwohlfahrt. Groß-Oktav. XXIII, 1304 Seiten. 1930. (Guttentagsche Sammlung Deutscher Reichsgesetze Bd. 38/39.) . . . . RM. 24.—

„Das ausgezeichnete Buch, das einer weiteren Empfehlung kaum bedarf, wird seine führende Stellung unter den Handausgaben ohne Zweifel behaupten." *Juristische Rundschau.*

Bürgerliches Gesetzbuch nebst Einführungsgesetz. Vom 18. August 1896 mit Berücksichtigung der bis zum 1. Januar 1928 ergangenen Abänderungen. Textausgabe mit ausführlichem Sachregister. Sechzehnte Auflage. (61. bis 66. Tausend). Taschenformat. 758 Seiten. 1928. (Guttentagsche Sammlung von Textausgaben ohne Anmerkungen mit Sachregister.) . . . . Geb. RM. 5.—

Die vorliegende Ausgabe zeichnet sich durch Vollständigkeit und besondere Ausführlichkeit des Sachregisters aus.

Lindemann, Otto, Ausführungsgesetz zum Bürgerlichen Gesetzbuche vom 20. September 1899 nebst einem Anhang: Verordnung zur Ausführung des Bürgerlichen Gesetzbuchs vom 16. November 1899. Nach dem Tode des früheren Herausgebers Kammergerichtsrat Dr. P. Siméon, erläutert von Geh. Oberjustizrat Otto Lindemann, Ministerialdirektor im Pr. Justizministerium. Vierte Auflage. Taschenformat. 208 Seiten. 1930. (Guttentagsche Sammlung Preußischer Gesetze Bd. 23.) Geb. RM. 5.—

Die neue Auflage kommt im richtigen Augenblick, um dem fühlbaren Mangel an neuen Bearbeitungen der Ausführungsgesetze zum Bürgerlichen Gesetzbuch abzuhelfen. Sie ist völlig neu bearbeitet und nach den Ergebnissen von Gesetzgebung und Rechtsprechung bis in die jüngste Zeit ergänzt.

Schulz, F. H., **Bürgerliches Gesetzbuch.** Taschenformat. XI, 682 Seiten. 1930 . . . . Geb. RM. 8.—
(Lehrausgaben Deutscher Gesetze, Bd. I.)

Schück, Richard, **Zivilrechtspraktikum.** Zum Selbststudium und zum Lehrgebrauch. Vierte, vermehrte Auflage. Herausgegeben von Gustav Schreiber. Groß-Oktav. 160 Seiten. 1930. Geb. RM. 6.—

Das „Schücksche Zivilrechtspraktikum" bringt in einem billigen Band über 600 Fälle aus allen fünf Büchern des BGB. und dem Einführungsgesetz. Es hat sich seit seinem Erscheinen durch seine praktische Auswahl überall durchgesetzt und durch drei hohe Auflagen hindurch bewährt. Die vorliegende vierte Auflage weist eine Anzahl Ergänzungen auf, die aber durch die besondere Art ihrer Einordnung den Gebrauch mehrerer Auflagen nebeneinander nicht stören.

von der Mosel, Heinrich, **Lösungen** zu dem von Kammergerichtsrat Dr. Richard Schück herausgegebenen Zivilrechtspraktikum. Nach dem Bürgerlichen Gesetzbuch bearbeitet für Studierende und Referendare. Vierte Auflage. Groß-Oktav. 148 Seiten. 1924. Geb. RM. 5.50

Die Lösungen behandeln fast alle in dem Praktikum enthaltenen Fälle.

f. **Schwerin,** Cl., Frhr., **Grundzüge des deutschen Privatrechts.** Zweite Auflage. Oktav. XII, 342 Seiten. 1928. (Lehrbücher und Grundrisse der Rechtswissenschaft Bd. XIII.) RM. 9.50, geb. RM. 11.—

„Was dem Studenten not tut, ist ein kurzgefaßtes Handbuch. . . . Ein ausgezeichnetes Hilfsmittel dieser Art ist das vorliegende Buch."
Zeitschrift für Rechtspflege in Bayern.

Wegner, Arthur, **Jugendrecht.** Ein Lehrbuch zur Einführung. Oktav. IX, 219 Seiten. 1929 . . . . RM. 6.—, geb. RM. 7.50

„Ein gleichartiges und gleichwertiges Werk über das Jugendgericht gibt es noch nicht." *Breslauer Zeitung.*

Schuldverhältnisse insbesondere

Hedemann, Justus Wilh., **Schuldrecht des Bürgerlichen Gesetzbuches.** Oktav. Zweite Auflage in Bearbeitung. (Lehrbücher und Grundrisse der Rechtswissenschaft Bd. II.)

„Die Schrift bietet die beste mir bekannte Einführung in das schwierige Recht der Schuldverhältnisse." *Staats- und Selbstverwaltung.*

Oertmann, Paul, **Schuldrecht.** (BGB. II.)
I. Allgemeine Lehren. Dritte, verbesserte Auflage. 142 Seiten. 1927. (Sammlung Göschen Bd. 323.) . . . . Geb. RM. 1.80
II. Die einzelnen Schuldverhältnisse. Dritte, verbesserte Auflage. 159 Seiten. 1929. (Sammlung Göschen Bd. 324.) . . Geb. RM. 1.80

„In knapper Form und gemeinverständlicher Ausdrucksweise ist ein vorzüglicher Überblick über den Stoff gegeben."
Leipziger Zeitschrift für deutsches Recht.

Meyer, Georg, **Das Recht der Beschlagnahme von Lohn- und Gehaltsforderungen.** Sechste Auflage. Taschenformat. 1927. Mit Nachtrag 1928. (Guttentagsche Sammlung Deutscher Reichsgesetze Bd. 55.) Geb. RM. 4.50

„Das Buch ist in flüssiger, übersichtlicher Form geschrieben und schöpft aus der Praxis für die Praxis; ein Handbuch nicht nur für den Juristen, sondern ebenso für das kaufmännische Büro, die Fabrik und das Handelsgeschäft." *Württembg. Wirtschafts-Zeitung.*

Seligsohn, Franz, **Haftpflichtgesetz.** Groß-Oktav. 349 Seiten. 1920. RM. 8.—, geb. RM. 9.50

„Das reiche Material hat der Verfasser mit logischer Schärfe und in knapper Form bearbeitet und damit ein mustergültiges Werk geschaffen, das für die meist veralteten Kommentare zum Reichshaftpflichtgesetz einen wertvollen Ersatz bietet."
Blätter für Rechtspflege im Bezirk des Kammergerichts.

Krieg, O., **Mietrecht und Wohnungsmangelgesetzgebung** im Reiche, in Preußen und in Berlin, einschließlich Hauszinssteuer, Kostenwesen und Rechtsentscheiden des Kammergerichts und des Obersten Landesgerichts. Zusammengestellt und mit ausführlichem Schlagwortregister versehen. Vierte Auflage. Taschenformat. XII, 594 Seiten. 1928. (Guttentagsche Sammlung Deutscher Reichsgesetze Bd. 156.) Geb. RM. 10.—

„Eine solche Ausgabe zu besitzen, ist wertvoll. Diese Ausgabe verdient schon wegen ihrer Vollständigkeit besondere Beachtung. Ein vortreffliches Sachregister ist beigegeben." *Juristische Wochenschrift*

Stölzle, Hans, **Viehkauf** nach Bürgerlichem Gesetzbuch und ausländischem Recht. Verordnung, betreffend die Hauptmängel und Gewährfristen beim Viehhandel. Von Eugen Fröhner. Sechste, vermehrte und wesentlich verbesserte Auflage. Taschenformat. 699 Seiten. 1926. (Guttentagsche Sammlung Deutscher Reichsgesetze Bd. 50.) Geb. RM. 15.—

„Das Buch ist Juristen wie Laien als lichtvoller Ratgeber in allen Fragen nur auf das wärmste zu empfehlen."
Deutsche Juristen-Zeitung.

Hoffmann, J., **Abzahlungsgeschäfte.** Vierte Auflage, besorgt von K.-A. Crisolli. Taschenformat. Im Druck. (Guttentagsche Sammlung Deutscher Reichsgesetze Bd. 34.)

„Jeder, der mit Abzahlungsgeschäften zu tun hat, kann sich bestens aus dem Büchlein informieren. Der Kommentar ermöglicht es auch dem Laien, sich mit allen einschlägigen Fragen vertraut zu machen.“

Berliner Intelligenz-Blatt.

Göppert, H., **Gesetz, betreffend die gemeinsamen Rechte der Besitzer von Schuldverschreibungen.** Zweite Auflage, bearbeitet von E. Trendelenburg. Taschenformat. 156 Seiten. 1915. (Guttentagsche Sammlung Deutscher Reichsgesetze Bd. 52.) . . . . . . Geb. RM. 1.50

Dungs, H., **Sechs Haager Abkommen über internationales Privatrecht.** Taschenformat. 116 Seiten. 1910. (Guttentagsche Sammlung Deutscher Reichsgesetze Bd. 98.) . . . . Geb. RM. 1.50

„Die diesen Abkommen vom Verfasser beigefügten Erläuterungen sind kurz und klar gefaßt und entsprechen den allgemeingültigen Anschauungen. Der Kommentar von Dungs kann nur angelegentlichst empfohlen werden.“ *Juristisches Literaturblatt.*

Bogeng, G., **Die Haager Abkommen über das internationale Privatrecht.** Taschenformat. 173 Seiten. 1908. (Guttentagsche Sammlung Deutscher Reichsgesetze Bd. 90.) . . . . Geb. RM. 2.—

Beiträge zum ausländischen und internationalen Privatrecht, herausgegeben vom Institut für ausländisches und internationales Privatrecht.

Heft 1:

Nußbaum, Arthur, **Vertraglicher Schutz gegen Schwankungen des Geldwertes.** Goldklauseln und andere Abreden zur Minderung des Valutarisikos. Groß-Oktav. 95 Seiten. 1928 . . . . RM. 5.—

Das vorliegende Werk befaßt sich mit dem Gesamtproblem des Valutarisikos, das für die weitesten, namentlich international orientierten Wirtschaftskreise auch nach der Inflation Gegenstand dauernder Überlegung und Sorge geblieben ist.

Heft 2:

Wolff, John, **Die Haftung des Verkäufers einer fremden beweglichen Sache** in den Vereinigten Staaten von Amerika in Vergleichung mit dem deutschen bürgerlichen Recht. Groß-Oktav. 84 Seiten. 1930. RM. 4.—

Mit dieser Arbeit bietet das „Institut für ausländisches und internationales Privatrecht“ eine Darstellung der Rechtsmängelhaftung, und zwar gezeigt am einfachsten und zugleich wichtigsten Beispiele des Rechtsmangels: dem fehlenden Eigentum.

Heft 3:

Friedmann, Wolfgang, **Die Bereicherungshaftung** im anglo-amerikanischen Rechtskreis in Vergleichung mit dem deutschen bürgerlichen Recht. Groß-Oktav. 148 Seiten. 1930 . . . . RM. 7.—

Die Problematik des Bereicherungsrechts beruht auf der eigenartigen Funktion des Bereicherungsanspruches, der wegen seines stark ethischen Gehaltes stets droht, das Rechtssystem durch übermäßige Ausdehnung zu durchbrechen.

Dieser grundsätzlichen Bedeutung wegen hat das Institut für ausländisches und internationales Privatrecht dieses Problem in seine Arbeit einbezogen und schickt diese systematische Darstellung anderen Arbeiten aus dem gleichen Problemkreis voraus.

Sachenrecht insbesondere

Hedemann, Justus Wilh., **Sachenrecht des Bürgerlichen Gesetzbuches.** Oktav. XXXII, 507 Seiten. 1924. (Lehrbücher und Grundrisse der Rechtswissenschaft Bd. III.) . . . . . . RM. 12.—, geb. RM. 13.50

„Ein trotz seiner Kürze ausgezeichnetes und inhaltreiches Lehrbuch, nicht nur für den Studierenden, sondern auch für ältere Juristen. Die Arbeit ist wissenschaftlich tiefgründig und doch gemeinverständlich geschrieben." Zeitschrift des Deutschen Notarvereins.

Kretschmar, F., **Sachenrecht.**

I. Allgemeine Lehren. Besitz und Eigentum. Zweite, verbesserte Auflage. 142 Seiten. 1922. (Sammlung Göschen Bd. 480.) Geb. RM. 1.80
II. Begrenzte Rechte. 144 Seiten. 1923. (Sammlung Göschen Bd. 481.) Geb. RM. 1.80

Diese Bändchen bieten die Grundzüge des Sachenrechts in gedrängter und klarer Form.

Lenzen, Georg, **Das Deutsche Pfandleihrecht.** Kommentar zum preußischen Pfandleihgesetz unter Berücksichtigung der außerpreußischen Gesetze. Oktav. XXVI, 266 Seiten. 1929 . . . . Geb. RM. 20.—

„Diese zusammenfassende Darstellung ist die erste ihrer Art und sehr verdienstlich. Das Buch regt zu allerhand Fragen an." Juristische Wochenschrift.

Günther, Hermann, **Erbbaurecht.** Taschenformat. 167 Seiten. 1919. (Guttentagsche Sammlung Deutscher Reichsgesetze Bd. 135.) Geb. RM. 2.—

„Günther ist ausführlich, ohne weitschweifig zu sein; ausgezeichnete Vorbemerkungen geben vorzügliche Übersicht und wahren den Zusammenhang. Überall ist der bisherige Rechtszustand, der ja für absehbare Zeit seine Bedeutung behält, mit in das Bereich der Betrachtungen gezogen. Der Praxis wird das Werk von hervorragendem Nutzen sein." Beiträge zur Erläuterung des deutschen Rechts.

Arnheim, Hugo, **Grundbuchordnung.** Kommentar zur Grundbuchordnung für das Deutsche Reich nebst den für Preußen erlassenen Ausführungsbestimmungen. Zweite, völlig neubearbeitete Auflage. Lexikon-Oktav. 959 Seiten. 1913 . . . . RM. 15.—

„Der Band weist außerordentliche Gründlichkeit, Klarheit und Übersichtlichkeit auf. Man kann wohl sagen, daß kaum eine Frage auftauchen wird, die nicht wenigstens berührt wäre; die bisher zutage getretenen Fragen aber sind sämtlich in der eingehendsten Weise erörtert." Zentralblatt für freiwillige Gerichtsbarkeit.

Fischer, Otto, und **Fischer,** Norbert, **Grundbuchordnung für das Deutsche Reich** nebst den preußischen Ausführungsbestimmungen. Neunte, durchgearbeitete und ergänzte Auflage. Taschenformat. 322 Seiten. 1927. (Guttentagsche Sammlung Deutscher Reichsgesetze Bd. 42.) Geb. RM. 5.—

„Eine der vortrefflichen alteingeführten Handausgaben der Guttentagschen Sammlung, bei der schon die Auflagenziffer für die Brauchbarkeit in der Praxis spricht. Nach wie vor ist das Buch ein vortrefflicher Wegweiser und Berater." Juristische Wochenschrift.

Ricks, Gerhard, **Die Grundbuchpraxis.** Ein Handbuch für den täglichen Gebrauch in Grundbuchsachen. Achte Auflage. Groß-Oktav. XII, 412 Seiten. 1929 . . . . RM. 12.—, geb. RM. 14.—

„Das Buch hat einen Anspruch darauf, in der Praxis geradezu verschlungen zu werden. Es ist aus der täglichen Praxis heraus für die Praxis lebensfrisch und unterhaltend geschrieben." Mitteilg. a. d. Württemb. Notariats-Praxis.

Friedlaender, Martin, **Hypothekenbeschaffung für Wohn- und Geschäftshäuser.** Handbuch für die Praxis der Grundstückswirtschaft. Groß-Oktav. VIII, 151 Seiten. 1929 . . . . . RM. 6.—, geb. RM. 7.50

„Das Buch gibt einen außerordentlich praktischen Überblick über alle Fragen der Hypothekenbeschaffung. Die anschauliche Art der Zer-

gliederung und die gründliche Darlegung des Statuts sichern dem Buch eine weite Verbreitung." *Deutsche Sparkassen-Zeitung.*

Familienrecht, Erbrecht

Lehmann, Heinrich, **Familienrecht** des Bürgerlichen Gesetzbuches einschließlich Jugendfürsorgerecht. Oktav. XII, 352 Seiten. 1926. (Lehrbücher und Grundrisse der Rechtswissenschaft Bd. IV.) RM. 11.—, geb. RM. 12.50

„Die Schilderung Lehmanns ist überall anregend und fesselnd. Das Werk kann allen Rechtsstudenten und Referendaren zur Anschaffung dringend empfohlen werden." *Der junge Rechtsgelehrte.*

Titze, Heinrich, **Familienrecht.** (BGB. IV.) 169 Seiten. Neudruck. 1924. (Sammlung Göschen Bd. 305.) . . . . Geb. RM. 1.80

Endemann, Fr., **Erbrecht.** Oktav. XII, 166 Seiten. 1923. (Lehrbücher und Grundrisse der Rechtswissenschaft Bd. V.) RM. 3.—, geb. RM. 4.50

„Dieser Leitfaden behandelt den spröden Stoff des schwierigen Erbrechts in meisterhafter, fesselnder Darstellung." *Zeitschrift des Bundes Deutscher Justizamtmänner.*

Blume, Wilh. von, **Erbrecht.** (BGB. V.)
I. Einleitung. Die Grundlagen des Erbrechts. 75 Seiten. 1913. (Sammlung Göschen Bd. 659.) . . . . Geb. RM. 1.80
II. Die Nachlaßbeteiligten. Mit 23 Figuren. 131 Seiten. 1913. (Sammlung Göschen Bd. 660.) . . . . Geb. RM. 1.80

Riesenfeld, S., **Die Erbenhaftung nach dem Bürgerlichen Gesetzbuch.** Groß-Oktav. 2 Bände. 1916 . . . . . RM. 15.—, geb. RM. 18.—
I. Band: Die Grundsätze der Haftung. XII, 461 Seiten.
II. Band: Das Inventar und die Mittel der Haftungsbeschränkung. VIII, 455 Seiten.

„Ein hervorragendes Werk, das in allen Teilen die vollständige Beherrschung des schwierigen Stoffes erkennen läßt und sich dabei durch klare und gemeinverständliche Darstellung auszeichnet." *Sächsisches Archiv für Rechtspflege.*

Aufwertung

Michaelis, Richard, **Das Aufwertungsrecht** nach den Aufwertungsgesetzen und nach allgemeinem bürgerlichem Rechte. Kommentar zu den Gesetzen vom 16. Juli 1925 über die Aufwertung von Hypotheken und anderen Ansprüchen und über die Ablösung öffentlicher Anleihen sowie systematische Darstellung des Aufwertungsrechts außerhalb dieser Gesetze. Zweite, gänzlich umgearbeitete Auflage des Kommentars zur Dritten Steuernotverordnung vom 14. Februar 1924 (Aufwertung). Mit einer Fristentabelle von H. Hoormann. Groß-Oktav. X, 516 Seiten. 1926. Mit Nachtrag 1927. (de Gruytersche Sammlung Deutscher Gesetze. Handkommentare.) . . . . Geb. RM. 16.—

„Es handelt sich um ein ganz erstklassiges Werk, das sich für jeden Aufwertungsinteressenten als unentbehrlich erweisen wird." *Deutsche Allgemeine Zeitung.*

Michaelis, Richard, Die beiden **Aufwertungsnovellen** vom 18. Juli 1930. (Hypotheken-Fälligkeits- und Verzinsungsgesetz; Grundbuchbereinigungsgesetz.) Taschenformat. VI, 202 Seiten. 1930. (Guttentagsche Sammlung Deutscher Reichsgesetze Bd. 178.)

Reichsgerichtsrat Michaelis, der im „Kommentar über das Bürgerliche Gesetzbuch von Reichsgerichtsräten" den Abschnitt „Aufwertung" bearbeitet hat, erläutert in der gleichen autoritativen Art auch die neuen Gesetze, die die Aufwertungsgesetzgebung ändern und abschließen. Die Erläuterung der zuverlässig abgedruckten Gesetzestexte ist übersichtlich und in der Sprache leicht verständlich, wie überhaupt in ihrer ganzen Anlage, nicht zuletzt aber wegen ihres niedrigen Preises, auf die Praxis zugeschnitten.

Berliner, Ludwig, und **Pfaffenberger,** Ernst, **Aufwertung von Versicherungsansprüchen** mit Durchführungsbestimmungen.

I. Teil. Oktav. 235 Seiten. 1925. (Guttentagsche Sammlung Deutscher Reichsgesetze Bd. 164.) . . . . Geb. RM. 6.50

II. Teil: Sach- und Transportversicherung; Unfall- und Haftpflichtversicherung. Oktav. 112 Seiten. 1926. Mit Nachtrag. (Guttentagsche Sammlung Deutscher Reichsgesetze Bd. 164a.) . . Geb. RM. 3.50

„Eine ganz ausgezeichnete, wohldurchdachte Darstellung und Erläuterung des Aufwertungsrechtes des gesamten Versicherungswesens, eine unentbehrliche Ergänzung zu jedem Gesamtkommentar über das Aufwertungsgesetz." *Zentralblatt für Handelsrecht.*

2. Handelsrecht.

v. Gierke, Jul., **Handelsrecht und Schiffahrtsrecht.** Dritte, ergänzte Auflage. Groß-Oktav. XIV, 744 Seiten. 1929. (Lehrbücher und Grundrisse der Rechtswissenschaft Bd. VI.) RM. 21.—, geb. RM. 22.50

„. . . ein außerordentlich hochstehendes, immer den neuesten Stand der Lehre und der Rechtsprechung widerspiegelndes Lehrbuch des Handelsrechts im weitesten Sinn." *Der junge Rechtsgelehrte.*

v. Gierke, Jul., **Handelsrecht.** Mit Wechselordnung und Scheckgesetz. Erscheint im Spätherbst.
(Lehrausgaben Deutscher Gesetze, Bd. IV.)

Lehmann, K., und **Hoeniger,** H., **Lehrbuch des Handelsrechts.** Dritte Auflage. Erster Halbband, enthaltend die Lehre vom Handelsstand und von den Handelsgesellschaften. Groß-Oktav. 432 Seiten. 1921 RM. 10.—

Ein großangelegtes Lehrbuch des Handels- und Schiffahrtsrechts.

Lehmann, K., und **Hoeniger,** H., **Deutsches Handelsrecht.**

I. Einleitung. Der Kaufmann und seine Hilfspersonen. Offene Handelsgesellschaft, Kommandit- und stille Gesellschaft. 117 Seiten. 1921. (Sammlung Göschen Bd. 457.) . . . . Geb. RM. 1.80

II. Aktiengesellschaften, Gesellschaften mit beschränkter Haftung, eingetragene Genossenschaften. Handelsgeschäft, 126 Seiten. 1924. (Sammlung Göschen Bd. 458.) . . . . Geb. RM. 1.80

Eine gemeinverständliche Darstellung in gedrängter Form.

Hein, Joh., **Die Zusammenhänge zwischen Steuerrecht und Handelsrecht und ihre Entwicklung,** untersucht an dem Gewinn und an der Bewertung. Eine bilanzrechtliche und bilanzkritische Darstellung mit praktischen Beispielen. Groß-Oktav. X, 280 Seiten. 1928. RM. 10.—, geb. RM. 12.—

„Das Buch führt in klarer Gestaltung in die Probleme des Bilanzrechts ein. Eine übersichtliche Gliederung ermöglicht eine schnelle und doch gründliche Einführung. Darüber hinaus stellt das Buch eine wesentliche Förderung für die dringend notwendige wissenschaftliche Behandlung des Steuerbilanzrechts und seiner Zusammenhänge mit den verwandten Rechtsmaterien dar." *Zeitschrift für Handelsrecht.*

Staubs Kommentar zum Handelsgesetzbuch. Zwölfte und dreizehnte Auflage. Bearbeitet von Heinrich Koenige, Albert Pinner, Felix Bondi. Vier Bände und ein Registerband. Groß-Oktav. 4000 Seiten. 1927 . . . . Zusammen RM. 157.—, in Halbleder RM. 183.60

„Der Staubsche Kommentar ist das klassische Hilfswerk zum Deutschen Handelsgesetzbuch und für die Beurteilung der zahlreichen schwierigen Fragen dieses Gesetzes maßgebend geworden; es stellt

ein unentbehrliches Mittel zur Erfassung und zur Anwendung des Gesetzes dar." Frankfurter Zeitung.

Mosse, Albert, und **Heymann,** Ernst, Handelsgesetzbuch (ohne Seerecht). Mit den ergänzenden Vorschriften des Bürgerlichen Gesetzbuchs und einem Anhang, enthaltend das Einführungsgesetz, das Depotgesetz, die Bestimmungen über Börsentermin- und Differenzgeschäfte u. a. Nebst Erläuterungen. Im Anschluß an die Textausgabe von F. Litthauer. Siebzehnte Auflage. Unter Mitwirkung von Karl August Crisolli. Oktav. VIII, 693 Seiten. 1926 (Guttentagsche Sammlung Deutscher Reichsgesetze Bd. 4.) . . . . .Geb. RM. 14.—

„Die Litthauer-Mossesche Ausgabe des Handelsgesetzbuches hat bei allen Praktikern seit langem den wohlbegründeten Ruf größter Zuverlässigkeit und übersichtlicher Anordnung, die mit möglichster Knappheit des Ausdrucks gepaart sind. Das Buch ist ein zuverlässiger Führer durch das immer schwieriger werdende Gebiet des Handelsrechts." Vossische Zeitung.

Handelsgesetzbuch nebst Einführungsgesetz vom 10. Mai 1897, unter Berücksichtigung der bis 15. Juni 1930 ergangenen Novellen. Textausgabe mit Sachregister. Zwölfte Auflage. 370 Seiten. 1930. (Guttentagsche Sammlung von Textausgaben ohne Anmerkungen mit Sachregister.) . . . . Geb. RM. 3.50

Die handliche Ausgabe enthält den genauen Gesetzestext mit einem das Zurechtfinden sehr erleichternden Sachregister.

Baum, G., **Das vertragliche Wettbewerbsverbot** (Konkurrenzklausel). Nebst Kommentar zum Gesetze vom 10. Juni 1914. Taschenformat. XII, 231 Seiten. 1914. (Guttentagsche Sammlung Deutscher Reichsgesetze Bd. 115.) . . . . Geb. RM. 3.—

Gesellschaften

Brodmann, Erich, **Aktienrecht.** Kommentar. Groß-Oktav. XII, 580 Seiten. 1928. (Gewerbe- und Industrie-Kommentar Bd. IV.)
RM. 28.—, geb. RM. 30.—

„Mit unvergleichlichem Geschick hat der Verfasser Großartiges geleistet — Brodmann ist Trumpf!" Zeitschrift für Aktiengesellschaften.

Hachenburg, Max, **Kommentar zum Gesetz, betr. die Gesellschaften mit beschränkter Haftung.** (Früher **Staub-Hachenburg.**) Fünfte Auflage unter Mitarbeit von Fritz Bing und Walter Schmidt. 2 Bände . . . . RM. 43., geb. RM. 47.—
I. Band: §§ 1—34. Groß-Oktav. VI, 527 Seiten. 1926.
II. Band: §§ 35—84. Groß-Oktav. II, 452 Seiten. 1927.

„Was Hachenburg in seinen Neubearbeitungen aus diesem Buche gemacht hat, ist erstaunlich. Sein reiches juristisches Wissen, sein überlegener und kritischer Verstand, seine vorzügliche Gestaltungskraft und seine nur wenigen Juristen eigene vielseitige Auslegungskunst haben etwas Großes, Unvergleichliches geschaffen. Man findet selten ein literarisches Werk, in welchem Rechtsgelehrsamkeit und praktisches Können vereint einem Spezialgesetz so zugute kamen wie hier." Zeitschrift für Aktiengesellschaften.

Brodmann, Erich, **Gesetz, betr. die Gesellschaften mit beschränkter Haftung.** Kommentar. Groß-Oktav. VIII, 304 Seiten. 1930. Gewerbe- und Industrie-Kommentar Bd. I.) . . . . RM. 16.—, geb. RM. 18.—

„Übersichtliche, klare Anordnung der Erläuterungen, tiefes Eindringen in die Einzelheiten des Gesetzes unter steter Berücksichtigung des Wirtschaftslebens, erschöpfende Wiedergabe der Rechtsprechung, namentlich des Reichsgerichts, sind die besonderen Vorzüge des Werkes, das damit ein unentbehrliches Rüstzeug werden wird." Badische Rechtspraxis.

Parisius, Ludolf, und **Crüger,** Hans, **Das Reichsgesetz, betr. die Gesellschaften mit beschränkter Haftung.** Textausgabe mit Anmerkungen und Sachregister. Achtzehnte Auflage, bearbeitet von Adolf Crecelius und Fritz Citron. Taschenformat. 244 Seiten. 1929. (Guttentagsche Sammlung Deutscher Reichsgesetze **Bd. 32.**) Geb. RM. 3.50

„Die äußerst sachkundig erläuterte Ausgabe wird von den interessierten Kreisen freudig begrüßt werden. Wir können das Bändchen der bekannten Sammlung bestens empfehlen."
Badische Wirtschafts-Zeitung.

Starke, Arthur, **Offene Handelsgesellschaften, Kommanditgesellschaften und stille Gesellschaften** von der Errichtung bis zur Auflösung. Nebst Vertrags- und Anmeldeformularen und mit Berücksichtigung des Steuerrechts. Oktav. XIV, 167 Seiten. 1928 . . . . RM. 5.—

Eine systematische Darstellung für Studium und Praxis.

Wechselordnung und Scheckrecht

Staubs Kommentar zur Wechselordnung. Fortgesetzt von J. Stranz und M. Stranz. Zwölfte Auflage, bearbeitet von M. Stranz und Martin Stranz. Groß-Oktav. 432 Seiten. 1929. RM. 16.—, geb. RM. 18.—

„Staub-Stranz ist der Kommentar zur Wechselordnung. Auch die jüngste Auflage des Kommentars gibt einen echten Staub-Stranz. Weiterer Kommentar dazu ist überflüssig." *Juristische Wochenschrift.*

Stranz, J., und **Stranz,** M., **Wechselordnung** vom 3. Juni 1908. Kommentar. Zwölfte Auflage von M. und M. Stranz. Taschenformat. VIII, 396 Seiten. 1923. Mit Nachtrag 1926. (Guttentagsche Sammlung Deutscher Reichsgesetze Bd. 5.) . . . Geb. RM. 3.50

„Die Ausgabe der Wechselordnung mit ihrem äußerst nützlichen, guten Kommentar ist sehr zu empfehlen. Erfreulicherweise enthält das Bändchen auch die Bestimmungen der Zivilprozeßordnung über Urkunden- und Wechselprozesse im Anhang." *Badische Wirtschaftszeitung.*

Wechselordnung in der Fassung der Bekanntmachung vom 3. Juni 1908 (RGBl. S. 326 ff.). Mit einem Anhang, enthaltend den Wechselprozeß und Nebengesetze. Textausgabe mit Einleitung und Sachregister. Taschenformat. 102 Seiten. 1928. (Guttentagsche Sammlung von Textausgaben ohne Anmerkungen.) . . . . Geb. RM. 1.50

Vorteilhafte Anordnung, ein zuverlässiges Sachregister, das das Gesetz erschließt, Handlichkeit und sauberer Druck zeichnen auch die neue Auflage der Wechselordnung aus, deren Einleitung den letzten Stand dieser Materie erfaßt und deren Anhang „Nebengesetze" bis auf die letzte Zeit ergänzt ist.

Michaelis, Richard, **Scheckgesetz** mit allen einschlägigen Nebengesetzen, den ausländischen Gesetzen und dem Deutschen Postscheckgesetz mit Postscheckordnung. Kommentar. Groß-Oktav. VII, 339 Seiten. 1927. (Gewerbe- und Industrie-Kommentar Bd. II.) RM. 16.—, geb. RM. 18.—

„Wenn irgendein Buch, so entspricht dieses einem Bedürfnis."
Berliner Tageblatt.

Schiffahrtsrecht

Schaps, Georg, **Das deutsche Seerecht.** Kommentar zum vierten Buche des Handelsgesetzbuches (als Ergänzung zu Staub's Kommentar nebst Erläuterungen zu den seerechtlichen Nebengesetzen. Zweite, vollständig umgearbeitete Auflage herausgegeben von Max Mittelstein † und Julius Sebba.

I. Band. (Handelsgesetzbuch: Viertes Buch.) Groß-Oktav. VIII, 1041 Seiten. 1921 . . . . RM. 25.—, geb. RM. 28.—

II. Band. (Seerechtliche Nebengesetze mit Nachtrag zur Ergänzung des I. Bandes nach dem Stand von 1929.) Bearbeitet von J. Sebba. XVI, 1108 Seiten. 1929 . . . . RM. 52.—, geb. RM. 55.—

„Die alte, auf der Staubschen Kommentierungsmethode beruhende Auflage erfreute sich mit Recht schon großen Ansehens. In diesen bewährten Bahnen leistet die zweite Auflage an Vollständigkeit, Übersichtlichkeit und Genauigkeit das Höchste, was Wissenschaft und Praxis nur wünschen können." *Juristische Wochenschrift.*

Brandis, Otto, **Das deutsche Seerecht** (mit Ausschluß des Seeversicherungsrechts.) I. Allgem. Lehren: Personen und Sachen des Seerechts. 130 Seiten. 1908. II. Die einzelnen seerechtlichen Schuldverhältnisse: Verträge des Seerechts und außervertragliche Haftung. 156 Seiten. 1908. (Sammlung Göschen Bd. 386/87.) . . . . . Geb. je RM. 1.80

Sieveking, Gustav, **Das deutsche Seeversicherungsrecht.** Kommentar zum zehnten Abschnitt des vierten Buches des Handelsgesetzbuches. Lexikon-Oktav. 218 Seiten. 1912 . . . . RM. 5.—, geb. RM. 6.80

„Der Kommentar ruht auf einer vortrefflichen Grundlage und zeigt sich auch in seinem Inhalte dieser Grundlage durchaus würdig. Er ersetzt ein Lehrbuch und kann daher auch zur Einführung in das Seeversicherungsrecht empfohlen werden."

Leipziger Zeitschrift für deutsches Recht.

Ritter, Carl, **Das Recht der Seeversicherung.** Ein Kommentar zu den Allgemeinen Deutschen Seeversicherungsbedingungen. Groß-Oktav. 2 Bände. 1494 Seiten. 1924. (Friederichsen, de Gruyter & Co., m. b. H., Hamburg.) . . . . Geb. RM. 100.—

Allgemeine Deutsche Seeversicherungs-Bedingungen. Im Jahre 1919 herausgegeben von den deutschen Seeversicherern nach Beratung mit deutschen Handelskammern und Fachverbänden unter Vorsitz der Handelskammer Hamburg. 16.—20. Tausend. 50 Seiten. 1925. (Friederichsen, de Gruyter & Co., m. b. H., Hamburg.) . . . . RM. 2.—

General Rules of Marine. Insurance 1919 adopted by the German Underwriters. Authorind Translation by Dr. Alfred Sieveking, larger in Hamburg. 64 Seiten. 1920. (Friederichsen, de Gruyter & Co., m. b. H., Hamburg.) . . . . RM. 3.—

Materialien zu den Allgemeinen Deutschen Seeversicherungs-Bedingungen. Im Auftrag der vereinigten Handelskammern herausgegeben von Prof. Dr. E. Bruck. Groß-Oktav. 2 Bände. 678 Seiten. 1920. (Friederichsen, de Gruyter & Co., m. b. H., Hamburg.) . . . . RM. 10.—

Bene, F., **Der Begriff des Versicherungsfalles in der Seeversicherung.** (Hamburger Rechtsstudien, herausgegeben von Mitgliedern der Rechts- und Staatswissenschaftlichen Fakultät der Hamburgischen Universität, Heft 1.) Groß-Oktav. 75 Seiten. 1928. (Friederichsen, de Gruyter & Co., m. b. H., Hamburg.) . . . . RM. 4.50

Elkan, H. H., **Die Bedeutung des Interesses für die Veräußerung der versicherten Sache.** (Hamburger Rechtsstudien, herausgegeben von Mitgliedern der Rechts- und Staatswissenschaftlichen Fakultät der Hamburgischen Universität, Heft 2.) Oktav. 58 Seiten. 1928. (Friederichsen, de Gruyter & Co., m. b. H., Hamburg.) . . . . . . RM. 4.—

Makower, H., **Gesetze, betreffend die privatrechtlichen Verhältnisse der Binnenschiffahrt und der Flößerei.** Nach den Materialien erläutert. Sechste, vermehrte Auflage, bearbeitet von E. Loewe. Taschenformat. 458 Seiten. 1923. (Guttentagsche Sammlung Deutscher Reichsgesetze Bd. 36.) . . . . Geb. RM. 4.—

„Das vorzüglich bearbeitete Buch dürfte mit seinen klaren und verständlichen Erläuterungen für jeden, der in irgendeiner Weise mit der Binnenschiffahrt und der Flößerei zu tun hat, ein nie versagender Ratgeber sein." Schiffbau.

Sebba, Jul., **Seewasserstraßenordnung.** (Polizeiverordnung zur Regelung des Verkehrs auf den deutschen Seewasserstraßen vom 31. März 1927.) Taschenformat. 493 Seiten. 1928. (Guttentagsche Sammlung Deutscher Reichsgesetze Nr. 171.) . . . . Geb. RM. 8.50

Die vorliegende Ausgabe ist für die an dem neuen Gesetz interessierten beiden Fachgruppen, die der Nautiker und der Juristen, von gleich großer Bedeutung. Diese Verbindung zweier Kenntnisgebiete gibt dem vorliegenden Kommentar seine besondere Note und seinen großen Wert.

Genossenschaften

Parisius, Ludolf, **Crüger,** Hans, **Crecelius,** Adolf, und **Citron,** Fritz, **Reichsgesetz, betreffend die Erwerbs- und Wirtschaftsgenossenschaften.** Kommentar zum praktischen Gebrauch für Juristen und Genossenschaften. Elfte, neubearbeitete Auflage. Groß-Oktav. XV, 598 Seiten. 1928 . . . . RM. 28.—, geb. RM. 30.—

„Crüger beherrscht wie kein anderer Theorie und Praxis des Genossenschaftswesens, auch nach der wissenschaftlichen Seite hin." Juristische Wochenschrift.

Parisius, Ludolf, und **Crüger,** Hans, **Das Reichsgesetz, betreffend die Erwerbs- und Wirtschaftsgenossenschaften.** Textausgabe mit Anmerkungen und Sachregister. Zwanzigste, neubearbeitete und erweiterte Auflage von Hans Crüger, Adolf Crecelius und Fritz Citron. Taschenformat. 297 Seiten 1930. (Guttentagsche Sammlung Deutscher Reichsgesetze Bd. 29.) . . . . Geb. RM. 4.—

„In knapper und klarer Form werden die gesetzlichen Bestimmungen abgehandelt und alles zum Verständnis unbedingt Erforderliche in den Anmerkungen beigebracht. Das Werk kann nur empfohlen werden." Ministerialblatt f. d. Preuß. innere Verwaltung.

Verschiedenes

Schreiber, Otto, **Handelsrechtliche Nebengesetze.** Taschenformat. VIII, 1002 Seiten. 1926. (Guttentagsche Sammlung Deutscher Reichsgesetze Bd. 162.) . . . . Geb. RM. 14.—

„Die Sammlung ist ein unentbehrliches Hilfsmittel für den Praktiker. Die Zusammenstellung ist sehr zuverlässig; auch das Sachregister von Kleffel verdient volle Anerkennung." Zentralblatt für Handelsrecht.

Staffel, W., **Verordnung gegen Mißbrauch wirtschaftlicher Machtstellungen** vom 2. November 1923. Kommentar. Oktav. 108 Seiten. 1927. (Guttentagsche Sammlung Deutscher Reichsgesetze Bd. 167.) Geb. RM. 3.50

„Die für das Wirtschaftsrecht so wichtige Kartellverordnung findet hier eine eingehende Kommentierung. Die Erläuterungen werden daher um so unentbehrlicher für die wirtschaftliche Praxis auf diesem Gebiete sein." Industrie- und Handelszeitung.

Lusensky, F., **Gesetz über die Handelskammern.** Taschenformat. (Guttentagsche Sammlung Preußischer Gesetze Bd. 21.) Neue Auflage in Vorbereitung.

„Das Buch ist ein vortrefflicher Berater aller derer, die in der Handelskammerorganisation sind oder zu ihr in Beziehung stehen. Es kann warm empfohlen werden." Zeitschrift für Polizei- und Verwaltungsbeamte.

Göppert-Seydel, Hypothekenbankgesetz vom 13. Juli 1899 (mit den Änderungen durch die Gesetze vom 14. Juli 1923, vom 26. Januar 1926 und 21. Dezember 1927). Textausgabe mit Einleitung, Anmerkungen und Sachregister. Dritte Auflage bearbeitet von Dr. **Martin Friedländer.** Taschenformat. VIII, 202 Seiten. 1929. (Guttentagsche Sammlung Deutscher Reichsgesetze Nr. 51.) . . . . RM. 5.—

Die vorliegende Auflage des bekannten „Göppert-Seydel" ist den veränderten Verhältnissen entsprechend vollkommen umgearbeitet worden; sie berücksichtigt sowohl die nach dem Kriege erfolgten Änderungen und Ergänzungen des Gesetzes und des Aufwertungsrechtes wie auch die Judikatur und das Schrifttum bis auf die letzte Zeit. Damit kommen die Vorzüge des „Göppert-Seydel" der Praxis und Wissenschaft wieder in ihrem ganzen Umfange zugute.

Behlert, Heinz, **der Konnossement-Teilschein.** Groß-Oktav. 79 Seiten. 1930. (Friederichsen, de Gruyter & Co. m. b. H., Hamburg.)
(Hamburger Rechtsstudien, Heft 5.) RM. 5.—

Die Schrift löst die Frage, ob ein Konnossement-Teilschein dem Konnossement gleichzusetezn ist, unter Zugrundelegung der Hamburger Verhältnisse und unter Berücksichtigung der Rechtsprechung, der Lehre und des ausländischen Rechtes.

Lion, Robert, **Reine Konnossemente gegen Revers.** Groß-Oktav. 78 Seiten. 1930. (Friederichsen, de Gruyter & Co. m. b. H., Hamburg.)
(Hamburger Rechtsstudien, Heft 7.) RM. 5.—

Die Abhandlung beginnt mit einer ausführlichen Darstellung der Entwicklung, Anwendung und Funktion des Konnossementsreverses. Es folgt eine Untersuchung der rechtlichen Probleme, die sich bemüht, die wirtschaftlichen Interessen aller Beteiligten gegeneinander abzuwägen; eine eingehende Übersicht über die Rechtsprechung ist mit ihr verbunden. Den Abschluß bildet eine Darstellung und Würdigung der zahlreichen Reformvorschläge. Wirtschaft und Recht des Auslandes sind in weitestgehendem Umfange berücksichtigt.

Bank und Börse

Koch, R., und **Schacht,** Hjalmar, **Die Reichsgesetzgebung über das Münz- und Notenbankwesen.** Textausgabe mit Anmerkungen und Sachregister. Siebente, völlig neubearbeitete Auflage. Taschenformat. XVIII, 617 Seiten. 1925. (Guttentagsche Sammlung Deutscher Reichsgesetze Bd. 26.) . . . . Geb. RM. 14.—

„Dieser Kommentar zeichnet sich durch Vollständigkeit und Reichhaltigkeit aus und bietet außerdem in der Einleitung einen vortrefflichen Überblick über die Entwicklung des deutschen Noten- und Geldwesens während der letzten Jahrzehnte."
Monatsschrift für Handelsrecht und Bankwesen.

Nußbaum, Arthur, **Bank- und Börsenrecht.** Eine Sammlung von Gesetzen und Geschäftsbedingungen. Taschenformat. XII, 622 Seiten. 1927. (Guttentagsche Sammlung Deutscher Reichsgesetze Bd. 169)
Geb. RM. 11.—

Die vorliegende Sammlung der verstreuten bank- und börsenrechtlichen Vorschriften fehlte bisher in der kaufmännischen und juristischen Bankpraxis ebenso wie im handelsrechtlichen und betriebswirtschaftlichen Unterricht. Ihr Erscheinen wurde daher vielseitig begrüßt. Die Sammlung berücksichtigt auch die dem freien Verkehr entstammenden Rechtsbildungen.

Kommentar zum Börsengesetz. Im Auftrage des Centralverbandes des Deutschen Bank- und Bankiergewerbes (E. V.) bearbeitet von H. Rehm, H. Trumpler, Heinrich Dove, Ernst Neukamp, R.

Schmidt-Ernsthausen, James Breit. Mit einem Vorwort von J. Rießer. Lexikon-Oktav. VIII, 464 Seiten. 1909. RM. 12.—, geb. RM. 13.50

„Einen so guten Kommentar zum Börsengesetz hat es noch nie gegeben. Wer sich darein vertieft, wird reiche Belehrung daraus schöpfen über das Börsenwesen im allgemeinen und über seine Rechtsübung und Rechtsprechung im besonderen."
Sächsisches Archiv für Rechtspflege.

Hemptenmacher, Th., **Börsengesetz.** Dritte Auflage von O. Meyer. Taschenformat. XXIII, 373 Seiten. 1915. (Guttentagsche Sammlung Deutscher Reichsgesetze Bd. 41.) . . . . Geb. RM. 3.50

„Das Bändchen bringt neben einem kurzen Überblick und einem vorteilhaft erweiterten Anhang das Börsengesetz nebst Ausführungsbestimmungen. Alles in allem schließt sich auch dieses Bändchen wieder den übrigen Textausgaben der wegen ihrer unbedingten und erschöpfenden Sachlichkeit bekannten Guttentagschen Sammlung Deutscher Reichsgesetze würdig an." *Bayrische Handelszeitung.*

Lusensky, F., **Gesetz, betreffend die Pflichten der Kaufleute bei Aufbewahrung fremder Wertpapiere (Depotgesetz).** Neue Auflage in Bearbeitung. (Guttentagsche Sammlung Deutscher Reichsgesetze Bd. 40.)

„Die beste Bearbeitung des sogenannten Depotgesetzes."
Zeitschrift für Aktiengesellschaften.

Frohner, G., **Aktiensonderdepot und Legitimationsübertragung.** (Hamburger Rechtsstudien, herausgegeben von Mitgliedern der Rechts- und Staatswissenschaftlichen Fakultät der Hamburgischen Universität, Heft 3.) Groß-Oktav. VII, 114 Seiten. 1929. (Friederichsen, de Gruyter & Co., m. b. H., Hamburg.) . . . . RM. 7.—

Schwerin, Frh. Cl. von, **Recht der Wertpapiere** (einschließlich Wechsel- und Scheckverkehr). Oktav. X, 234 Seiten. 1924. (Lehrbücher und Grundrisse der Rechtswissenschaft Bd. 7.) RM. 7.—, geb. RM. 8.50

„Das Buch löst seine Aufgabe, den Studierenden eine Einführung in die Materie des Wertpapierrechts zu geben, ausgezeichnet, vor allem deshalb, weil es eine gute theoretische Fundierung mit einer dem Lehrzweck entsprechenden Darstellung des praktischen Rechts und der Rechtstatsachen verbindet." *Deutsche Juristenzeitung.*

Zeitgemäße Bankrechtsfragen. Festgabe der Rechtsabteilung der Disconto-Gesellschaft zum 70. Geburtstage des Herrn Dr. jur. Arthur Salomonsohn. Quart. 126 Seiten. 1929 . . . RM. 8.—, geb. RM. 10.—

„Der Band enthält 8 vorzügliche Aufsätze. Die Verfasser befassen sich mit Problemen, die in der Rechtsabteilung einer Großbank oft zur Debatte stehen und deren endgültige Klärung ein praktisches Bedürfnis ist." *Wirtschaftl. Nachrichten.*

Verhandlungen des VII. allgemeinen deutschen Bankiertages. Köln 9.—11. September 1928 auf Grund stenographischer Berichte. Groß-Oktav. 436 Seiten . . . . RM. 10.—

III. Grenzgebiete des Bürgerlichen Rechts

1. Privat- und Sozialversicherung

Koenige, Heinrich, und **Petersen**, A., **Gesetz über die privaten Versicherungsunternehmungen** vom 12. Mai 1901. Textausgabe mit Anmerkungen und Sachregister. Dritte, umgearbeitete Auflage. Taschenformat. 856 Seiten. 1927. (Guttentagsche Sammlung Deutscher Reichsgesetze Bd. 62.) . . . . Geb. RM. 20.—

„Der Verfasser hat es meisterhaft verstanden, reiche Literatur und Judikatur zu dem wichtigen Grundgesetz der Privatversicherung mit seiner eigenen selbständigen Auffassung von der Bedeutung der Ge-

setzesbestimmungen in Verbindung zu bringen. Für Theorie und Praxis der Privatversicherung wird das Werk dadurch zu einem unentbehrlichen Hilfsmittel.“ *Deutsche Versicherten-Zeitung.*

Bruck, E., Reichsgesetz über den Versicherungsvertrag nebst dem zugehörigen Einführungsgesetz vom 30. Mai 1908. Sechste, vollkommen neubearbeitete Auflage. Taschenformat. 708 Seiten. 1929. (Guttentagsche Sammlung Deutscher Reichsgesetze Bd. 83.) Geb. RM. 14.—

„Die Vorzüge, welche die früheren Auflagen schon zeigten, die Fülle des Gebotenen, die Beherrschung des Stoffes, die anschauliche und doch knappe Sprache, und dies alles in dem engen Rahmen einer Textausgabe, kleinen Handausgabe mit Anmerkungen, sind auch dieser vierten Auflage in hohem Maße eigen.“
Mitteilungen für die öffentlichen Feuerversicherungs-Anstalten.

Moldenhauer, Paul, Das Versicherungswesen.

I. Allgemeine Versicherungslehre. Vierte Auflage. 152 Seiten. 1925. (Sammlung Göschen Bd. 262.) . . . . Geb. RM. 1.80

II. Die einzelnen Versicherungszweige. Zweite Auflage. 130 Seiten. 1923. (Sammlung Göschen Bd. 636.) . . . . Geb. RM. 1.80

„Das Buch ist für jeden, der sich mit dem Versicherungswesen und seinen Zweigen vertraut machen will, ein trefflicher Führer.“
Versicherungspost.

Veröffentlichungen des Reichs-Aufsichtsamts für Privatversicherung. Groß-Oktav. 29. Jahrgang. Pro Band RM. 40.—, bis RM. 50.—

Versicherungsstatistik für 1902 über die unter Reichsaufsicht stehenden Unternehmungen. Herausgegeben vom Reichsaufsichtsamt für Privatversicherung. Lexikon-Oktav. LXXVII, 384 Seiten. 1905. RM. 10.—
— für 1903 bis 1917 . . . . Je Jahrgang RM. 10.—

Berliner, Ludwig, und Pfaffenberger, Ernst, Aufwertung von Versicherungsansprüchen mit Durchführungsbestimmungen.

I. Teil. Oktav. 235 Seiten. 1926. Mit Nachtrag. (Guttentagsche Sammlung Deutscher Reichsgesetze Bd. 164.) . . . . Geb. RM. 6.50

II. Teil: Sach- und Transportversicherung; Unfall- und Haftpflichtversicherung. Oktav. 112 Seiten. 1926. (Guttentagsche Sammlung Deutscher Reichsgesetze Bd. 164a.) . . . . Geb. RM. 3.50

„Ein bedeutsamer Kommentar, durch den die gesetzlichen Bestimmungen von der juristischen und versicherungstechnischen Seite aus eingehend erläutert werden. In seinem straffen, systematischen Aufbau, der Geschlossenheit der Darstellung muß man das Buch als ein Standardwerk für das gesamte versicherungsrechtliche Aufwertungsgebiet bezeichnen.

Ein unentbehrlicher Ratgeber in allen interessierten Kreisen.“
Versicherungs-Post, Berlin.

Lippmann, Karl, Die Reichsversicherungsordnung in der Fassung der Bekanntmachung vom 15. Dezember 1924 und des Gesetzes über das Reichsschiedsamt vom 22. Januar 1925 nebst dem Einführungsgesetze, den wichtigsten Ausführungsvorschriften, den ergänzenden Gesetzen und Verordnungen sowie den Verordnungen über das Verfahren. Oktav. XV, 589 Seiten. 1925. (Guttentagsche Sammlung Deutscher Reichsgesetze Bd. 161.) . . . . Geb. RM. 11.—

Ergänzungsband, enthaltend den vollständigen Wortlaut der neuen Fassung des Unfallversicherungsgesetzes sowie die Ergänzungen der übrigen Bücher der RVO. Oktav. 224 Seiten. 1926. (Guttentagsche Sammlung Deutscher Reichsgesetze Bd. 161a.) . . . Geb. RM. 4.—

weiter Ergänzungsband, enthaltend weitere Änderungen und Ergänzungen durch die in der Zeit von Anfang 1926 bis Mitte 1928 erlassenen Gesetze und Verordnungen. Zweite, vermehrte Ausgabe, Stand vom 1. Juli 1928. Oktav. 71 Seiten. 1928. (Guttentagsche Sammlung Deutscher Reichsgesetze Bd. 161b.) . . . . . RM. —.80

Dritter Ergänzungsband, enthaltend weitere Änderungen und Ergänzungen durch die bis Mitte 1929 erlassenen Gesetze und Verordnungen. Oktav. 81 Seiten. 1929. (Guttentagsche Sammlung Deutscher Reichsgesetze Bd. 161 c.) . . . . RM. 1.—

„Das Buch dürfte sich in der Bibliothek eines jeden finden, der sich mit der Reichsversicherungsordnung befaßt. Es gehört zu den praktisch wertvollsten.“ Deutsche Allgemeine Zeitung.

Reuß, Max, und **Hense,** Fritz. **Das Reichsknappschaftsgesetz** vom 1. Juli 1926 nebst Einführungsgesetz. 2. Aufl. Taschenformat. XVI, 640 Seiten. 1926. (Guttentagsche Sammlung Deutscher Reichsgesetze Bd. 155.) . . . . Geb. RM. 12.—

„Die Herausgabe des Gesetzes bedarf keiner besonderen Empfehlung. Das Buch kann allen, die auf dem Gebiete des Knappschaftswesens tätig sind, aufs wärmste empfohlen werden.“ Zeitschrift für Bergrecht.

Tsirintanis, Alexander, **Die Order-Polize.** Groß-Oktav. 95 Seiten. 1930. (Friederichsen, de Gruyter & Co. m. b. H., Hamburg.) RM. 6.— (Hamburger Rechtsstudien, Heft 6.)

Der Verfasser behandelt die Frage, inwieweit das Versicherungsrecht, um den heutigen Verkehrsbedürfnissen zu entsprechen, die Orderklausel und das Indossament verwerten kann. Nach einer Darstellung und kritischen Würdigung der Ergebnisse aus der Anorderstellung des Versicherungsscheins in anderen Ländern, insbesondere in Frankreich, versucht der Verfasser die rechtlichen und wirtschaftlichen Folgen aus der Ausstellung von Order-Polizen darzulegen. In einem besonderen Teil wird die Order-Polize mit anderen, auf denselben wirtschaftlichen Erfolg gerichteten Rechtsinstituten, namentlich der Versicherung für Rechnung wen es angeht, verglichen und die vorhandenen Unterschiede gestreift.

Embden, Helmuth, **Versicherung für Rechnung wen es angeht.** Groß-Oktav. VIII, 39 Seiten. 1930. (Friederichsen, de Gruyter & Co. m. b. H., Hamburg.) . . . . RM. 3.— (Hamburger Rechtsstudien, Heft 8.)

Im ersten Teil wird der versicherungsrechtliche Interessenbegriff im streng individualistischen Sinne präzisiert. Im Hauptteil versucht dann der Verfasser, die universelle Vertragsform der Versicherung für Rechnung wen es angeht in Einklang mit einer so engen Auffassung des Interessenbegriffs zu bringen.

Angestelltenversicherungsgesetz vom 28. Mai 1924. Zweite Auflage. Taschenformat. 143 Seiten. 1927. Mit Nachtrag. (Guttentagsche Sammlung Deutscher Reichsgesetze. Textausgaben ohne Anmerkungen.) Geb. RM. 2.50

Diese neue Ausgabe entspricht der neuesten Fassung des Gesetzes unter Berücksichtigung der letzten Änderungen und Verordnungen. Das beigefügte Sachregister erleichtert das rasche Zurechtfinden in den einzelnen Bestimmungen des Gesetzes.

Manes, Alfred, **Sozialversicherung.** 7., ergänzte Aufl. 1928. Kl.-Oktav. 139 Seiten. (Sammlung Göschen Bd. 267.) . . . . Geb. RM. 1.80

„Es gibt keine andere Darstellung der geltenden Sozialversicherung, die in solch erfreulicher Kürze und Sachlichkeit durch die annähernd 2400 Paragraphen führt.“ Hanseatische Rechts- und Gerichts-Zeitschrift.

Schmeißer, Herbert, **Handbuch der Arbeitslosenversicherung.** Mit einer Einführung und Erläuterungen. Taschenformat. 2. Aufl. im Druck. (Guttentagsche Sammlung Deutscher Reichsgesetze Bd. 165.)

„Das Buch gibt in kurzer, aber ausreichender Form eine Darstellung des gesamten Rechtsstoffes der Erwerbslosenfürsorge unter Anpassung an die praktischen Bedürfnisse." Kommunalpolitische Blätter.

2. Arbeitsrecht

Depéne, Hans, Das Arbeitsgerichtsgesetz. Taschenformat. (Guttentagsche Sammlung Deutscher Reichsgesetze Bd. 168.) 2. Auflage im Druck.

Arbeitsrechtliche Spruchsammlung. Beiträge zum Deutschen Handwerksblatt . . . . Pro Quartal RM. 0.90

Günther, Adolf, und **Schneider,** Richard, **Arbeiterschutz und Arbeitsrecht.** Zweite Auflage. Taschenformat.

I. Teil: **Arbeitszeitschutz.** Das Arbeitszeitnotgesetz und die übrige arbeitszeitrechtliche Gesetzgebung des Reichs seit dem 9. November 1918. 386 Seiten. 1927 . . . . Geb. RM. 7.50

„Der Kommentar umfaßt die gesamte arbeitszeitrechtliche Gesetzgebung von der Staatsumwälzung bis zur Gegenwart. Er ist ein Führer durch das weite und unübersichtliche Gebiet der arbeitszeitrechtlichen Gesetzgebung. Ein ausführliches Sachregister soll die praktische Benutzung erleichtern." Die Wirtschaftsgenossenschaft.

II. Teil: Gesetz über die **Beschäftigung Schwerbeschädigter** nebst den einschlägigen gesetzlichen Bestimmungen. 404 Seiten. 1928. (Guttentagsche Sammlung Deutscher Reichsgesetze Bd. 138a/138c.) Geb. RM. 8.—

„Das Buch stellt nicht nur beim Studium des Gesetzes ein wertvolles Hilfsmittel dar, sondern ist auch für den Handgebrauch des Arbeitsrechtspraktikers unentbehrlich." Berliner Wohlfahrtsblatt.

IV. Teil: **Betriebsstillegungsverordnung.** 240 Seiten. 1929. (Guttentagsche Sammlung Deutscher Reichsgesetze. Bd. 138d.) Geb. RM. 6.50

V. Teil: **Warneyer, Betriebsrätegesetz.** Im Druck.

Tilly, Dr. Helmuth Tczerclas von, **Internationales Arbeitsrecht.** Unter besonderer Berücksichtigung der Internationalen Arbeitsorganisation. 120 Seiten. 1924. (Sammlung Göschen Bd. 882.) . . . . Geb. RM. 1.80

Es ist das erste Werk, das in klarer, kurzer und allen leicht verständlicher Weise das gesamte grundlegende Tatsachenmaterial — und zwar nur dieses — auf dem umfassenden Gebiete des internationalen Arbeiterschutzes von dessen ersten Anfängen bis in die neueste Zeit bietet.

3. Gewerberecht

Hiller, Fr., und **Luppe,** H., **Gewerbeordnung für das Deutsche Reich nebst Kinderschutzgesetz und Hausarbeitsgesetz** sowie den für das Reich und Preußen erlassenen Ausführungsbestimmungen. Einundzwanzigste, veränderte Auflage. (143. bis 148. Tausend.) Taschenformat. 931 Seiten. 1928. Mit Nachtrag vom 11. 2. 1929. (Guttentagsche Sammlung Deutscher Reichsgesetze Bd. 6.) . . . . . . Geb. RM. 11.—

„Ein Wort der Empfehlung für dieses Buch zu sagen, erübrigt sich. Hervorgehoben sei, daß diese Auflage alle Vorzüge der früheren Auflagen in sich schließt. Die zahlreichen neuen Gesetze sind erschöpfend berücksichtigt." Zeitschrift des Deutschen Notarvereins.

Brassert, H., **Allgemeines Berggesetz** für die preußischen Staaten mit Kommentar. Zweite Auflage, bearbeitet von Hans Gottschalk. Groß-Oktav. XXIX, 1291 Seiten. 1914. RM. 27.—, geb. RM. 30.—

Sonnenfeld, Hugo, **Die reichsrechtlichen Bestimmungen, betreffend den Handel mit Drogen und Giften.** Dritte, veränderte Auflage. Taschenformat. 435 Seiten. 1926. (Guttentagsche Sammlung Deutscher Reichsgesetze Bd. 64.) . . . . Geb. RM. 12.—

„Die Arbeit gehört einem Spezialgebiet an, mit dem nicht jeder Jurist zu tun hat. Wird er einmal genötigt, sich auf dieses Gebiet zu begeben, so ist er um so dankbarer für eine Arbeit, die sofort den Eindruck größter Sachkunde und vollständiger Materialsammlung macht, und deren Führung man sich unbedenklich anvertrauen kann."
Vossische Zeitung.

Friedrichs, Karl, **Gaststättengesetz** vom 28. April 1930 mit den Durchführungs- und Ausführungsverordnungen des Reichs und Preußens. Taschenformat. VIII, 144 Seiten. 1930. (Guttentagsche Sammlung Deutscher Reichsgesetze, Textausgabe mit Erläuterungen und Sachregister, Band 176.) . . . . RM. 3.50

Der Verlag legt hiermit auch das Gaststättengesetz in seiner neuen Fassung mit ausführlichen Erläuterungen von Justizrat Dr. Karl Friedrichs vor, der als Kommentator von Verwaltungsgesetzen einen besonderen Namen hat. Der Verfasser hat zur vollständigen und zuverlässigen Erläuterung alles herangezogen, was aus der bisherigen Rechtsprechung und den einschlägigen Reichstagsdrucksachen verwertbar ist; die Durch- und Ausführungsverordnungen für das Reich und Preußen sind wörtlich abgedruckt und, soweit notwendig, erläutert.

Lebbin, Georg, **Nahrungsmittelgesetze** mit Erläuterungen. Zweite, stark vermehrte Auflage in zwei Bänden.

I. Band: Das Lebensmittelgesetz vom 5. Juli 1927 mit Nebengesetzen (Margarine, Fleisch, Milch, Süßstoff, Essigsäure usw.). Erläutert von G. Lebbin und R. Gießner. Taschenformat. XVI, 419 Seiten. 1928. Geb. RM. 8.50

II. Band: Getränkegesetze und Getränkesteuergesetze (Wein, Bier, Branntwein, Mineralwasser). Unter Mitarbeit von Rechtsanwalt Dr. Kniebe. Taschenformat. XII, 400 Seiten. 1926. (Guttentagsche Sammlung Deutscher Reichsgesetze Bd. 54b.) . . . . Geb. RM. 10.—

„Das Werk ist für unsere Leser und überhaupt die ganze Fachwelt der Getränkeindustrie unentbehrlich, muß doch jedermann mit den einschlägigen Gesetzesbestimmungen sich soweit wie irgend möglich vertraut machen, wenn er nicht in Nachteile geraten will. Die Anschaffung des Buches kann bestens empfohlen werden."
Branntweinmonopol.

Voß, Werner, **Die reichs- und landesrechtlichen Bestimmungen auf dem Gebiete des Gesundheitswesens. Taschenformat** 608 Seiten. 1929. (Guttentagsche Sammlung Deutscher Reichsgesetze Bd. 172.) Geb. RM. 11.—

„Das Buch wird seiner Aufgabe, fast den gesamten Gesetzesstoff in einem einzigen kleinen Bande in die Hand zu geben, gewiß gerecht und wird sich schnell als unentbehrliches Hilfsmittel für jeden erweisen, der öfter mit dem Gesundheitswesen zu tun hat." Reichsverwaltungsblatt.

4. Geistig-gewerblicher Rechtsschutz.

Pietzcker, Eduard, **Patentgesetz und Gebrauchsmusterschutzgesetz.** Kommentar unter Berücksichtigung der vorgeschlagenen und weiter beantragten Abänderungen des Patentgesetzes. Erster Halbband: §§ 1—12 PatG. Groß-Oktav. 427 Seiten. 1929. (Gewerbe- und Industrie-Kommentar Bd. V, 1.) . . . . . RM. 26.—, geb. RM. 28.—

„Die überall zutage tretende geistige Leistung macht Pietzckers Kommentar für jeden, der sich mit diesem Rechtsgebiet zu beschäftigen hat, zum unentbehrlichen Rüstzeug."
Markenschutz und Wettbewerb.

Seligsohn, Arnold, **Patentgesetz und Gesetz, betr. den Schutz von Gebrauchsmustern.** Siebente Auflage. Oktav. 1930. In Bearbeitung.

„Die Vorzüge des Buches sind bekannt. Klare, leichtfaßliche Sprache,

wissenschaftliche Vertiefung, dabei starke Betonung der Praxis, lückenlose Behandlung aller Probleme sind die Vorzüge, die den Seligsohnschen Kommentar zum unentbehrlichen Rüstzeug jedes im gewerblichen Rechtsschutz Tätigen gemacht haben."

Mitteilungen vom Verband Deutscher Patentanwälte.

Lutter, R., **Patentgesetz.** Nebst Ausführungsbestimmungen, völkerrechtlichen Verträgen und Patentanwaltsgesetz, unter eingehender Berücksichtigung der Rechtsprechung des Reichsgerichts und der Praxis des Reichspatentamts. Neunte Auflage. Taschenformat. XV, 467 Seiten. 1928. (Guttentagsche Sammlung Deutscher Reichsgesetze Bd. 22.) Geb. RM. 10.—

„Der jetzige Verfasser hat einen völlig neuen Kommentar geschaffen, der in seiner Knappheit und Sparsamkeit dem ursprünglichen Zweck gerecht wird, aber an wissenschaftlicher Durcharbeitung und Gründlichkeit die vorangegangenen Auflagen weit überragt."

Gewerblicher Rechtsschutz und Urheberrecht.

Elster, Alexander, **Urheber- und Erfinder-, Warenzeichen- und Wettbewerbsrecht.** (Gewerblicher Rechtsschutz.) Zweite, stark erweiterte und völlig umgearbeitete Auflage. Mit Abdruck der Gesetzestexte. Oktav. XII, 611 Seiten. 1928. (Lehrbücher und Grundrisse der Rechtswissenschaft Bd. VIII.) . . . . RM. 18.—, geb. RM. 19.50

„Seit Kohler und Osterrieth endlich wieder das lang entbehrte Lehrbuch. Hier unternimmt ein wahrhaft selbständiger und ideenreicher Kopf den Versuch, eine wirkliche Synthese zu schaffen."

Juristische Rundschau.

Neuberg, J., **Der internationale gewerbliche Rechtsschutz.** 2. Auflage. 128 Seiten. 1923. (Sammlung Göschen Bd. 271.) . . . Geb. RM. 1.80

Daude, Paul, **Die Reichsgesetze über das Urheberrecht an Werken der Literatur und der Tonkunst und das Verlagsrecht** vom 19. Juni 1901 in der Fassung des Gesetzes vom 22. Mai 1910 zur Ausführung der revidierten Berner Übereinkunft. Oktav. VIII, 293 Seiten. 1910. RM. 6.—

„Der Zusammenhang der erläuterten Gesetze mit dem Strafgesetzbuch, dem Bürgerlichen Gesetzbuch und anderen Gesetzen ist in leichtverständlicher Weise praktisch dargestellt. Es wird vorzügliche Dienste leisten." *Deutsche Literatur-Zeitung.*

Lindemann, O., **Gesetz, betr. das Urheberrecht** an Werken der Literatur und der Tonkunst. Vierte Auflage. Taschenformat. 171 Seiten. 1921. (Guttentagsche Sammlung Deutscher Reichsgesetze Bd. 60.) Geb. RM. 1.80

„Die Arbeit ist nicht bloß eine Gesetzesausgabe, sondern ein wertvoller Kommentar des Gesetzes. Das Werk sei jedermann auf das beste empfohlen." *Juristische Wochenschrift.*

Fuld, Ludwig, **Gesetz, betr. das Urheberrecht an Werken der bildenden Künste und der Photographie.** Zweite Auflage. Taschenformat. 192 Seiten. 1925. (Guttentagsche Sammlung Deutscher Reichsgesetze Bd. 81.) . . . . Geb. RM. 6.—

„Der zwar kleine, aber inhaltreiche und daher sehr beliebte Kommentar von Fuld erscheint in zweiter, völlig neubearbeiteter Auflage. Überall ist dem Stande der heutigen Rechtsprechung und wissenschaftlichen Auffassungen Rechnung getragen. In einem Anhang sind die einschlägigen internationalen Übereinkommen abgedruckt. Alle Interessenten werden mit Freuden die neue Auflage begrüßen."

Danziger Juristische Monatsschrift.

Heinitz, Ernst, und **Marwitz,** Bruno, **Das Reichsgesetz über das Verlagsrecht.** Textausgabe mit Einleitung, Anmerkungen und Sachregister. Dritte Auflage. Taschenformat. 136 Seiten. 1922. (Guttentagsche Sammlung Deutscher Reichsgesetze Bd. 61.) . . . . Geb. RM. 1.60

„Dieser kurze Kommentar ist durch seine knappen, das Wichtige klar vortragenden Darlegungen dazu berufen, eine Lücke auszufüllen, die sich für den Praktiker des Verlagsrechts seit Jahren ergab. Man darf deshalb das Erscheinen dieser neuen Auflage aus der Feder des Spezialisten des Verlagsrechts mit größter Freude begrüßen."
Börsenblatt für den Deutschen Buchhandel.

Elster, A., **Das deutsche Urheber- und Verlagsrecht.** 128 Seiten. 1923. (Sammlung Göschen Bd. 863.) . . . . Geb. RM. 1.80

„Erstaunlich ist, wie Elster diese beiden so viel umstrittenen Gesetze auf so engem Raum in vortrefflicher Weise zur Darstellung gebracht hat." *Deutscher Journalistenspiegel.*

Heymann, E., **Die zeitliche Begrenzung des Urheberrechts.** Oktav. 74 Seiten. 1927. (Sitzungsberichte der Preußischen Akademie der Wissenschaften zu Berlin.) . . . . RM. 5.—

Elster, A., **Das deutsche Erfinderrecht.** (Patent- und Musterschutzrecht). 118 Seiten. 1924. (Sammlung Göschen Bd. 891.) . . Geb. RM. 1.80

„Die Aufgabe, einen Überblick über das deutsche Erfinderrecht zu geben, ist im Rahmen der kurzen Erörterungen mit viel Geschick gelöst. Deshalb wird das Büchlein auch bei allen Gruppen der am Patentrecht interessierten Personen seine Freunde finden."
Gewerblicher Rechtsschutz und Urheberrecht.

Seligsohn, Jul., **Geheimnis und Erfindungsbesitz.** Groß-Oktav. 147 Seiten. 1921 . . . . RM. 3.—

Reininger, G., **Der Schutz des Urheberrechts im deutschen Rundfunk.** Oktav. 88 Seiten. 1929 . . . . RM. 4.—

„Eine interessante, zeitgemäße, namentlich auch für geistige Neuschöpfer wichtige Studie." *Badische Rechtspraxis.*

Wolff, F., und **Crisolli,** K.-A., **Das Recht der Reklame.** Lexikon-Oktav. 424 Seiten. 1929 . . . . RM. 20.—, geb. RM. 22.—

„. . . Mit großer Umsicht ist ein umfänglicher Stoff gesammelt und in gründlicher Arbeit juristisch durchdrungen und dargestellt. Das Buch ist wohl in erster Reihe für Juristen bestimmt, aber auch für wirtschaftliche Kreise und Reklamefachleute wertvoll und jedenfalls für die Beschäftigung mit diesem Sondergebiet ein zuverlässiges Hilfsmittel." *Flad, i. d. „Juristischen Rundschau".*

Pinner-Elster, Gesetz gegen den unlauteren Wettbewerb. Achte, sehr vermehrte und umgestaltete Auflage. Taschenformat. 254 Seiten. 1927. (Guttentagsche Sammlung Deutscher Reichsgesetze Bd. 37.)
Geb. RM. 5.—

„Das Buch ist mehr als eine bloße ‚Textausgabe mit Anmerkungen', nämlich ein richtiger Kommentar, und wird in der Praxis ausgezeichnete Dienste tun."
Senatspräsident am Reichsgericht Dr. Lobe, Leipzig, i. d. Jurist. Wochenschrift.

Wassermann, Martin, **Der unlautere Wettbewerb** nach deutschem Recht. I. Generalklausel, Reklameauswüchse, Ausverkaufswesen, Angestelltenbestechung. 160 Seiten. 1911. II. Kreditschädigung, Firmen- und Namenmißbrauch, Verrat von Geheimnissen, Ausländerschutz. 151 Seiten. 1911. (Sammlung Göschen Bd. 339 u. 535.) . . . Geb. je RM. 1.80

Born, A., **Reichspreßgesetz** vom 7. Mai 1874 nebst den einschlägigen Bestimmungen der Reichsverfassung, des Reichsstrafgesetzbuches, der Gewerbeordnung usw. Mit Kommentar und Sachregister. Dritte Auflage. Taschenformat. 176 Seiten. 1924. (Guttentagsche Sammlung Deutscher Reichsgesetze Bd. 53.) . . . . Geb. RM. 4.—

„Das Werk bringt eine sehr reichhaltige Kommentierung des Stoffes, die um so wertvoller ist, als den Entscheidungen der Wortlaut der Urteilsbegründungen beigefügt ist. Sämtliche einschlägigen Bestimmungen der das Pressewesen berührenden Gesetze sind aufgeführt, eingehend besprochen und in Beziehung zueinander gebracht worden. Als Nachschlagewerk in Zweifelsfällen wird das Buch von großem Nutzen sein.“ Ministerialblatt für die preußische innere Verwaltung.

Hagens, Alfred, **Warenzeichenrecht.** Kommentar. Groß-Oktav. VIII, 408 Seiten. 1927. (Gewerbe- und Industrie-Kommentar Bd. III.) RM. 22.—, geb. RM. 24.—

„Eine ausführliche Darstellung, die zeigt, daß der Verfasser das gesamte Fachschrifttum und die reichhaltige Rechtsprechung restlos beherrscht. Ich habe gefunden, daß nicht ein einziger Fall von Bedeutung fehlt.“ Markenschutz und Wettbewerb.

Seligsohn, Arnold, **Gesetz zum Schutz der Warenbezeichnungen.** Dritte Auflage, bearbeitet in Gemeinschaft mit Martin Seligsohn in Berlin. Groß-Oktav. IV, 416 Seiten. 1925. RM. 15.—, geb. RM. 16.50

„Der Kommentar zeigt alle Vorzüge des in der Wissenschaft und Praxis des gewerblichen Rechtsschutzes gleich ausgezeichneten Juristen: volle theoretische und praktische Beherrschung des Stoffes, klare Darstellungsgabe, sorgsame Behandlung und treffsicheres Urteil.“ Badische Rechtspraxis.

Freund, G. S., **Magnus**, Julius, und **Jüngel**, Friedrich, **Das deutsche Warenzeichenrecht.** Sechste, neubearbeitete Auflage. Teil I: Die internationalen Verträge. VI, 247 Seiten. Mit 4 Tafeln. 1924. (Guttentagsche Sammlung Deutscher Reichsgesetze Bd. 87a.) Geb. RM. 9.—

„Das ganze Werk mit seiner Fülle von Gesetzen, Verordnungen, Verträgen, Bekanntmachungen bildet eine Quellensammlung für das internationale deutsche Zeichenrecht, ohne die man fortan nicht mehr auskommen kann.“ Gewerblicher Rechtsschutz und Urheberrecht.

IV. Zivilprozeß

Fischer, Otto, **Lehrbuch des deutschen Zivilprozeß- und Konkursrechts.** Groß-Oktav. XII, 488 Seiten. 1918 . . . RM. 8.—, geb. RM. 10.—

Kisch, Wilh., **Deutsches Zivilprozeßrecht.**

I. Band. Vierte, verbesserte Auflage. 115 Seiten. 1929. (Sammlung Göschen Bd. 428.) . . . . Geb. RM. 1.80

II. Band. Vierte, verbesserte Auflage. 168 Seiten. 1929. (Sammlung Göschen Bd. 430.) . . . . Geb. RM. 1.80

III. Band. Vierte, verbesserte Auflage. 148 Seiten. 1929 (Sammlung Göschen Bd. 430.) . . . . Geb. RM. 1.80

Diese Auflage wird jedem, der sich auf gemeinverständliche Weise über unser geltendes Zivilgerichtswesen unterrichten will, gute Dienste leisten, und kann namentlich den Studierenden des Rechts als Einführung bestens empfohlen werden.

Sydow, R., **Busch**, L., und **Krantz**, W., **Zivilprozeßordnung und Gerichtsverfassungsgesetz** nebst Anhang, enthaltend Entlastungsgesetze. Handkommentar unter besonderer Berücksichtigung der Entscheidungen oberster Gerichte. Neubearbeitete, zwanzigste Auflage.
Erster Band: Einführungsgesetz und Zivilprozeßordnung §§ 1—703. Groß-Oktav. VIII, 872 Seiten. 1930. (de Gruytersche Sammlung Deutscher Gesetze, Handkommentare.) . . . . . Geb. RM. 18.—

Der Bezug des ersten Bandes verpflichtet zur Abnahme des zweiten Bandes.

„Der Wert des Werkes ist längst anerkannt. Es gibt wohl keinen Praktiker, der sich seiner nicht mit besonderer Vorliebe bedient. Vollständigkeit, Übersichtlichkeit, Zuverlässigkeit und Ausführlichkeit der Erläuterungen sind auch diesmal dem allgemein beliebten Buche als seine hervorstechendsten Vorzüge treugeblieben. Für die Praxis ist es unentbehrlich."

Zeitschrift des Bundes Deutscher Justizamtmänner.

Rosenberg, L., **Zivilprozeßgesetzgebung.** Taschenformat. 580 Seiten. 1930. Geb. RM. 8.—
(Lehrausgaben Deutscher Gesetze, Bd. II.)

Dieser Band berücksichtigt auch die internationale Gesetzgebung, soweit sie heute im Unterricht behandelt zu werden pflegt. Diese Ausgabe ist ein Beispiel für die besondere Nützlichkeit einer so gearbeiteten Lehrausgabe. Die Besonderheiten der vorliegenden handlichen und erschöpfenden Ausgabe der Zivilprozeßgesetzgebung bestehen in der sachlichen Ordnung des umfassenden Stoffes.

Zivilprozeßordnung mit Gerichtsverfassungsgesetz und Einführungsgesetzen in der Fassung der Bekanntmachung vom 13. Mai 1924 mit den bis 1. April 1929 ergangenen Abänderungen. Textausgabe mit Sachregister. Taschenformat. 440 Seiten. 1929. (Guttentagsche Sammlung von Textausgaben ohne Anmerkungen.) . . . Geb. RM. 3.50

Die handliche Ausgabe enthält den genannten Gesetzestext mit einem das Zurechtfinden sehr erleichternden Sachregister.

Sydow, R., **Busch,** L., und **Krantz,** W., **Gerichtsverfassungsgesetz** mit Einführungsgesetz. Unter besonderer Berücksichtigung der Entscheidungen des Reichsgerichts. Zehnte Auflage. Taschenformat. 347 Seiten. 1925. (Guttentagsche Sammlung Deutscher Reichsgesetze Bd. 14.) Geb. RM. 6.—

„Das Buch bedarf keiner Empfehlung, es empfiehlt sich selbst durch die Fülle dessen, was es bietet. Gesetzgebung und Rechtsprechung sind bis in die neueste Zeit berücksichtigt."

Leipziger Zeitschrift für Deutsches Recht.

Rausnitz, Julius, **Gebührenordnung für Notare** vom 28. Oktober 1922 (GS. 404) nebst den einschlägigen Vorschriften des Preußischen Gerichtskostengesetzes vom 28. Oktober 1922 (GS. 363), beide in der Fassung der Gesetze vom 12. April 1923 (GS. 107), 18. Dezember 1923 (GS. 556) und der Verordnung vom 28. Juni 1924 (GS. 573). Sechste, umgearbeitete Auflage. Oktav. 158 Seiten. 1925. (Guttentagsche Sammlung Preußischer Gesetze Bd. 4.) . . . Geb. RM. 7.—

„Der in seiner äußeren Form sehr handlich und gut ausgestaltete Kommentar kann nur auf das wärmste empfohlen werden. Er wird sehr bald ein unentbehrlicher, weil nie versagender Ratgeber werden, der die Berufsarbeit sehr erleichtern wird." *Juristische Wochenschrift.*

Sydow, R., **Busch,** L., und **Krieg,** O., **Die Deutsche Gebührenordnung für Rechtsanwälte,** das Gesetz, betreffend die Erstattung von Rechtsanwaltsgebühren in Armensachen, und die Preußische Landesgebührenordnung mit Erläuterungen. Auf der Grundlage der Sydow-Busch'schen Textausgabe mit Anmerkungen in dreizehnter Auflage unter Mitaufnahme des Gesetzes über die Erstattung in Armensachen neubearbeitet. Taschenformat 496 Seiten. 1929. (Guttentagsche Sammlung Deutscher Reichsgesetze Bd. 17.) . . . . Geb. RM. 9.—

„Die Erläuterung der Gebührenordnung bietet besonders Wertvolles. Sie steht schon lange unter den Anmerkungsausgaben mit an erster Stelle. Und das mit Recht.“

Zeitschrift des Bundes Deutscher Justizamtmänner.

Sydow, R., **Busch**, L., und **Krieg**, O., **Deutsches Gerichtskostengesetz nebst Gebührenordnung** für Gerichtsvollzieher und für Zeugen und Sachverständige in den neuesten Fassungen. Auf der Grundlage der Sydow-Busch'schen Textausgabe mit Anmerkungen neubearbeitet in elfter Auflage. Taschenformat. XI, 433 Seiten. 1928. (Guttentagsche Sammlung Deutscher Reichsgesetze Bd. 15.) . . . . Geb. RM. 7.50

„Die neue Auflage bietet unter gründlicher Berücksichtigung der gesamten einschlägigen Rechtsprechung eine zeitgemäße, übersichtliche und erschöpfende Erläuterung des Gesetzes. Für den täglichen Gebrauch in der Praxis erscheint diese Textausgabe mit Anmerkungen als unentbehrlich.“

Dr. Natter in der „Württembergischen Zeitschrift für Rechtspflege“.

Lindemann, Otto, **Preußisches Gerichtskostengesetz** (neueste Fassung). Nach dem Tode des früheren Herausgebers P. Siméon erläutert. Achte, völlig umgearbeitete Auflage. Taschenformat. 439 Seiten. 1928. (Guttentagsche Sammlung Preußischer Gesetze Bd. 17.)
Geb. RM. 8.—

„Die achte Auflage dieser bekannten Ausgabe des Preußischen Gerichtskostengesetzes ist entsprechend den bedeutsamen Änderungen der letzten Jahre völlig umgearbeitet. Die gesamte Rechtsprechung wurde eingehend berücksichtigt, so daß hier eine Erläuterung vorliegt, die Zuverlässigkeit und Vollständigkeit in sich verbindet.“

Mitteilungen des Preußischen Richtervereins.

Freiwillige Gerichtsbarkeit

Jastrow, Hermann, und **Günther**, Hermann, **Die Gesetze des Reiches und Preußens über die freiwillige Gerichtsbarkeit.** Textausgabe mit Einleitung, Anmerkungen und Sachregister. Siebente, vermehrte Auflage. Taschenformat. 548 Seiten. 1928. (Guttentagsche Sammlung Deutscher Reichsgesetze Bd. 46.) . . . . Geb. RM. 9.—

„Die Anmerkungen unterrichten in zuverlässiger Weise über die wichtigste Rechtsprechung des Reichsgerichts und der deutschen Oberlandesgerichte auf dem Gebiete der freiwilligen Gerichtsbarkeit. Ein ausführliches Sachregister erhöht die Brauchbarkeit des bewährten Buches, das auch in der neuen Auflage seinen Zweck auf das beste erfüllen wird.“ *Juristische Wochenschrift.*

Die Gesetze des Reiches und Preußens über die freiwillige Gerichtsbarkeit. Textausgabe mit Sachregister. Taschenformat. 168 Seiten. 1930. (Guttentagsche Sammlung von Textausgaben ohne Anmerkungen mit Sachregister.) . . . . RM. 3.—

Das Buch enthält in der bekannten Art der Guttentagschen Gesetzesausgaben außer dem „Gesetz über die Angelegenheiten der freiwilligen Gerichtsbarkeit“ alle in dieses Gebiet fallenden sonstigen Gesetze, Ausführungsbestimmungen, Abkommen, Verordnungen usw. in absolut zuverlässigem Abdruck und ein das Zurechtfinden sehr erleichterndes Sachregister.

Szkolny, Felix, und **Kober**, Leopold, **Das Notariatsrecht**, unter besonderer Berücksichtigung des materiellen Rechts und des Steuer- und Stempelrechts erläutert. Oktav. 236 Seiten. 1926. (Guttentagsche Sammlung Deutscher Reichsgesetze Bd. 163.) . . . . Geb. RM. 8.50

„Die Darlegung des materiellen Rechts, soweit es in der täglichen Anwendung den Notar hauptsächlich beschäftigt. Es wird die Beurkundung einzelner Rechtsgeschäfte und anderer Rechtsvorgänge behandelt. Die Ausführungen verwerten die neueste Lehre und Recht-

sprechung eingehend, die Darstellung ist leicht faßlich und klar, einzelne Muster vervollkommnen das anschauliche Bild."
Zeitschrift des Deutschen Notarvereins.

Szkolny, Felix, **Die Belehrungspflicht des Notars.** Oktav. 52 Seiten. 1927. . . . . RM. 2.—
„Ein trotz seines geringen Umfanges sehr nützliches Buch, für das wir dem Verfasser Dank wissen müssen. Es ist zu begrüßen, daß die Beschäftigung mit dem Notariatsrecht zunimmt, und es besteht die Hoffnung, daß dies eine günstige Einwirkung auf die Handhabung des Notariats nicht verfehlen wird."
Zeitschrift des Deutschen Notarvereins.

Konkursordnung und Zwangsvollstreckung

Jaeger, Ernst, **Kommentar zur Konkursordnung** und den Einführungsgesetzen. Mit einem Anhang, enthaltend das Anfechtungsgesetz, die Vergleichsordnung, Auszüge aus den Kostengesetzen, Ausführungsgesetze und Geschäftsordnungen. Sechste und siebente, neubearbeitete Auflage. Groß-Oktav. Der Umfang des Gesamtwerkes umfaßt etwa 100 Bogen. Die Ausgabe erfolgt in Lieferungen.
Gesamtpreis etwa RM. 80.—
Erster Band. Erste Lieferung (§§ 1—16). 296 Seiten. 1928. RM. 16.—
Erster Band. Zweite Lieferung (§§ 17—27). Seite 297—472. 1929. RM. 10.—
Erster Band. Dritte Lieferung (§§ 28—42). 1930. RM. 15.—
„Das Jaegersche Werk ist ohne Zweifel der beste von den mehreren guten Kommentaren zur Konkursordnung, die wir besitzen."
Zeitschrift für Deutschen Zivilprozeß.

Sydow, R., **Busch,** L., und **Krieg,** O., **Konkursordnung** und Anfechtungsgesetz mit Erläuterungen. Auf der Grundlage der Sydow-Buschschen Textausgabe mit Anmerkungen in fünfzehnter Auflage unter Mitaufnahme der Vergleichsordnung neubearbeitet. Taschenformat. 816 Seiten. 1929. (Guttentagsche Sammlung Deutscher Reichsgesetze Bd. 13.) . . . . Geb. RM. 12.—
„Die Erläuterungsbücher von Sydow-Busch sind als Kommentare mittleren Umfanges seit vielen Jahren in der Juristenwelt rühmlichst bekannt." *Juristische Rundschau.*

Fischer, K., und **Schäfer,** L., **Die Gesetzgebung, betr. die Zwangsvollstreckung in das unbewegliche Vermögen** im Reiche und in Preußen. Bearbeitet von J. Krech und O. Fischer. Zweite Auflage. Lexikon-Oktav. XVI, 728 Seiten. 1910 . . . RM. 15.—, geb. RM. 18.—
„Unter den zahlreichen Bearbeitungen des Zwangsvollstreckungsgesetzes ist der Kommentar von Fischer und Schäfer wohl der wissenschaftlich bedeutendste. Überall sind die Erläuterungen systematisch, manchmal geradezu lehrbuchartig aufgebaut, die leitenden Gedanken treten trotz der Fülle der behandelten Einzelfragen klar und deutlich hervor."
Zeitschrift für Rechtspflege in Bayern.

Krech, J., und **Fischer,** O., **Die Gesetzgebung, betr. die Zwangsvollstreckung in das unbewegliche Vermögen** im Reiche und in Preußen. Textausgabe mit Einleitung, Anmerkungen und Sachregister. Zehnte Auflage, bearbeitet von O. Fischer. Taschenformat. 266 Seiten. 1929. (Guttentagsche Sammlung Deutscher Reichsgesetze Bd. 43.)
Geb. RM. 5.—
„Einer besonderen Empfehlung dieser handlichen Ausgabe, deren Hauptteil das Gesetz über die Zwangsversteigerung und Zwangsverwaltung bildet, bedarf es nicht, Gesetzgebung, Rechtsprechung und Rechtslehre sind bis zur Gegenwart berücksichtigt."
Sächsisches Archiv für Rechtspflege.

Huyke, W., Offenbarungseid und Haft im Zivilprozeß. Taschenformat. 1930. (Guttentagsche Sammlung Deutscher Reichsgesetze, Bd. 177.) RM. 4.—

Dieser Band bietet eine ganz auf die Praxis zugeschnittene Erläuterung der das Offenbarungseidsverfahren betreffenden Paragraphen der ZPO. und gibt in einem allgemeinen Teil zuverlässig Auskunft über die sich auf diesem Gebiete ergebenden Streit- und Zweifelsfragen. Die Rechtsprechung der höheren Gerichte und die Literatur ist berücksichtigt worden.

Kretzschmar, F., Die Zwangsversteigerung und die Zwangsverwaltung. 110 Seiten. 1911. (Sammlung Göschen Bd. 523.) . . Geb. RM. 1.80

V. Strafrecht und Strafprozeß

Strafgesetzbuch

Ebermayer, Ludwig, **Lobe,** Adolf und **Rosenberg,** Werner, **Das Reichsstrafgesetzbuch,** Leipziger Kommentar mit besonderer Berücksichtigung der Rechtsprechung des Reichsgerichts. Vierte, vermehrte und verbesserte Auflage. Lexikon-Oktav. X, 1282 Seiten. 1929. RM. 56.—, in Halbleder geb. RM. 63.—

„Zusammenfassend wird man sagen müssen, daß der Kommentar nun wohl endgültig an die Spitze der großen Kommentare zum StGB. getreten ist." Zeitschrift für Rechtspflege in Bayern.

Kohlrausch, Eduard, **Strafgesetzbuch für das Deutsche Reich mit Nebengesetzen.** Textausgabe mit Anmerkungen und Sachregister. Früher von Dr. Fr. v. Liszt u. Dr. E. Delaquis. Neunundzwanzigste Auflage. Taschenformat. X, 562, *48 Seiten. 1930. (Guttentagsche Sammlung Deutscher Reichsgesetze Bd. 2.) . . . Geb. RM. 8.—

„Ein Buch, an Hand dessen eine schnelle und zuverlässige Orientierung über die wichtigsten Auslegungsfragen möglich ist. Es dient in gleicher Weise dem Studierenden zur Einführung in eine Lektüre des Gesetzes wie dem Praktiker zur schnellen Auffindung einer Entscheidung."

Rechtsanwalt Dr. Max Alsberg in der „Juristischen Wochenschrift".

Liszt, Fr. v., **Lehrbuch des deutschen Strafrechts.** Fünfundzwanzigste, vollkommen durchgearbeitete und zum Teil umgestaltete Auflage, besorgt von Dr. E. Schmidt, Professor an der Universität Breslau. Groß-Oktav. XXXIV, 976 Seiten. 1927. RM. 27.50, geb. RM. 30.—

„Das Lisztsche Lehrbuch wird auch in dieser neuen Bearbeitung seinen ersten Platz und seinen Weltruf sich bewahren."

Zeitschrift des Deutschen Notarvereins.

Gerland, H. B., **Das deutsche Reichsstrafrecht.** Oktav. 600 Seiten. 1922. (Lehrbücher und Grundrisse der Rechtswissenschaft Bd. XVI.) RM. 10.—, geb. RM. 11.50

„Durch knappe, geradezu klassische Kürze zeigende Darstellung gelang es Gerland auf engem Raume eine ungeheure Fülle des Stoffes zu bieten und auf jede Frage Antwort zu geben."

Juristische Wochenschrift.

Gerland, H., **Der Entwurf 1925.** Allgemeiner Teil. Kritische Bemerkungen. Oktav. 96 Seiten. 1925 . . . . RM. 5.—

„Eine außerordentlich interessante Abhandlung. Die Schrift stellt ein fast unentbehrliches Hilfsmittel für jeden dar, der sich mit den einschlägigen Fragen zu beschäftigen hat."

Mitteilungen des Preußischen Richtervereins.

Aschrott, P. F. u. **Kohlrausch**, Ed., **Reform des Strafrechts.** Kritische Besprechung des Amtlichen Entwurfs eines Allgemeinen Deutschen Strafgesetzbuchs. Auf Veranlassung der Deutschen Landesgruppe der Internationalen Kriminalistischen Vereinigung unter Mitwirkung erster Fachgenossen herausgegeben. Gr.-Oktav. V, 415 S. 1926. RM. 18.—

„Die gestellte Aufgabe ist glänzend gelöst. Kaum ein Punkt ist übersehen worden, der die Kritik herausfordert. — Niemand, der an der endgültigen Gestaltung unseres Strafrechts Anteil nimmt, darf an dieser Sammelkritik achtlos vorübergehen."

Geh. Hofrat Prof. Dr. v. Lilienthal in der „Deutschen Juristen-Zeitung".

Sammlung außerdeutscher Strafgesetzbücher in deutscher Übersetzung. Herausgegeben von den Schriftleitungen der Zeitschrift für die ges. Strafrechtswissenschaft u. d. Mitteilungen der Internationalen Kriminalistischen Vereinigung. Nr. 1—43. 1881—1914 . . Preise auf Anfrage.

Nr. 44:

Japanische Strafgesetze. I. Schwurgerichtsordnung vom 18. April 1923 und strafrechtliche Nebengesetze. Übersetzt von Hyoichiro Kusano, Reichsgerichtsrat in Tokio, Tadao Sugiura, Oberlandesgerichtsrat in Sapporo, und Dr. jur. Fritz Bartelt in Berlin. II. Strafvollzugsgesetz vom 28. März 1908 nebst Ausführungsverordnung vom 16. Juni 1908. Übersetzt von Dr. jur. Toshita Tokiwa, Gerichtsassessor in Tokio, und Dr. jur. Werner Gentz, Justizrat beim Strafvollzugsamt in Kiel. Oktav. 55 Seiten. 1927. RM. 3.—

Nr. 45:

Die Auslieferungsgesetze Norwegens, Schwedens und Finnlands. Mit einer systematischen Darstellung der Grundzüge des nordischen Auslieferungsrechts im Hinblick auf den Erlaß eines deutschen Auslieferungsgesetzes Von Dr. jur. Ernst Wolgast, Privatdozent in Königsberg i. Pr. Groß-Oktav. VIII, 487 Seiten. 1928. . . RM. 20.—

Nr. 46:

Das Türkische Strafgesetzbuch vom 1. März 1926. Gesetz Nr. 765. (Türkisches Gesetzblatt Nr. 320 vom 13. März 1926.) Das Ausführungsgesetz zum Türkischen Strafgesetzbuch vom 26. April 1926. Deutsche Übersetzung von Dr. K. Ziemke. Oktav. 138 S. 1927. RM. 5.—

Nr. 47:

Entwurf eines griechischen Strafgesetzbuches. Übersetzt und eingeleitet von Demetrius G. Venturas, Rechtsanwalt in Korfu, Griechenland. Oktav. 123 Seiten. 1928 . . . . RM. 7.—

Nr. 48:

Italienischer Vorentwurf zu einem neuen Strafgesetzbuch. (Progetto di un nuovo codice penale.) In deutscher Übersetzung von Dr. K. Bunge, Landgerichtsrat in Berlin. Oktav. XXXII, 244 Seiten. 1928. RM. 10.—

Lindemann, Otto, **Sammlung der wichtigsten preußischen Strafgesetze.** Zweite Auflage. Taschenformat. 372 Seiten. 1912. (Guttentagsche Sammlung Preußischer Gesetze Bd. 34.) . . . . . Geb. RM. 3.50

„Die durch mehrere wichtige Gesetze erweiterte zweite Auflage dieses unentbehrlichen Ergänzungsbandes zu den in Einzelausgaben erschienenen Preußischen Gesetzen ist durch die Wiedergabe der noch geltenden vereinzelten alten Strafvorschriften nebst trefflich unterrichtenden Vorbemerkungen und Erläuterungen besonders wertvoll. Nur mittels einer solchen ausgezeichneten Sammlung ist es möglich, auch die zerstreuten Gebiete des Strafrechts völlig zu beherrschen."

Deutsche Juristen-Zeitung.

Fraustädter, Werner, **Deutsches Auslieferungsgesetz** vom 23. Dezember 1929 und andere neuere Vorschriften der Rechtshilfe in Strafsachen, einschließlich der Auslieferung. Textausgabe mit Einleitung, Erläuterungen und Sachregister. Taschenformat. 143 Seiten. 1930. (Guttentagsche Sammlung Deutscher Reichsgesetze Bd. 86.) . Geb. RM. 4.—

Das Auslieferungsgesetz hat durch die Neufassung vom 25. 12. 1929 eine starke Umgestaltung erfahren, die zur Hearusgabe der vorliegenden Neubearbeitung geführt hat. Diese enthält eine ausführliche Erläuterung der neuen Bestimmungen sowie einen Abdruck der wichtigsten Verträge und Vorschriften und ermöglicht einen vollständigen Überblick über den gegenwärtigen Stand des deutschen Auslieferungsrechtes.

Kirchner, Rudolf, **Gesetz über den Verkehr mit Kraftfahrzeugen.** Vierte Auflage. (Guttentagsche Sammlung Deutscher Reichsgesetze Bd. 92.) In Vorbereitung.

„Ein sehr wertvolles Hilfsmittel für Anwendung und Auslegung des wichtigen Gesetzes.“ Leipziger Zeitschrift für deutsches Recht.

Lindemann, Otto, **Polizeiverordnungen in Preußen.** Zweite Auflage. Taschenformat. 189 Seiten. 1912. (Guttentagsche Sammlung Preußischer Gesetze Bd. 36.) . . . . Geb. RM. 2.50

Abhandlungen des Kriminalistischen Instituts an der Universität Berlin. Herausgegeben von Dr. **Franz von Liszt,** o. Professor der Rechte. Sonderverzeichnis kostenlos. Vierte Folge. I. Band.

Heft 1:

Dannenberg, Herbert, **Liberalismus und Strafrecht im 19. Jahrhundert unter Zugrundelegung der Lehren Karl Georg von Waechters.** Oktav. IV, 66 Seiten. 1925 . . . . RM. 3.—

Heft 2:

Tarnowski, Dr. Hans, **Die systematische Bedeutung der adäquaten Kausalitätstheorie für den Aufbau des Verbrechensbegriffs.** Oxtav. X, 340 Seiten. 1927 . . . . RM. 18.—

Heindl, Robert, **System und Praxis der Daktyloskopie** und der sonstigen technischen Methoden der Kriminalpolizei. Dritte, neubearbeitete und vermehrte Auflage. 900 Abbildungen im Text und 21 Bildertafeln. 780 Seiten. Groß-Oktav. 1927 . . . . . RM. 36, geb. RM. 40.—

„Ein Werk, mit dem wohl für geraume Zeit die Literatur dieses Gebiets ihren krönenden Abschluß gefunden haben dürfte. — Es darf erwartet werden, daß jeder Richter, Rechtsanwalt und Verteidiger sich dieses vorzüglichen Werkes bedient.“ Deutsche Juristenzeitung.

Kleine kriminalistische Bücherei.

Band 1:

Schneickert, Hans, Die strafrechtlichen Aufgaben der Polizei. Für den Polizeiunterricht und die Polizeipraxis. Taschenformat. 182 Seiten. 1921. RM. 2.—

Band 2:

Philipp, Lothar, **Beobachtungs- und Ermittlungspraxis im Polizei- und Detektivdienst.** Taschenformat. 180 Seiten. 1923 . . . RM. 2.—

„Alles in allem: ein Buch, für den Fachmann lesenswert, für den Anfänger ein guter Leitfaden, für den Laien interessant.“ Zeitschrift für gerichtliche Schriftvergleichung.

Band 3:

Manteuffel, H. v., **Falschspieler.** Formen und Technik des Spielbetruges, nebst einem Anhange: Der Spielprofessor und sein angeblich sicheres System beim Spiele gegen eine öffentliche Roulettebank. Taschenformat 90 Seiten. 1923 . . . . RM. 2.—

Gerade heutzutage, wo die Spielleidenschaft so weite Kreise zieht, ist es von besonderem Reiz, diese klare, flüssige und lehrreiche Darstellung zu verfolgen.

Band 4:

Schneickert, Hans, **Kriminalistische Spurensicherung.** Sammlung dienstlicher Anweisungen und sachverständiger Ratschläge für den Dienstgebrauch und für Polizeischulen. Zweite, vermehrte und verbesserte Auflage. Taschenformat. 96 Seiten. Mit 2 Abbildungen. 1925. Geb. RM. 3.—

„Alle Einzelheiten werden hervorgehoben und als möglicherweise wichtige Beweismomente in einem vielarmigen System zusammengefaßt. In der Durchführung seiner Aufgabe hat der Verfasser tatsächlich alles berücksichtigt, was für das Beweisverfahren von Bedeutung ist und sein könnte." Archiv für Kriminologie.

Band 5:

Rehfeld, P., **Gerichtsärztliche Tatbestandsfeststellungen** im Dienste der Polizei. Ein Leitfaden für Polizei- und Kriminalbeamte. Taschenformat. 133 Seiten. 1927 . . . . Geb. RM. 3.50

„Die Bearbeitung gibt eine geschlossene, einheitliche Behandlung des Stoffgebietes durch einen Arzt, wie sie anderweitig in der kriminalistischen Literatur nicht vorhanden ist." Deutsches Polizeiarchiv.

Strafprozeßordnung

Kohlrausch, Eduard, **Strafprozeßordnung** und Gerichtsverfassungsgesetz. Textausgabe mit Einleitung, Anmerkungen und Nebengesetzen. In Verbindung mit Dr. Hermann Mannheim, Landgerichtsrat und Professor in Berlin, bearbeitet von Dr. Eduard Kohlrausch, Professor der Rechte in Berlin. Zweiundzwanzigste Auflage (101. bis 104. Tausend). Taschenformat. XI, 510 Seiten. 1930. (Guttentagsche Sammlung Deutscher Reichsgesetze Bd. 12.) RM. 7.50

„Das Buch ist nicht nur für den Praktiker, der sich rasch unterrichten will, sondern auch für den Studierenden, zumal wenn ihm die wirtschaftlichen Verhältnisse die Anschaffung umfangreicher Kommentare nicht ermöglichen, von größtem Wert."
Oberreichsanwalt Dr. Ebermayer in der „Juristischen Wochenschrift".

Feisenberger, Albert, **Strafprozeßordnung und Gerichtsverfassungsgesetz.** Handkommentar. Groß-Oktav. IX, 517 Seiten. 1926. Mit Nachtrag. 1927. (de Gruytersche Sammlung Deutscher Gesetze. Handkommentare.) . . . . Geb. RM. 17.—

„Eine glänzende Arbeit, die bald in der Hand jedes Strafrichters und Rechtsanwalts sein wird. Geradezu vorbildlich ist der Handkommentar für den Umfang der Heranziehung der Rechtsprechung. Alles Wesentliche ist berücksichtigt." Danziger Juristische Monatsschrift.

Beling, E., **Deutsches Reichsstrafprozeßrecht** mit Einschluß des Strafgerichtsverfassungsrechts. Oktav. XIV, 568 Seiten. 1928. (Lehrbücher und Grundrisse der Rechtswissenschaft Bd. XVII.)
RM. 15, geb. RM. 16.50

Die Eigenart des vorliegenden Lehrbuches des Reichsstrafprozeßrechts ist, daß es dem Verständnis der Gesetzestexte vorarbeiten und zu ihnen hinführen will. Gerade das, was nicht im Gesetz steht, ist die Hauptsache; die Gesetzesparagraphen sind Ziel, nicht Ausgangspunkt. Insbesondere aber stellt der Verfasser die Regelungsinhalte des geltenden Rechts in die heutige rechtspolitische Gedankenwelt hinein und gibt ein auch äußerlich scharf hervortretendes System, das den Lernenden befähigt, die Fülle der Einzelheiten unter allgemeinen Ordnungsgesichtspunkten zusammenzusetzen.

Rosenfeldt, E. H., **Deutsches Strafprozeßrecht.** 2 Bände. 128 und 148 Seiten. 1926. (Sammlung Göschen Bd. 938/939.) Geb. je RM. 1.80

„Eine wissenschaftlich hochstehende, auf einem knappen Raum zusammengedrängte, klar und originell geschriebene Einführung in den deutschen Strafprozeß." *Schweizer. Zeitschrift für Strafrecht.*

Löwe, F., und **Rosenberg,** Werner, **Die Strafprozeßordnung für das Deutsche Reich** vom 22. März 1924 nebst dem Gerichtsverfassungsgesetz. Kommentar. Achtzehnte, neubearbeitete Auflage. Lexikon-Oktav. 1332 Seiten. 1929 . . . . RM. 44.—, in Halbleder geb. RM. 50.—

„Der Löwesche Kommentar hat sich in Wissenschaft und Rechtsprechung eine so hervorragende Stellung erworben, daß er zum unentbehrlichen Ratgeber für Theoretiker und Praktiker geworden ist. Der Kommentar steht nach wie vor an erster Stelle und ist ein Meisterwerk in der Kunst einer klaren, übersichtlichen und erschöpfenden Darstellung dieses außerordentlich spröden Stoffes." *Zeitschrift des deutschen Notarvereins.*

Felsenberger, Albert, **Strafprozeßordnung und Gerichtsverfassungsgesetz,** in alter und neuer Fassung synoptisch gegenübergestellt. Mit ausführlichem Sachregister. Taschenformat. 265 Seiten. 1924. Mit Nachtrag. 1927. (Guttentagsche Sammlung Deutscher Reichsgesetze Bd. 158.) . . . . Geb. RM. 4.50

„Die Ausgabe ist für die Praxis auf längere Zeit unentbehrlich. Die synoptische Darstellung erleichtert die Arbeit und schützt vor Gedächtnisfehlern." *Juristische Wochenschrift.*

Aschrott, P. F., **Die Reform des Strafprozesses.** Kritische Besprechungen der von der Kommission für die Reform des Strafprozesses gemachten Vorschläge. Auf Veranlassung der Internationalen Kriminalistischen Vereinigung, Gruppe Deutsches Reich. Groß-Oktav. XII, 120 und 784 Seiten. 1906 . . . . RM. 12.—

Beiträge zur Reform des Strafprozesses. Herausgegeben von Dr. Franz **Adickes,** Dr. P. F. **Aschrott,** Dr. K. **von Lilienthal,** Dr. Fr. **von Liszt.** 2 Bände. Groß-Oktav. I. Bd. Heft 1—6. 1908. RM. 9.70. — II. Bd. Heft 1—5. 1909. RM. 15.10.

Frede, L. u. **Grünhut,** M., **Reform des Strafvollzuges.** Kritische Beiträge zu dem Amtlichen Entwurf eines Strafvollzugsgesetzes. Oktav. VII, 264 Seiten. 1927 . . . . RM. 10.—

Die in dem vorliegenden Buch zusammengefaßten Beiträge üben nicht nur eine Einzelkritik an den Bestimmungen des Entwurfs, sondern dienen zugleich unter dem Gesichtspunkt der gegenwärtigen gesetzgeberischen Aufgabe der wissenschaftlichen Grundlegung des ganzen Strafvollzugsproblems.

VI. Öffentliches Recht.

1. Staats- und Völkerrecht.

Fischbach, O. G., **Allgemeine Staatslehre.** Zweite Auflage. 136 Seiten. 1928. (Sammlung Göschen Bd. 358.) . . . . . Geb. RM. 1.80

„Das Buch darf einer breiten Öffentlichkeit als ausgezeichnete Einführung, den Fachgenossen aber, jung und alt, als Musterbeispiel wissenschaftlichen Bemühens um die denkbar beste Leistung anempfohlen werden, wie man ihm heute nicht allzu häufig mehr begegnet." *Reichsverwaltungsblatt.*

Fischbach, O. G., **Allgemeines Staatsrecht.**
1. Teil. 139 Seiten. 1923. (Sammlung Göschen, Bd. 415.) Geb. RM. 1.80

II. Teil. 151 Seiten. 1923. (Sammlung Göschen Bd. 416.)
Geb. RM. 1.80

Diese Bearbeitung bringt nicht bloß einen leicht faßlichen gemeinverständlichen Überblick über alle Zweige des Staatsrechtes, sondern auch in den einzelnen Partien viele gründliche wissenschaftliche Erörterungen der einschlagenden Probleme und kritischen Beleuchtung der verschiedenen Rechtsansichten.

Stier-Somlo, Fritz, **Deutsches Reichs- und Landesstaatsrecht I.** Oktav. XVI, 726 Seiten. 1924. (Lehrbücher und Grundrisse der Rechtswissenschaft Bd. XVIII.) . . . . RM. 16.50, geb. RM. 18.—

„. . . Von den zurzeit vorhandenen größeren Lehrbüchern des Reichsstaatsrechts das geeignetste." Juristische Wochenschrift.

Stier-Somlo, Fritz, **Reichsstaatsrecht.** I. Grundbegriffe des Staatsrechts. Verfassungsgeschichte vom Ende des 18. Jahrhunderts bis zur Reichsverfassung vom 11. August 1919. 108 Seiten. 1927. (Sammlung Göschen Bd. 967.) . . . . Geb. RM. 1.80
II. Das geltende Reichsstaatsrecht. 114 Seiten. 1927. (Sammlung Göschen Bd. 968.) . . . . Geb. RM. 1.80

Stier-Somlo, Fritz, **Preußisches Staatsrecht.** Zweite Auflage. 136 Seiten. 1927. (Sammlung Göschen Bd. 298.) . . . . Geb. RM. 1.80

„Die drei schmalen Bändchen werden nicht allein als wünschenswertes Orientierungsmittel für den Laien und den angehenden Juristen zu begrüßen sein, sondern auch dem im praktischen Berufsleben stehenden Juristen Anregung und Belehrung bieten."
Juristische Wochenschrift.

Arndt, Adolf, **Die Verfassung des Deutschen Reiches.** Dritte Auflage. Taschenformat. 1927. (Guttentagsche Sammlung Deutscher Reichsgesetze Bd. 137.) . . . . RM. 8.—

„Für alle, die sich auf dem schwierigen Gebiet der Reichverfassung orientieren wollen, liegt hier ein vorzügliches Nachschlagewerk von gediegener Wissenschaftlichkeit vor."
Staats- und Selbstverwaltung.

Stier-Somlo, Fritz, **Kommentar zur Verfassung des Freistaates Preußen.** Groß-Oktav. 319 Seiten. 1921 . . . . Geb. RM. 3.—

„Die Darstellung ist flüssig und knapp und ist als treffliche Orientierung über das neue Verfassungswerk, eine Orientierung, die ihre notwendige Ergänzung in dem vorzüglichen Kommentar Stier-Somlos findet, sehr zu empfehlen." Zeitschrift für öffentliches Recht.

Arndt, Adolf, **Die Verfassung des Freistaats Preußen** vom 30. November 1920. Mit Einleitung, vollständigem Kommentar, Landeswahlgesetz und Sachregister. Taschenformat. 158 Seiten. 1921. (Guttentagsche Sammlung Preußischer Gesetze Bd. 1.)
Geb. RM. 2.—

„Die Einleitung ist eine vortreffliche staatsrechtliche Abhandlung, die unter Berücksichtigung und Verwertung der einschlägigen Literatur in die Entstehungsgeschichte und in die Bedeutung der Verfassungsurkunde einführt. Der Kommentar wird denjenigen, die sich mit den einzelnen Bestimmungen der Verfassung vertraut machen wollen, ein willkommener Ratgeber sein."
Zeitschrift für Polizei- und Verwaltungsbeamte.

Veröffentlichungen der Vereinigung deutscher Staatsrechtslehrer.
Heft 1: Der deutsche Föderalismus. Oktav. 1924 . . . RM. 5.—
Heft 2: Der Schutz des öffentlichen Rechts. Oktav. 1925. RM. 12.—

Heft 3: Die Gleichheit vor dem Gesetz. Der Einfluß des Steuerrechts auf die Begriffsbildung des öffentlichen Rechts. Oktav. 1927. RM. 7.—
Heft 4: Das Recht der freien Meinungsäußerung. — Der Begriff des Gesetzes in der Reichsverfassung. Oktav. 1928 . . . . . RM. 10.—
Heft 5: Wesen und Entwicklung der Staatsgerichtsbarkeit. — Überprüfung von Verwaltungsakten durch die ordentlichen Gerichte. Oktav. 1929 . . . . RM. 12.—
Heft 6: Bundesstaatliche und gliedstaatliche Rechtsordnung. Verwaltungsrecht der öffentlichen Anstalt. Berichte von Fritz Fleiner, Josef Lukas, Lutz Richter und Arnold Köttgen. Verhandlungen der Tagung der deutschen Staatsrechtslehrer zu Frankfurt a. M. am 25. und 26. April 1929. Mit einem Auszug aus der Aussprache. Oktav. IV, 166 Seiten. 1929 . . . . RM. 9.—

Sehling, Emil, **Kirchenrecht.** Zweite Auflage.
I. Teil. Einleitung. Quellen, Verfassung und Verwaltung der katholischen Kirche. Anhang: Die griechisch-orthodoxe Kirche. 119 Seiten. 1922. (Sammlung Göschen Bd. 377.) . . . . Geb. RM. 1.80
II. Teil: Das evangelische Kirchenrecht. Die Stellung des Staates zur Kirche und das Verhältnis der Religionsgesellschaften zueinander. 87 Seiten. 1927. (Sammlung Göschen Bd. 954.) . . . Geb. RM. 1.80

Edler v. Hoffmann, H., **Deutsches Kolonialrecht.** 150 Seiten. 1907. (Sammlung Göschen Bd. 318.) . . . . Geb. RM. 1.80

Reier, Otto, **Sozialisierungsgesetze.** Taschenformat. 214 Seiten. 1920. (Guttentagsche Sammlung Deutscher Reichsgesetze Bd. 141.)
Geb. RM. 2.20

„Das Werk stellt die erste zusammenfassende kommentarische Darstellung der Sozialisierungsgesetzgebung dar und ist für alle Interessenten unentbehrlich." Zentralblatt der Reichsversicherung.

Delius, H., **Die Beamtenhaftpflichtgesetze** des Reiches und der Länder. Vierte, vermehrte und vollkommen neubearbeitete Auflage. Taschenformat. 384 Seiten. 1929. (Guttentagsche Sammlung Deutscher Reichsgesetze Bd. 94.) . . . . Geb. RM. 10.—

Hohenstein, Adolf, und **Goldbaum,** Wenzel, **Reichsschädengesetze.** Textausgabe mit Anmerkungen. Oktav. 360 Seiten. 1922. (Guttentagsche Sammlung Deutscher Reichsgesetze Bd. 150.) . . . Geb. RM. 4.—

„Im ganzen ist das vorliegende Werk nicht nur ein wertvolles Hilfsmittel für den Fachmann, sondern ist besonders jedem Geschädigten zu empfehlen, der sich über seine Ansprüche orientieren will." Auslandswarte.

Wörterbuch des Völkerrechts und der Diplomatie. Begonnen von Professor Dr. Julius **Hatscheck** †. Fortgesetzt und herausgegeben von Dr. Karl **Strupp,** Professor an der Universität Frankfurt a. M., Associé de l'institut de droit international, membre de l'Academie Diplomatique Internationale. Lexikon-Oktav.
Band I: Aachen—Lynchfall. VI, 860 Seiten. 1924.
RM. 35.—, in Halbleder geb. RM. 40.—
Band II: Maas—Utschiali. 779 Seiten. 1925.
RM. 35.—, in Halbleder geb. RM. 40.—
Band III (Schluß): Vasallenstaaten—Zwangsverschickung. Ferner Anhang: Abessinien—Weltgerichtshof; Sachverzeichnis und Mitarbeiterregister. II, 1316 Seiten. 1929.
RM. 62.—, in Halbleder geb. RM. 67.—

„Der Vorsprung, den entsprechende Werke in französischem Sprachgewande bisher hatten, ist nunmehr in Deutschland eingeholt. Die Form der alphabetischen Zergliederung des Stoffes ermöglicht eine

breitere Behandlung der Einzelfälle, die im internationalen Rechtsleben nicht selten von größerer Bedeutung als vorzeitig aufgestellte Abstraktionen sind." *Zeitschrift für Völkerrecht.*

Anzilotti, D., **Lehrbuch des Völkerrechts.** Übersetzt und herausgegeben vom Institut für ausländisches öffentliches Recht und Völkerrecht, Berlin. I. Band. Groß-Oktav. 444 Seiten. 1929. RM. 19.—, geb. RM. 20.—

Mit der Herausgabe der Übersetzung dieses Lehrbuches des berühmten Völkerrechtlers ist das Institut für ausländisches öffentliches Recht und Völkerrecht einem in Deutschland außerordentlich fühlbaren Bedürfnis entgegengekommen. Das Buch ist nicht schlechthin eine Übersetzung der italienischen Originalausgabe, sondern berücksichtigt auch die gesamte Rechtsprechung und Literatur der letzten Zeit und stellt somit das zurzeit modernste Lehrbuch des Völkerrechts überhaupt dar.

Niemeyer, Theodor, **Völkerrecht.** 168 Seiten. 1925. (Sammlung Göschen Bd. 865.) . . . . Geb. RM. 1.80

Dieses Bändchen gibt in gedrängter Form eine vollständige Übersicht über das Völkerrecht.

Beiträge zum ausländischen öffentlichen Recht und Völkerrecht. Herausgegeben im Auftrage des Instituts für ausländisches öffentliches Recht und Völkerrecht in Berlin in Gemeinschaft mit Friedrich Glum, Ludwig Kaas, Rudolf Smend, Heinrich Triepel von Viktor **Bruns.** Groß-Oktav.

Eine Sammlung einschlägiger wissenschaftlicher Abhandlungen, Materialsammlungen, Übersetzungen besonders wertvoller ausländischer Werke u. a.

Heft 1:

Triepel, H., **Staatsrecht und Politik.** Rede beim Antritt des Rektorats der Friedrich-Wilhelms-Universität zu Berlin am 15. Oktober 1926. 40 Seiten. 1927 . . . . RM. 2.—

Heft 2:

Schmitt, Carl, **Volksentscheid und Volksbegehren.** Ein Beitrag zur Auslegung der Weimarer Verfassung und zur Lehre von der unmittelbaren Demokratie. 54 Seiten. 1927 . . . . RM. 2.60

Heft 3:

Heck, K., **Der Aufbau des britischen Reiches.** (Der Verhandlungsbericht der Reichskonferenz von 1926.) 152 Seiten. 1927. RM. 6.—

Heft 4:

Heller, P., **Die Souveränität.** Ein Beitrag zur Theorie des Staats- und Völkerrechts. 177 Seiten. 1927. . . . . RM. 8.50

Heft 5:

Grentrup, Theodor, **Die Missionsfreiheit** nach den Bestimmungen des geltenden Völkerrechts. 112 Seiten. 1928 . . . . RM. 5.50

Heft 6:

Robinson, Jakob, **Das Minoritätenproblem** und seine Literatur. Kritische Einführung in die Quellen und die Literatur der europäischen Nationalitätenfrage der Nachkriegszeit, unter besonderer Berücksichtigung des völkerrechtlichen Minderheitenschutzes.

Allgemeiner Teil. 265 Seiten. 1928 . . . . RM. 9.—

Heft 7:

Bilfinger, Karl, **Der Reichssparkommissar.** 68 Seiten. 1928. RM. 3.60

Heft 8:

Bumiller, J. M., Die völkerrechtliche Stellung der fremden Truppen im Saargebiet. 156 Seiten. 1928 . . . . RM. 9.—

Heft 9:

Das Recht des Ausnahmezustands im Auslande (Frankreich, Belgien, Niederlande, Italien, England, Irland). 296 Seiten. 1928. RM. 14.—

Heft 10:

Gerland, B., Die Beziehungen zwischen dem Parlament und den Gerichten in England. Eine rechtsvergleichende Studie. 137 Seiten. 1928. RM. 8.—

Heft 11:

Leibholz, Gerhard, **Zu den Problemen des fascistischen Verfassungsrechts.** Akademische Antrittsvorlesung. 112 Seiten. 1928. RM. 5.—

Heft 12:

Glum, Friedrich, **Der deutsche und der französische Reichswirtschaftsrat.** Ein Beitrag zu dem Problem der Repräsentation der Wirtschaft im Staat. 188 Seiten. 1929 . . . . RM. 9.—

Heft 13:

Leibholz, Gerhard, **Das Wesen der Repräsentation** unter besonderer Berücksichtigung des Repräsentativsystems. Ein Beitrag zur allgemeinen Staats- und Verfassungslehre. Groß-Oktav. 214 Seiten. 1929. RM. 14.—

Kraus, H., **Internationale Schiedssprechung.** Eine Sammlung der für das Deutsche Reich verbindlichen Verträge und Vertragsbestimmungen, die sich auf internationale Gerichtsbarkeit, Schiedsgerichtsbarkeit, sowie Vergleichsverfahren beziehen, nebst den dazugehörigen deutschen Regierungsdenkschriften. Taschenformat. XXXVI, 348 Seiten. 1929. (Guttentagsche Sammlung Deutscher Reichsgesetze Bd. 174.) . . . . Geb. RM. 10.—

„Die vorliegende Dokumentensammlung füllt eine Lücke aus, da es bisher schwer war, alle schiedsrichterlichen Verpflichtungen des Deutschen Reiches auf einmal einzusehen.“ Friedenswarte.

Strupp, Karl, **Das Werk von Locarno.** Eine völkerrechtlich-politische Studie. Oktav. 180 Seiten. 1926 . . . . RM. 10.—

„Die lückenlose Mitteilung aller für das Verständnis und die Auslegung wichtiger Urkunden macht das aktuelle Buch zu einem außerordentlich wertvollen Mittel der Erkenntnis des Inhalts und der Tragweite dieser grundlegenden Staatsverträge.“ D. A. Z.

Sering, Max, **Deutschland unter dem Dawes-Plan.** Entstehung, Rechtsgrundlagen, wirtschaftliche Wirkungen der Reparationslasten. Oktav. VIII, 237 Seiten. 1928 . . . . RM. 10.—

„Nicht nur dem Juristen und Volkswirtschaftler, sondern auch dem Laien verständlich, gibt das Werk einem jeden wertvollen Einblick in Deutschlands wirtschaftspolitische Abhängigkeit, die sich bis in die kleinsten Betriebe hineinzieht, die jedes einzelne Glied des deutschen Volkes betrifft.“ Prakt. Rundschau.

2. Verwaltungsrecht.

Reichsrecht

Bühler, O., **Verwaltungsgesetze des Reiches und Preußens.** Taschenformat. XI, 682 Seiten. 1930 . . . . Geb. RM. 11.—

(Lehrausgaben Deutscher Gesetze, Bd. III.)

Außer den preußischen Verwaltungsgesetzen bringt der vorliegende Band als erster auch die immer wichtiger werdenden Verwaltungsgesetze des Reichs. Durch Weglassung aller für den Unterricht überflüssigen Gesetze, Weglassung auch unwichtiger Bestimmungen in den oft sehr weitschweifigen Verwaltungsgesetzen (wobei aber der Inhalt weggelassener Bestimmungen jeweils kurz angedeutet ist) ist es ermöglicht worden, auch hier einen Band erstehen zu lassen, der nicht schon durch seinen Umfang abschreckt.

Blume, E., und **Weirauch,** W., **Die Eisenbahn-Verkehrsordnung** vom 16. Mai 1928 mit Allgemeinen Ausführungsbestimmungen sowie dem Internationalen Übereinkommen über den Eisenbahnfrachtverkehr vom 30. Mai 1925 und dem Internationalen Übereinkommen über den Eisenbahn-Personen- und Gepäckverkehr vom 12. Juni 1925. Textausgabe mit Anmerkungen. Vierte Auflage. Taschenformat. X, 482 Seiten. 1928. (Guttentagsche Sammlung Deutscher Reichsgesetze Bd. 91.) Geb. RM. 9.—

„Ein treffliches Hilfsbuch für alle, die sich mit dem Eisenbahnverkehrsrecht theoretisch und praktisch zu beschäftigen haben. Der Kommentar wird besonders auch den Gerichten und den Anwälten gute Dienste leisten, da die Ausführungsbestimmungen zur Eisenbahnverkehrsordnung, die vollständig abgedruckt werden, sonst nur in den Tarifen veröffentlicht werden, die in den Kreisen der Juristen weniger bekannt sind. Allen, die es angeht, kann daher die Anschaffung der neuen Auflage dringend empfohlen werden."

Juristische Wochenschrift.

Fischer, D., und **Staedler,** E., **Die deutsche Post- und Telegraphengesetzgebung.** Teil I: Postrecht (mit Ausschluß des internationalen Rechts). Siebente Auflage. 47*, 586 Seiten. 1929. (Guttentagsche Sammlung Deutscher Reichsgesetze Bd. 7.) . . . . Geb. RM. 15.—

Teil II: **Telegraphen- und Fernsprechrecht** (mit Ausschluß des internationalen Rechts). Taschenformat. 495 Seiten. 1930. (Guttentagsche Sammlung Deutscher Reichsgesetze Band 7a.) . . RM. 13.—

Sebba, Julius, **Seewasserstraßenordnung.** (Polizeiverordnung zur Regelung des Verkehrs auf den deutschen Seewasserstraßen vom 31. März 1927.) Taschenformat. 493 Seiten. 1928. (Guttentagsche Sammlung Deutscher Reichsgesetze Bd. 171.) . . . . Geb. RM. 8.50

„Es bedarf hierbei wohl nicht der besonderen Hervorhebung, daß die Kommentierungsmethode des rühmlichst bekannten Neu-Herausgebers von Schaps-Seerecht auch in dem vorliegenden Werke eine knappe und doch gründliche geworden ist."

Verkehrsrechtliche Praxis.

Busse, Rudolf, **Luftrecht einschließlich Luftverkehrsgesetz und Pariser Luftverkehrsabkommen.** Taschenformat. XVIII, 448 Seiten. 1928. (Guttentagsche Sammlung Deutscher Reichsgesetze Bd. 170.) Geb. RM. 10.—

Das vorliegende Buch sucht in einem nationalen und internationalen Teil einen klaren Überblick über das gesamte Luftrecht zu geben; der neueste Stand der Rechtsprechung ist hierbei berücksichtigt. Den erläuterten Gesetzesabkommenstexten ist eine systematische Einführung in das gesamte Luftrecht mit seinen vielseitigen Rechtsdisziplinen vorausgeschickt.

Volkmann, Kurt, **Die Straßenverkehrsordnungen** nebst den einschlägigen Nebenbestimmungen. Taschenformat. 312 Seiten. 1929. (Guttentagsche Sammlung Deutscher Reichsgesetze Bd. 175.) . . . Geb. RM. 7.—

„Das übersichtliche Werkchen, das uns eine schnelle Information über auftauchende Rechtsfragen auf diesem besonderen Verkehrgebiete ver-

schafft, kann Polizeibeamten, Gerichten, Anwälten, Fuhrwerksbesitzern, Kraftfahrern und Radfahrern zur Anschaffung empfohlen werden."
Verkehrsrechtl. Rundschau.

Kirchner, Rudolf, **Gesetz über den Verkehr mit Kraftfahrzeugen** vom 3. Mai 1909. Vierte, völlig neubearbeitete Auflage. (Guttentagsche Sammlung Deutscher Reichsgesetze Bd. 92.) . . In Vorbereitung.
„Der Verfasser hat sich mit der nicht unschwierigen Materie auf das beste vertraut gemacht und seine Kenntnisse mit großer Gewandtheit in logischen, klaren und ausführlichen Erläuterungen zum Gesetze verwertet." Zeitschrift für Polizei- und Verwaltungsbeamte.

Aumer, Georg, **Der Kraftfahrzeugverkehr.** Richtlinien für Polizeibeamte und Kraftfahrer. Mit 79 Abbildungen und Figuren. Zweite Auflage. Taschenformat. 208 Seiten. 1928 . . . . Geb. RM. 4.50
„Ein kleines, aber nicht nur für jeden Polizeibeamten, sondern für jeden bei einem Kraftfahrzeugunfall — sei es nur als Zeugen — Beteiligten interessantes Kapitel über Hinweise auf Feststellungen bei Unglücksfällen und eine Übersicht über den Kraftfahrzeugbestand schließen die interessante Schrift, die — wenn sie sich auch ihrem Zweck entsprechend von juristischen Erörterungen fernhält — doch auch dem Juristen eine Fülle rechtstatsächlichen Materials, das gerade auf diesem Gebiete besonders wichtig ist, bietet."
Juristische Wochenschrift.

Holzapfel, W., **Die Siedlungsgesetzgebung** im Reich und in Preußen. 347 Seiten. 1920. (Guttentagsche Sammlung Deutscher Reichsgesetze Bd. 140.) . . . . Geb. RM. 3.—
„Die zur Ausführung jener Gesetze bestimmten Behörden und auch die literarische Forschung wird dem Verfasser für seine mühevolle Arbeit Anerkennung zollen." Archiv für öffentliches Recht.

Behrend, Ernst, und **Stranz-Hurwitz,** Helene, **Sammlung von Wohlfahrtsgesetzen** des Deutschen Reichs und Preußens nebst den allgemeinen Wohlfahrtsgesetzen von Sachsen, Thüringen, Hamburg, Mecklenburg-Schwerin und -Strelitz, Oldenburg, Lippe und Lübeck.
Teil I: Taschenformat. 560 Seiten. 1923 . . . . . Geb. RM. 5.—
Teil II: Nebst Ausführungsgesetzen sämtlicher Länder zum Reichsjugendwohlfahrtsgesetz. Taschenformat. XVI, 551 Seiten. 1925. (Guttentagsche Sammlung Deutscher Reichsgesetze Bd. 152 und 152a.)
Geb. RM. 9.—
Teil I und II zus. RM. 12.—
„Die kurzen, alles Wesentliche zusammenfassenden Einleitungen zu den einzelnen Gesetzen sind mit außerordentlicher Sachkunde und Klarheit geschrieben; sie genügen zusammen mit den Literaturangaben völlig für den Praktiker, um die Gesetzestexte richtig handhaben zu können. Das Werk ist für alle in der Wohlfahrtspflege Arbeitenden unentbehrlich und sehr praktisch."
Nachrichtendienst des Deutschen Vereins für öffentliche Fürsorge.

Wegner, Arthur, **Jugendrecht.** Ein Lehrbuch zur Einführung. Oktav. IX, 219 Seiten. 1929 . . . . RM. 6.—, geb. RM. 7.50
„Ein gleichartiges und gleichwertiges Werk über das Jugendrecht gibt es noch nicht." Breslauer Zeitung.

Drewes, Paul, und **Sandré,** Emil, **Das Reichsgesetz für Jugendwohlfahrt** vom 9. Juli 1922 und **Jugendgerichtsgesetz** vom 16. Februar 1923 nebst Nebengesetzen. Zweite Auflage. Taschenformat. XVI, 496 Seiten. 1928. (Guttentagsche Sammlung Deutscher Reichsgesetze Bd. 154.)
Geb. RM. 11.—
„Eine sehr handliche Gesetzesausgabe. Sie bietet in ausführlichen geschichtlichen und rechtlichen Vorbemerkungen und Einleitungen wertvolles Material zur Einführung in den Willen und Geist beider Gesetze und gibt in knappen, aber ausreichenden Erläuterungsbemer-

kungen zu den einzelnen Bestimmungen dem Praktiker die erforderlichen Unterlagen zur richtigen Anwendung. Das Werk dürfte sich in der Praxis beliebt machen." Blätter für öffentliche Fürsorge

Sandré, Emil **Verordnung über die Fürsorgepflicht.** Vom 14. Februar 1924. Mit Einschluß der für die Durchführung dieser Verordnung in Frage kommenden reichs- und landesgesetzlichen Bestimmungen. Taschenformat. 342 Seiten. 1925. (Guttentagsche Sammlung Deutscher Reichsgesetze Bd. 160.) . . . . Geb. RM. 6.—

„Die Zusammenstellung der bis in die jüngste Zeit ergangenen gesetzlichen Bestimmungen, die in Beziehung zur Fürsorgepflichtverordnung stehen, gibt der Sandréschen Arbeit ihre besondere Bedeutung. Die Anmerkungen sind zahlreich und zeichnen sich durch einen feinen, klaren Stil aus. Das Buch ist übersichlich geordnet und leicht zu handhaben." Schleswig-Holsteinsche Wohlfahrtsblätter.

Szczesny, Viktor, **Das Lichtspielgesetz** vom 12. Mai 1920 mit der Ausführungsverordnung Einleitung, Gebührenordnung und Sachregister. Taschenformat. 106 Seiten. 1920. (Guttentagsche Sammlung Deutscher Reichsgesetze Bd. 147.) . . . . Geb. RM. 1.50

„Das neue Lichtspielgesetz hat hier eine ausführliche Kommentierung gefunden. Das Buch kann bei der gründlichen Behandlung des Stoffes als ein geeignetes Hilfsmittel für die Praxis bezeichnet werden." Preußische Gemeinde-Zeitung.

Wündisch, Ernst, **Das Gesetz über Schußwaffen und Munition** vom 12. April 1928 (RGBl. I S. 143) nebst der Ausführungsverordnung der Reichsregierung vom 13. Juli 1928 (RGBl. I S. 198) und dem Preußischen Erlaß zur Durchführung des Gesetzes vom 7. September 1928 (MBliV. S. 925). Taschenformat. 139 Seiten. 1928. (Guttentagsche Sammlung Deutscher Reichsgesetze Bd. 173.) . . . . Geb. RM. 5.—

Durch das neue Gesetz über Schußwaffen und Munition vom 12. April 1928 sind auf diesem für die Öffentlichkeit so wichtigen Gebiet neue Rechtsverhältnisse geschaffen worden, für die die Praxis exakte Erläuterungen wünscht. Eine solche Erläuterung stellt das vorliegende Buch dar, das, von einem auf diesem Gebiet besonders erfahrenen Sachkenner bearbeitet, eine absolut zuverlässige Darstellung der neuen Bestimmungen enthält. Außer dem Gesetzestext sind die für die Praxis wichtigen Ausführungsbestimmungen des Reiches und Preußens abgedruckt. Auf Übersichtlichkeit, Leichtverständlichkeit und Vollständigkeit der Erläuterungen, die die Hauptvorzüge der Guttentagschen Sammlung sind, wurde auch bei diesem Gesetze Wert gelegt.

Fraustädter, W., und **Kreutzberger,** M., **Das deutsche Ausländerrecht.** Die Bestimmungen des Reichsrechts und preußischen Landesrechts. Textausgabe mit Erläuterungen und Sachregister. Taschenformat. 396 Seiten. 1927. (Guttentagsche Sammlung Deutscher Reichsgesetze Bd. 166.) Geb. RM. 9.—

„Eine höchst begrüßenswerte Veranstaltung, aus dem Bedürfnis der Praxis hervorgegangen und mit vollendetem Sachverständnis unternommen. Sowohl die Vollständigkeit der mannigfach verstreuten gesetzlichen Bestimmungen als deren Anordnung, Registrierung und Erläuterung durch Ausführungsbestimmungen, Gerichtsentscheidungen, Verwaltungspraxis ist vortrefflich." Niemeyers Zeitschrift für internationales Recht.

Voß, Werner, **Die reichs- und landesrechtlichen Bestimmungen auf dem Gebiete des Gesundheitswesens.** Zusammengestellt und mit Anmerkungen versehen. Taschenformat. 608 Seiten. 1929. (Guttentagsche Sammlung Deutscher Reichsgesetze Bd. 172.) . . . . . . Geb. RM. 11.—

„Der Band enthält eine Sammlung der Gesetze, Verordnungen und Bestimmungen auf dem Gebiete des Gesundheitswesens, wie sie in dieser Vollständigkeit sonst nicht besteht. Dadurch erst ist ein zu-

verlässiger und rascher Überblick über die einschlägigen weit verstreuten Bestimmungen gewährleistet."
Württ. Zeitschr. f. Rechtspflege.

Hippel, W. von, Reichsviehseuchengesetz vom 26. Juni 1909 nebst Ausführungsvorschriften und dem preußischen Ausführungsgesetz. Zweite Auflage. Taschenformat. 486 Seiten. 1913. (Guttentagsche Sammlung Deutscher Reichsgesetze Bd. 103.) . . . . Geb. RM. 4.—

Boxberger, L. von, Vogelschutzgesetz vom 30. Mai 1908 nebst den das Flugwild betreffenden Bestimmungen der Preußischen Jagdordnung. Taschenformat. 57 Seiten. 1909. (Guttentagsche Sammlung Deutscher Reichsgesetze Bd. 89.) . . . . Geb. RM. 1.—

Landesrecht

Bitter, von, Handwörterbuch der Preußischen Verwaltung. Dritte, vollständig umgearbeitete Auflage. Unter Mitwirkung zahlreicher hoher Reichs- und preußischer Staatsbeamten herausgegeben von Dr. Bill Drews, Staatsminister a. D., Präsident des Pr. Oberverwaltungsgerichts, und Dr. Franz Hoffmann, Wirklicher Geheimer Oberregierungsrat, Berlin. Lexikon-Oktav. 1928.
RM. 120.—, in Halbleder geb. RM. 132.—
Erster Band, 1. Halbband: Abbaugerechtigkeiten—Fleisch- und Viehagenten. 552 Seiten.
2. Halbband: Fleischvergiftung—Kyffhäuserbund. Seite 553 bis 1134 und IX Seiten.
Zweiter Band: Lackfabriken—Zwischenkredit. VII, 1220 Seiten.
(Im Verlage der Firmen: Walter de Gruyter & Co., Berlin; Carl Heymanns Verlag, Berlin; Roßberg'sche Verlagsbuchhandlung, Leipzig.)
Das zentrale Werk der Praxis des Verwaltungsrechts.

Reichelt, H., Verwaltungsgesetzbuch für Preußen. Systematische Zusammenstellung der wichtigsten Verwaltungsgesetze und Verordnungen für Praxis und Unterrichtszwecke. Lexikon-Oktav. VII, 1302 Seiten. 1914 . . . . Geb. RM. 7.60

„Das Buch ist sehr wertvoll, dem Praktiker unentbehrlich und leistet demjenigen, der sich auf eine Prüfung vorbereitet, vorzügliche Dienste. Allen Verwaltungsbehörden wird das Buch warm empfohlen."
Preußische Verwaltungs- und Finanz-Zeitung.

Friedrichs, K., Die Gesetzgebung über die allgemeine Landesverwaltung und Zuständigkeit der Verwaltungs- und Verwaltungsgerichtsbehörden. Dritte, durchgesehene Auflage. Taschenformat. XXIII, 295 Seiten. 1927. (Guttentagsche Sammlung Preußischer Gesetze Bd. 42.)
Geb. RM. 5.—

„Der Wert dieser Arbeit liegt darin, daß er eine erschöpfende und klare Übersicht über das tatsächlich geltende Verwaltungsrecht bringt. Das Werk ist ein vorzügliches und nie versagendes Hilfsmittel."
Gesetz und Recht.

Fischbach, O. G., Das Reichsbeamtengesetz vom 31. März 1873 in der Fassung der Bekanntmachung vom 18. Mai 1907 mit allen Abänderungen und Ergänzungen. Taschenformat. 311 Seiten. 1930. (Guttentagsche Sammlung Deutscher Reichsgesetze, Bd. 82.) Geb. RM. 6.—

Die vorliegende Erläuterung des Beamtengesetzes durch den bekannten Staatsrechtlehrer kommt einem besonderen Bedürfnis der Praxis entgegen, die s. Zt. eine den neuesten Fortschritten der Wissenschaft und Rechtsprechung entsprechende Handausgabe sehr entbehrt. Bemerkenswert ist, daß auch verwandte Gesetze und Verordnungen der einheitlichen Erläuterung unterzogen wurden, so daß dieses Buch für die Praxis ein der Sache wie der Erläuterungsart wichtiges Hilfsmittel darstellt.

Pfafferoth, Carl, **Preußische Beamtengesetzgebung.** Fünfte Auflage. XIV, 280 Seiten. 1916. (Guttentagsche Sammlung Preußischer Gesetze Bd. 2.) . . . . Geb. RM. 2.40

Dultzig, Eugen von, **Das preußische Disziplinargesetz für die nichtrichterlichen Beamten.** Taschenformat. XIV, 364 Seiten. 1914. (Guttentagsche Sammlung Preußischer Gesetze Bd. 51.) . . . . Geb. RM. 4.20

„Der Verfasser kennt das Disziplinarrecht aus eigener Tätigkeit und aus langer Erfahrung. Diese hat er zu einem praktischen Nachschlagebuch für alle praktischen Fragen des Disziplinarrechts ausgestaltet. Bei tunlichster Kürze sind doch recht erschöpfende, klare und anschauliche Erläuterungen entstanden, die das Verständnis und die Anwendung des Disziplinarrechts in zweckmäßiger Weise erleichtern. Das Büchlein verdient volle Beachtung."
Zeitschrift für Polizei- und Verwaltungsbeamte.

Hagemann, Rudolf, **Hinterlegungsordnung** vom 21. April 1913. Taschenformat. 175 Seiten. 1914. (Guttentagsche Sammlung Preußischer Gesetze Bd. 53.) . . . . Geb. RM. 2.20

„Das in der vorteilhaft bekannten Guttentagschen Sammlung erschienene Buch darf als ein Hilfsmittel zu dem nicht immer ganz einfachen Verständnis der neuen Hinterlegungsvorschriften bestens empfohlen werden; es ist klar, übersichtlich und ausführlich."
Zentralblatt für freiwillige Gerichtsbarkeit.

Aschrott, P. F., **Gesetz über die Fürsorgeerziehung Minderjähriger.** Vom 2. Juli 1900. Nebst Ausführungsanweisungen. Dritte Auflage. Taschenformat. 374 Seiten. 1917. (Guttentagsche Sammlung Preußischer Gesetze Bd. 28.) . . . . Geb. RM. 2.80

„Das Buch gewährt nicht nur einen klaren Einblick in die gegenwärtige Gestaltung der Fürsorgeerziehung in Preußen, sondern es gibt auch über die Zweifelsfragen, welche bei der Auslegung des technisch ziemlich unvollkommenen Fürsorgeerziehungsgesetzes in besonders reicher Fülle auftauchen, durchweg eine erschöpfende und zutreffende Auskunft." *Das Recht.*

Marcks, A., **Gesetz, betr. die Unterhaltung der öffentlichen Volksschulen.** Taschenformat. 194 Seiten. 1906. (Guttentagsche Sammlung Preußischer Gesetze Bd. 39.) . . . . Geb. RM. 1.80

„Das handliche Büchlein wird, von sachkundiger Seite herrührend und praktisch angelegt, Verwaltungsbeamten, Schulvorständen, Lehrern beim Gebrauch gute Dienste leisten."
Schulblatt der Provinz Brandenburg.

Ledermann, W., und **Brühl,** L., **Die Städteordnung für die sechs östlichen Provinzen Preußens.** Zweite Auflage. Taschenformat. 593 Seiten. 1913. (Guttentagsche Sammlung Preußischer Gesetze Bd. 32.) Geb. RM. 6.—

„Der Kommentar, eine hervorragende Arbeit, ist von der Kritik und der Praxis so einmütig günstig aufgenommen worden, daß er auch in seiner zweiten durch Gesetzgebung, Literatur und Rechtsprechung der letzten zehn Jahre bereicherten Ausgabe keiner weiteren Empfehlung bedarf." *Kommunale Praxis.*

Wölbling, P., **Bildung der neuen Stadtgemeinde Berlin.** Zweite Auflage. Taschenformat. 114 Seiten. 1920. (Guttentagsche Sammlung Preußischer Gesetze Bd. 59.) . . . . Geb. RM. 1.40

„Die Ebenmäßigkeit mit den Kommentaren anderer Gesetze der Guttentagschen Sammlung erringt der Verfasser durch seine strenge Sach-

lichkeit. Damit muß seinem Werk die Beachtung bei der Durchführung des Gesetzes und bleibender Wert gesichert erscheinen."
Soziale Praxis.

Lohmann, W., **Gesetz, betr. die Feuerbestattung.** Taschenformat. 79 Seiten. 1912. (Guttentagsche Sammlung Preußischer Gesetze Bd. 47.) Geb. RM. 1.50

„Der Verfasser, der als Mitglied der Kommission des Abgeordnetenhauses an dem Zustandekommen des Gesetzes hervorragend beteiligt war, konnte als zuständiger Bearbeiter des Gesetzes in erster Linie gelten. Der kleine Kommentar ist besonderer Aufmerksamkeit sicher."
Jahrbuch des Verwaltungsrechts.

Caro, H., **Gesetz, betr. Austritt aus der Landeskirche,** vom 14. Mai 1873. Taschenformat. 190 Seiten. 1911. (Guttentagsche Sammlung Preußischer Gesetze Bd. 46.) . . . . Geb. RM. 2.40

„Ein sehr praktisches Buch, das in den Anmerkungen zum Wortlaut des Gesetzes eine reiche Fülle von Material bietet für alle möglichen Fragen, die mit Aus- und Übertritt zusammenhängen. Das genau gearbeitete Inhaltsverzeichnis ermöglicht bei gelegentlicher Benutzung ein leichtes Auffinden des Nötigen."
Deutsch-Protestantische Bücherschau.

Meyer, O., **Gesetz, betr. die Anlegung und Veränderung von Straßen und Plätzen in Städten und ländlichen Ortschaften.** Taschenformat. 211 Seiten. 1913. (Guttentagsche Sammlung Preußischer Gesetze Bd. 50.) RM. 3.—

Strauß-Torney, Hugo von und **Saß,** Carl, früher **Friedrichs,** R., **Gesetz, betr. Anlegung und Veränderung von Straßen und Plätzen** in Städten und ländlichen Ortschaften. (Straßen- und Baufluchtengesetz.) Kommentar. Sechste Auflage. Groß-Oktav. 211 Seiten. 1920. RM. 8.—, geb. RM. 9.50

„Das Werk zeigt eine Reichhaltigkeit und Vollständigkeit, die sonst wenigen Kommentaren eigen ist, und übertrifft hierin noch weit die früheren Auflagen. Besonders erwähnenswert ist die geschickte Anordnung der Erläuterungen und das praktische Inhaltsverzeichnis."
Wochenschrift des Architektenvereins zu Berlin.

Heinz, H. **Die preußischen Baupolizeigesetze** nebst den sonstigen einschlägigen Reichs- und Landesgesetzen. Taschenformat. 404 Seiten. 1928. (Guttentagsche Sammlung Preußischer Gesetze Bd. 64.) Geb. RM. 8.—

Diesem Band ist die Aufgabe gestellt, die in erster Linie in Betracht kommenden Gesetze und sonstigen Vorschriften und die im Zusammenhang hiermit entstehenden Rechtsfragen in übersichtlicher Weise zusammenzufassen und zu erörtern. Die Rechtsprechung des Oberverwaltungsgerichts und anderer Gerichte ist hierbei berücksichtigt worden.

Goldschmidt, O., **Gesetze gegen die Verunstaltung landschaftlich hervorragender Gegenden mit Ausführungsanweisungen.** Taschenformat. 152 Seiten. 1912. (Guttentagsche Sammlung Preußischer Gesetze Bd. 49.) Geb. RM. 2.40

„Der Kommentar bietet eine sachgemäße, sorgfältige und erschöpfende Erläuterung der einzelnen gesetzlichen Bestimmungen. Er wird als ein durch Vollständigkeit und Zuverlässigkeit ausgezeichnetes Hilfsmittel jedem Freunde des Heimatschutzes ein willkommener Ratgeber sein." *Jahrbuch des Verwaltungsrechts.*

Wulff, O., und **Herold,** F., **Wassergesetz** vom 7. April 1913. Mit Einleitung, Erläuterungen und Sachregister. Zweite, umgearbeite Auflage von G. Wulff. Taschenformat. XVI, 665 Seiten. 1928. (Guttentagsche Sammlung Preußischer Gesetze Bd. 52.) . . Geb. RM. 12.—

„Gründlichkeit und trefflichere Kürze bilden einen besonderen Vorzug des Werkes.“ Ministerialblatt f. d. preuß. innere Verwaltung.

Holtgreven, A., und **Wolff, Th.**, **Das Wildschadengesetz** vom 11. Juli 1891. Kommentar. Vierte, vermehrte und verbesserte Auflage. Oktav. VIII, 216 Seiten. 1902 . . . . RM. 4.—

„Dieses Werkchen will einerseits die juristisch zweifelhaften Punkte des Wildschadengesetzes wissenschaftlich erörtern und klarstellen und andererseits allen denjenigen, welche bei der Handhabung dieses Gesetzes in irgendeiner Weise, sei es als Private, Beamte, Grundbesitzer oder als Jagdberechtigte, beteiligt sind, ein praktischer Berater sein.“ Allgemeine Forst- und Jagdzeitung.

Born, A., **Das preußische Fischereigesetz** vom 11. Mai 1916 in der geltenden Fassung. Taschenformat. 428 Seiten. 1928. (Guttentagsche Sammlung Preußischer Gesetze Nr. 62.) . . . . Geb. RM. 7.50

Die Ausgabe bietet eine bis jetzt fehlende neue Darstellung des Fischereigesetzes, in der vor allem die neue Rechtsprechung eingehend verwertet ist. Außer dem Fischereigesetz, das eine ausführliche Erläuterung gefunden hat, sind die wichtigen Ausführungsverordnungen und im Anhang die einschlägigen Bestimmungen anderer für die Anwendung des Fischereigesetzes in Frage kommenden Gesetze berücksichtigt.

Born, A., **Die preußischen Jagdgesetze** in ihrer geltenden Fassung. Mit Erläuterungen versehen. Taschenformat. 433 Seiten. 1928. (Guttentagsche Sammlung Preußischer Gesetze Nr. 63.) . . . Geb. RM. 8.—

„Das Buch kann zur Belehrung und Handgebrauch den Gerichten, Landratsämtern, Gemeinden und Forstbehörden sowie allen jagdlich interessierten Personen warm empfohlen werden.“ Leipziger Ztsch. f. dtsch. Recht.

Kunze, F., **Das Jagdscheingesetz.** Zweite Auflage. Taschenformat. 157 Seiten. 1899. (Guttentagsche Sammlung Preußischer Gesetze Bd. 19.) . . . . Geb. RM. 2.—

„Die eingehenden Anmerkungen und die im Titel hervorgehobenen Beigaben machen den kleinen Kommentar zu einem vortrefflichen, in der Praxis schwer entbehrlichen Hilfsmittel zur Auslegung des Gesetzes.“ Zeitschrift für die gesamte Strafrechtswissenschaft.

Holzapfel, W., **Umlegungsordnung.** Taschenformat. 144 Seiten. 1921. (Guttentagsche Sammlung Preußischer Gesetze Bd. 60.) . . RM. 1.80

„Holzapfel, der hervorragende Kenner der Auseinandersetzungsgesetze, erläutert die Vorschriften der Umlegungsordnung in seiner scharfsinnigen Art in durchaus erschöpfender Weise und gibt in diesen Erläuterungen ein außerordentlich anschauliches Bild von der Umlegung der Grundstücke. Das Buch ist auch für Laien leicht und gut verständlich und kann jedem, der für die Umlegung Interesse hat, zur Benutzung angelegentlich empfohlen werden.“ Preußisches Verwaltungsblatt.

Holzapfel W., **Gesetz über Landeskulturbehörden.** Taschenformat. 176 Seiten. 1919. (Guttentagsche Sammlung Preußischer Gesetze Bd. 57.) Geb. RM. 2.—

„Der Titel gibt den Inhalt des Werkchens vollständig an, hinzuzufügen ist aber, daß die Erläuterung, die umfangreich und eingehend ist und der praktischen Handhabung des Gesetzes Schritt für Schritt folgt, aus der Feder eines Mannes herrührt, der durch seine sachliche Qualifikation als gründlicher Kenner der Materie für eine zuverlässige

Führung die größte Gewähr bietet. Dankenswert ist die Gründlichkeit der im bescheidenen Rahmen geleisteten Arbeit.“
Verwaltungs-Archiv.

Kollenscher, M., **Rechtsverhältnisse der Juden in Preußen.** Taschenformat. VIII, 199 Seiten. 1910. (Guttentagsche Sammlung Preußischer Gesetze Bd. 45.) . . . . RM. 2,40

„Eine zusammenfassende, erschöpfende Darstellung der in den verschiedensten Quellen zerstreuten zahlreichen Judengesetze und Verordnungen. Jede Synagogengemeinde und jeder, der sich mit jüdischen Angelegenheiten beschäftigt, müßte dieses Buch besitzen.“
Jüdische Rundschau.

3. Steuerrecht

Nieberl, A., **Reichsabgabenordnung** vom 13. Dezember 1919 nebst Einführungsverordnung vom 18. Dezember 1919 und Übergangsverordnung vom 11. Oktober 1921. Textausgabe mit Anmerkungen und ausführlichem Sachregister. Zweite, neubearbeitete Auflage. Taschenformat. 1927. (Guttentagsche Sammlung Deutscher Reichsgesetze Bd. 143.) . . . . Geb. RM. 12.—

„Die Darstellung ist leicht verständlich und klar. Das Sachregister ist gründlich bearbeitet. Jedenfalls wird das Buch, das einen mit der praktischen Handhabung der RAbgO. vertrauten Verfasser erkennen läßt, nicht nur den Steuerbeamten, sondern auch dem rechtsuchenden Publikum und seinen Beratern ein willkommener guter Führer auf diesem Gebiet sein.“ Juristische Wochenschrift.

Michaelis, Richard, **Die Dritte Steuernotverordnung** vom 14. Februar 1924. Mit besonders ausführlicher Berücksichtigung der Vorschriften über die Aufwertung und die öffentlichen Anleihen. Taschenformat. VIII, 388 Seiten. 1924. (Guttentagsche Sammlung Deutscher Reichsgesetze Bd. 157.) . . . . Geb. RM. 7.—

„Ganz besonders zu rühmen ist der Kommentar von Michaelis, der dank seiner eingehenden und gründlichen Bearbeitungsweise erheblichen Einfluß auf die Praxis gewonnen hat.“ Juristische Wochenschrift.

Hollaender, Adolf, **Einkommensteuergesetz und Körperschaftsteuergesetz** nebst den zugehörigen Aus- und Durchführungsbestimmungen, Verordnungen und Erlassen. Taschenformat. XXXIX, 697 Seiten. 1926. Mit Nachtrag. 1928. (Guttentagsche Sammlung Deutscher Reichsgesetze Bd. 151.) . . . . Geb. RM. 24.—

„Das auf die Bedürfnisse der Praxis abgestellte und ihnen gerecht werdende Buch wird jedem gute Dienste leisten, der sich handelnd oder leitend auf dem äußerst unsicheren, ohne Hilfsmittel überhaupt nicht begehbaren Boden der heutigen Einkommensteuer zurechtfinden muß.“ Juristische Rundschau.

Pick, Reichsbewertungsgesetz. Textausgabe mit Anmerkungen. In Bearbeitung.

Wrzeszinski, Richard, und **Simon,** H. Veit, **Vermögenssteuergesetz und Reichsbewertungsgesetz.** Kommentar . . . . . . In Bearbeitung.

Schachian, Herbert, **Erbschaftsteuergesetz,** Fassung vom 22. August 1925, mit Anmerkungen. Vierte Auflage. Oktav. 65 Seiten. 1926. RM. 2.50

„Eine vollständige Darstellung des Erbschaftssteuerrechts und der zugrunde liegenden bürgerlich-rechtlichen Vorschriften des Erbrechts. Als wissenschaftliche und praktische Leistung steht der klar und scharf geschriebene Kommentar in vorderster Reihe unter seinen Rivalen; er ist als Wegweiser besonders zu empfehlen.“
Juristische Wochenschrift.

Hoffmann, U., **Die preußischen Erbschaftsteuergesetze.** Taschenformat. 561 Seiten. 1905. (Guttentagsche Sammlung Preußischer Gesetze Bd. 20.) . . . . RM. 3.—

Lindemann, Otto, **Umsatzsteuergesetz** (neueste Fassung) mit Ausführungsbestimmungen. Vierte, vermehrte und verbesserte Auflage. Taschenformat. 518 Seiten. 1926. (Guttentagsche Sammlung Deutscher Reichsgesetze Bd. 132.) . . . . Geb. RM. 10.—

„Es handelt sich um einen ausführlichen, gediegenen und klar abgefaßten Kommentar, der den weiteren Vorzug besitzt, auf dem laufenden zu sein. Das Werk kann allen Interessenten nur warm empfohlen werden.“ Industrie- und Handelszeitung.

Meyer, E. H., **Gesetzgebung über Steuer- und Kapitalflucht.** Zweite Auflage. Taschenformat. 129 Seiten. 1921. (Guttentagsche Sammlung Deutscher Reichsgesetze Bd. 145.) . . . . Geb. RM. 1.60

„Das Büchlein enthält den Text der einschlagenden vier Gesetze samt den vier Verordnungen gegen die Kapitalabwanderung bzw. Kapitalflucht, eine kurze Übersicht über den Inhalt der Gesetze und sehr knapp gehaltene Anmerkungen. Sein Wert liegt in der handlichen Zusammenfassung der einschlagenden Vorschriften.“

Juristische Wochenschrift.

Lindemann, Otto, **Grunderwerbsteuergesetz** (neueste Fassung) mit den Ausführungsbestimmungen. Zweite, völlig umgearbeitete Auflage. Taschenformat. 186 Seiten. 1926. Mit Nachtrag 1927. (Guttentagsche Sammlung Deutscher Reichsgesetze Bd. 139.) . . . . Geb. RM. 4.—

„Das Buch wird manchem in den mannigfachen Streitfragen des in der Praxis sehr einschneidenden Gesetzes ein willkommener Ratgeber sein. Die Erläuterungen zeichnen sich durch Klarheit und Gemeinverständlichkeit im besten Sinne aus.“ Württembergische Industrie.

Hagelberg, E., und **Krämer**, L., **Grunderwerbsteuergesetz** vom 12. September 1919 (RGBl. S. 1617) in der Fassung des Gesetzes vom 11. März 1927 (RGBl. I S. 72) nebst Einleitung, Sachregister und Ausführungsbestimmungen und der einschlägigen Vorschriften des Finanzausgleichs-Steuermilderungsgesetzes und Steuerstrafrechts. Für die Praxis erläutert. Zweite, völlig umgearbeitete und erweiterte Auflage. 1928. Groß-Oktav. 355 Seiten . . . . Geb. RM. 15.—

„Die verhältnismäßige Kürze ihrer Erläuterungen bei großer Vollständigkeit ist zu rühmen. Das Buch ist nicht nur für den Juristen, sondern auch für den gebildeten Laien, namentlich Grundstücksmakler und Hausbesitzer, von großem, praktischen Wert.“

Zeitschrift d. Deutsch. Notarvereins.

Hagelberg, E., und **Krämer**, L., **Wertzuwachssteuerrecht.** Kommentar. Groß-Oktav. 256 Seiten. 1929 . . . . . RM. 12.—, geb. RM. 13.50

Die Verfasser kommentieren die neue Wertzuwachssteuerordnung für Berlin und die preußische Mustersteuerordnung. Ihr Buch ist ein Leitfaden für die Steuerpflichtigen und ihre Rechtsberater und die mit der Wertzuwachssteuer befaßten Behörden. Es stellt die rechtliche und wirtschaftliche Bedeutung der Bestimmungen klar: Die Rechtsprechung des Preußischen Oberverwaltungsgerichts wurde erschöpfend berücksichtigt. Auch Spezialfragen wie die Aufwertung und das Schwarzkaufwesen wurden behandelt.

Hoepker, Heinrich, **Die Industriebelastungsgesetze** vom 30. August 1924 nebst den Durchführungsbestimmungen zum Gesetz über die Industriebelastung. Taschenformat. XV, 200 Seiten. 1925. Mit Nachträgen. (Guttentagsche Sammlung Deutscher Reichsgesetze Bd. 159.)

Geb. RM. 4.—

„Die Anmerkungen sind erschöpfend und führen den Leser mit Geschick in die schwierige und neue Materie ein. Rechtsanwälte sowie

Kaufleute, für welche die Industriebelastung in Frage kommt, werden das mit einem guten Sachregister ausgestattete Werk mit gleichem Nutzen gebrauchen!" Industrie- und Handels-Zeitung.

von Lympius, W., von Elbe, K., **Das Kommunalabgabengesetz und das Kreis- und Provinzialabgabengesetz.** Dargestellt in der Rechtsprechung des Oberverwaltungsgerichts. Groß-Oktav. X, 440 Seiten. 1930. RM. 22.50, geb. 24.—

Mit diesem Buch ist eine ganz auf die Praxis zugeschnittene Erläuterung der preußischen Kommunal-, Kreis- und Provinzialabgabengesetze geschaffen. Bei der großen Bedeutung, die bei der Anwendung dieser Gesetze die Rechtsprechung der Verwaltungsgerichte hat, ist für die praktische Arbeit der vielfachen Verwaltungsstellen eine besondere Darstellung dieser wichtigen Rechtsgebiete nach dem letzten Stand der Rechtsprechung bereits seit langem notwendig. Die Verfasser haben die Erläuterung der einzelnen Paragraphen lediglich auf die Entscheidungen (auch die nichtveröffentlichten) des Oberverwaltungsgerichts gestützt und sie besonders ausführlich und übersichtlich gehalten.

Eiffler, Kurt, **Staatliche Verwaltungsgebühren.** Gesetz über staatliche Verwaltungsgebühren vom 29. September 1923 nebst Gebührenordnungen und Ausführungsbestimmungen. Taschenformat. 192 Seiten. Mit Nachtrag. 1925. (Guttentagsche Sammlung Preußischer Gesetze Bd. 61.) Geb. RM. 6.—

„Das Buch ist für alle preußischen staatlichen und kommunalen Behörden unentbehrlich." Deutsches Beamtenarchiv.

Loeck, P., und **Eiffler,** K., **Preußisches Stempelsteuergesetz** mit den gesamten Ausführungsbestimmungen. Unter besonderer Berücksichtigung der Entscheidungen der Verwaltungsbehörden und der Gerichte herausgegeben. Zehnte, neubearbeitete Auflage. Taschenformat. 476 Seiten. 1928. (Guttentagsche Sammlung Preußischer Gesetze Bd. 18.) Geb. RM. 13.—

„Die zahlreichen Auflagen zeugen für die Güte und praktische Brauchbarkeit des Buches, das durch den von Eiffler hinzugefügten Anhang auf den gegenwärtigen Rechtsstand gebracht ist." Finanz-Ministerialblatt.

Lebbin, Georg, **Nahrungsmittelgesetze** mit Erläuterungen. Zweite, stark vermehrte Auflage in zwei Bänden.
Zweiter Band: **Getränkegesetze und Getränkesteuergesetze** (Wein, Bier, Branntwein, Mineralwasser). Unter Mitarbeit von Rechtsanwalt Dr. Kniebe. Taschenformat. XII, 400 Seiten. 1926. (Guttentagsche Sammlung Deutscher Reichsgesetze Bd. 54b.) . . . . Geb. RM. 10.—

„Die wichtigsten Gesetze sind eingehend kommentiert und so vollständig ergänzt, daß die Sammlung als unentbehrliches Hilfsmittel, wie es in dieser Art bislang noch fehlte, für den Sachbearbeiter bei Behörden und Verbänden sowohl als auch für den Kaufmann der Branche zu begrüßen ist." Württembergische Wirtschafts-Zeitschrift.

Wündisch, Friedrich, **Das Tabaksteuergesetz** vom 12. September 1919 nebst den Ausführungsbestimmungen vom 26. Februar 1920. Taschenformat. 286 Seiten. 1920. Mit Nachtrag 1925. (Guttentagsche Sammlung Deutscher Reichsgesetze Bd. 146.) . . . . Geb. RM. 4.—

„Endlich ein Kommentar zum Tabaksteuergesetz! Die Ausgabe kommt den Wünschen der Praxis nach einer erschöpfenden Darstellung des neuen Gesetzes in umfassender Weise entgegen. Das Buch bildet eine ausgezeichnete Informationsquelle für alle Fragen, die in der Praxis vorkommen." Deutsche Tabak-Zeitung.

VII. Entscheidungs-Sammlungen und Zeitschriften.

Entscheidungen des Reichsarbeitsgerichts. Herausgegeben von den Mitgliedern des Reichsarbeitsgerichts. Oktav.
Band I. 1928. Band II. 1928/29. Band III. 1929. Band IV. 1929/30. Band V u. VI. 1930 . . . . Je RM. 6.50, geb. RM. 8.—

Entscheidungen des Reichsgerichts. Herausgegeben von den Mitgliedern des Gerichtshofes u. d. Reichsanwaltschaft. Oktav. (2 Sammlungen.)

1. **Entscheidungen in Zivilsachen.** (Werden in Heften im Umfange von etwa 5 bis 6 Bogen sowie in vollständigen Bänden, geheftet und gebunden, ausgegeben. Jährlich 4 Bände.) 1.—129. Band.
Je RM. 6.50, geb. RM. 8.—

2. **Entscheidungen in Strafsachen.** (Werden in Heften im Umfange von 5 bis 6 Bogen sowie in vollständigen Bänden, geheftet und gebunden, ausgegeben. Jährlich 1 Band.) 1.—64. Band. Je RM. 6.50, geb. RM. 8.—

Schiedsgericht für Oberschlesien. Trybunal Rozjemczy dla Górnego Slaska. Amtliche Sammlung von Entscheidungen des Schiedsgerichts für Oberschlesien, veröffentlicht gemäß der Bestimmung des Art. 592 des Genfer Abkommens vom 15. Mai 1922. Zbiór urzedowy orzeczeń Trybunalu Rozjemczego dla Górnego Śląska ogloszony wedle postanowienia art. 592 Konwencji Genewskiej z dnia 15 maja 1922r. Oktav. Band I. Tom. I. Nr. 1/2. 129 Seiten. 1929.
Pro Band RM. 12.—

Diese amtliche Sammlung veröffentlicht Entscheidungen des Schiedsgerichts für Oberschlesien, soweit sie von grundsätzlicher Bedeutung sind, in deutscher und polnischer Sprache. Die veröffentlichten Entscheidungen sind insofern für alle Gerichte und Verwaltungsbehörden von besonderer Bedeutung, als sie für sie bindend sind und jede Abweichung dem Schiedsgericht zur Entscheidung vorzulegen ist.

Zeitschrift für die gesamte Strafrechtswissenschaft. Gegründet von Fr. von **Liszt** und **A. Dochow.** Unter ständiger Mitarbeiterschaft hervorragender Fachmänner herausgegeben von Prof. Dr. K. **von Lilienthal,** Prof. Dr. Ed. **Kohlrausch** und Prof. Dr. W. **Gleispach.** Der Jahrgang besteht aus 8—9 Heften. Quart.
Bd. 1—43. 1881—1922. Je RM. 15.—. Bd. 44. 1922. RM. 25.—.
Bd. 45. 1924. RM. 21.—. Bd. 46—49. 1925—1929. Je RM. 30.—. Bd. 50. 1929/30. RM. 36.—.

Juristische Rundschau. Herausgegeben von Otto **Lindemann,** Ministerialdirektor, Geh. Oberjustizrat, Berlin, Dr. Friedrich **Flad,** Senatspräsident beim Reichsgericht, Leipzig, Fritz **Hartung,** Ministerialrat im preußischen Justizministerium, Berlin, und

Höchstrichterliche Rechtsprechung. Herausgegeben von Eugen **Friedrichs,** Oberlandesgerichtsrat, Naumburg a. d. S., Dr. Albert **Feisenberger,** Reichsanwalt, Leipzig, Benno **Mugdan,** Kammergerichtsrat i. R., Geh. Justizrat, Berlin. — Erscheint am 1. und 15. jeden Monats.
Jahrgang 1930. Vierteljährlich RM. 7.50, Einzelheft RM. 1.50
Beilage „Höchstrichterliche Rechtsprechung" einzeln vierteljährlich 5.—

Judicium. Vierteljahresschrift für die gesamte Zivilrechtspflege. Unter ständiger Mitarbeit von J. Goldschmidt (Berlin), H. Lehmann (Köln), R. Pollak (Wien), L. Rosenberg (Gießen), H. Walsmann (Rostock) herausgegeben von W. **Kisch** (München), H. **Lucas** (Berlin), A. **Mendelssohn-Bartholdy** (Hamburg), M. **Pagenstecher** (Hamburg),

J. D. **Sauerländer** (München), H. **Sperl** (Wien), E. **Volkmar** (Berlin). Vierteljährlich erscheint 1 Heft. Der Jahrgang beginnt am 15. November. 2. Jahrgang 1929/30. (Friederichsen, de Gruyter & Co. m. b. H., Hamburg 36.) . . . . RM. 24.—

Zeitschrift für ausländisches öffentliches Recht und Völkerrecht. Im Auftrage des Instituts für ausländisches öffentliches Recht und Völkerrecht herausgegeben von Dr. Viktor **Bruns**, Professor an der Universität Berlin, Leiter des Instituts. Lexikon-Oktav.

Band I, Teil 1: Abhandlungen. XXVIII, 657 Seiten. 1929. RM. 43.—

Band I, Teil 2: Urkunden. XVI, 858 Seiten. 1929 . . . RM. 54.—

Der neuen Zeitschrift für ausländisches öffentliches Recht und Völkerrecht ist es als Aufgabe gesetzt, die wichtigsten, die Wissenschaft und die Praxis beschäftigenden Probleme des Völkerrechts und des außerstaatlichen öffentlichen Rechts zu behandeln. Sie wird zu all diesen Fragen eingehend Stellung nehmen und über alle wichtigen Ergebnisse der Gesetzgebung und der Rechtsprechung auf diesem Gebiete im In- und Ausland eingehend berichten. Der I. Jahrgang der Zeitschrift wird in zwei Bänden herausgegeben; künftig erfolgt das Erscheinen vierteljährlich.

Zeitschrift für ausländisches und internationales Privatrecht. Herausgegeben in Gemeinschaft mit Ernst **Heymann**, Heinrich **Titze**, Martin **Wolff**, ordentliche Professoren an der Universität Berlin, wissenschaftliche Berater des Instituts, Max **Pagenstecher**, o. Professor an der Universität Hamburg, Franz **Schlegelberger**, Ministerialdirektor im Reichsjustizministerium, Honorarprofessor an der Universität Berlin, von Ernst **Rabel**, o. Professor an der Universität Berlin, Direktor des Instituts. Jährlich 6 Hefte im Umfang von etwa 65 Bogen.

Preis des vierten Jahrganges RM. 54.—

Sonderhefte: **Die deutsche Rechtsprechung auf dem Gebiete des internationalen Privatrechts in den Jahren 1926 und 1927.** 1928. RM. 8.— do. **im Jahre 1928.** 1930 . . . . RM. 11.—

Zeitschrift für Bergrecht. Bis zu seinem Tode herausgegeben von dem Wirkl. Geh. Rat, Berghauptmann a. D. Dr. jur. H. Brassert. Redigiert und herausgegeben von den rechtskundigen Ministerialräten der Bergabteilung des Preußischen Ministeriums für Handel und Gewerbe. Jährlich ein Band von mehreren Heften. Die Hefte erscheinen in zwangsloser Folge. 1928/29. RM. 20.—, Jahrgang 70. 1929. RM.20.— Jahrgang 71, Heft 1/2. 1930 . . . . RM. 11.—

Zeitschrift für das gesamte Luftrecht (ZLR.). Herausgegeben von weiland Dr. jur. Otto **Schreiber.** Erscheint in Bänden zu je vier Heften.

Band I. 1926/28 . . . . RM. 50.—, geb. RM. 55.—

Band II, Heft 1 . . . . RM. 10.—

Bank-Archiv. Zeitschrift für Bank- und Börsenwesen. Unter Mitwirkung von hervorragenden Fachmännern herausgegeben von Geh. Justizrat Prof. Dr. **Rießer,** Berlin. Schriftleitung: Rechtsanwalt Otto **Bernstein,** geschäftsführendes Mitglied des Centralverbandes des Deutschen Bank- und Bankiergewerbes. Quart. Jährlich 24 Nummern. XXX. Jahrgang. 1930/31 . . . . Pro Halbjahr RM. 12.—

FSC
www.fsc.org
MIX
Papier | Fördert
gute Waldnutzung
FSC® C083411

Kolibri 360 GmbH
Ferdinand-Jühlke-Straße 7
99095 Erfurt, Deutschland
produktsicherheit@kolibri360.de